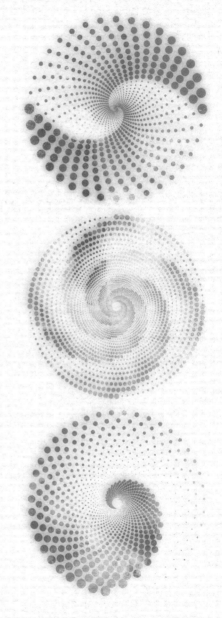

エイレナイオスの聖霊神学

2世紀に解き明かされた三位一体と神化

大庭貴宣［著］

YOBEL,Inc.

序論

1　本書の目的

本書は、二世紀の教父であるエイレナイオスが、どのような聖霊理解を持っていたかを明らかにすることを目的としている。最初に、この主題を扱うことがなぜ重要であるかについて記したい。

エイレナイオスは使徒から教会が受け継いだ「伝統」[1]を「真理の規準」と表現した。[2]この「真理の規準」とは、「教会によって宣べ伝えられてきた真理」[3]、「教会の伝承の持つ力」[4]、「使徒たちに由来する伝承」[5]と表現された「口伝の伝承」である。この伝承は教会に委託されており、[6]司教たちに受け継がれている。[7]エイレナイオスは「真理の規準」はただ一つであり、[8]聖霊によって保証されていると述べる。[9]

この「真理の規準」は最初に「口伝の伝承」として教会に与えられたが、その後「信仰の基礎・柱」[10]である聖書として与えられたと記している。[11]エイレナイオスは、人々は洗礼を受けた時に「真理の規準」が与えられると記している。[12]

エイレナイオスは、論敵者であるグノーシス主義が伝えていた「偽りの教説」に反対し、「真理の規準」として教会によって宣べ伝えられてきたことこそ、信頼に足るものであることを強調する。[13] その理由は「使徒たちに由来する伝承」と表現されたことからも明らかなように、「真理の規準」は使徒にまで遡ることができるからである。つまり、エイレナイオスは、何が使徒的な正統教理であるかを示そうとしたのである。

そこで本書では、エイレナイオスが示した使徒的な正統教理として、次の二つの点に特に注目をして論じたい。第一点は、エイレナイオスの聖霊理解が、どのように彼の神化思想との関わりにおいて語られているかを考察することである。

第二点は、エイレナイオスの三位一体理解において、彼の聖霊理解がどのような役割を果たしているかを考察することである。

第一の点を取り上げるのは、エイレナイオスの著作に、人間が「神に似たものとなる」あるいは「神と一つになる」を意味する「神化」についての最も古い記述を見出すことができるからである。[14] そこで本書では、三位一体の神が、どのように人間の神化に関わるか、また、エイレナイオスが描く救済史の各区分である創造、旧約の時代、御子の受肉、教会の時代において、聖霊が人間に与えられることが、どのように神化の思想に影響を与えているかを明らかにしたい。

第二の点を取り上げるのは、エイレナイオスの聖霊理解は、同時代の教父に比べ、三位一体の神、すなわち、父と子と聖霊の役割を明確化したことを挙げることができるからである。例えば、エイレナイオスより少し前に活躍した人物に、殉教者ユスティノス（c. 100-165）がいる。彼の著作を読むと、父と子と聖霊の区別をしているが、子と聖霊の役割は類似している。[15] つまり、ユスティノスの三位一体理解は意図せず、二位一体になっているのである。[16]

しかし、エイレナイオスは『使徒たちの使信の説明』（以下、本書文では『証明』と略記する）第6章で、明確に三位一体の神を告白し[17]、また、三位一体の神が段階的に自らを開示する「経綸」（economy）について記している[18]。それだけではなく、エイレナイオスは、御子と聖霊を父なる神の「両手」とし、「御言葉」と「知恵」と位置づけることで、父、御子、聖霊の存在と、それぞれに区別される固有の役割があることを明確にし、三位一体の神が「協働」することを示すのである[19]。エイレナイオスが、このような三位一体の理解を持つに至ったのは、聖霊の役割を明確にしたことによりもたらされたと言うことができる[20]。そこで、本書では、神の「両手」としての聖霊の固有の働きがどのようなものかを明らかにしたい。その理解を踏まえて、エイレナイオスがどのように三位一体の神を理解したかについても言及したい。

2　関連する先行研究

本書において検討すべき課題が二つある。一つは「エイレナイオスは信者にのみ聖霊が臨在すると考えたか、あるいは全人類にか」ということである。もう一つは、「聖霊を受けた者はどのように生きるか」ということである。

この課題についての先行研究として、アンソニー・ブリッグマン（Anthony Briggman 以下、本書ではブリッグマンと略記する）とジョン・ベアー（John Behr 以下、本書ではベアーと略記する）の両者の立場について概観しておきたい。「聖霊は信者にのみ臨在する」との立場を取る学者としてブリッグマンを挙げることができる。それに対して「聖霊は全人類に臨在する」との立場を取る学者としてベアーを挙げることができる。ブリッグマンは彼の著書であ

る *Irenaeus of Lyons and the Theology of the Holy Spirit*, Oxford University Press, 2012. の中でベアーの著書である *Asceticism and Anthropology in Irenaeus and Clement*, Oxford University Press, 2000. での論説を取り上げ、彼の主張への反論を試みている。その反論において、特にブリッグマンが批判する中心的な主題は、ベアーが「エイレナイオスは『現世』と『永遠』の生命の両方が、聖霊の臨在によっている」と述べている点にある。なぜなら、この主張が意味することは「人間が神との関係があるかないかに関わらず、すべての人間のうちに聖霊が臨在していること」を主張することになるからである。このベアーの見解に対して、ブリッグマンの主張は「エイレナイオスは、聖霊は『信者のみ』、すなわち、『神との正しい関係』を持っている者だけに聖霊の臨在がある」というものである。

ブリッグマンは、ベアーが「聖霊は全人類に臨在する」とする立場から「聖霊が人間に断続的に養う臨在」として全人類に及ぶことを支持する箇所として(1)『異端反駁』第4巻33章1節、(2)第4巻33章7節、(3)第4巻33章15節、(4)第5巻1章3節、(5)第5巻28章4節の五つの箇所を提示しているとし、それらの箇所の検討をしている[21]。ブリッグマンはこれらの箇所を吟味した結果、結論として次のように述べる。まず『異端反駁』第5巻1章3節、第5巻28章4節は、聖霊の臨在について全く言及されていないとしており、また『異端反駁』第4巻33章1節と『異端反駁』第4巻33章15節は「信者のみ」の間に臨在する聖霊の臨在と働きについてのみ言及がされていると指摘している。『異端反駁』第4巻33章7節は、ギリシア語翻訳を採用するならば、すべての人間への聖霊の臨在に言及しているとも解釈できるかもしれないが、ラテン語翻訳に従うならば、教会に限定された聖霊の臨在と理解するべきであるとしている[22]。したがって、ベアーが読んでいるように、人類すべてのうちにある聖霊の臨在ということを支持することはできず、むしろ、神との関係のうちにあると読むべきであるというのがブリッグマンの主張である。

しかし、このブリッグマンの主張は注意して読まねばならない。というのもブリッグマンが吟味した五つの箇所は、ベアーがただ脚注において言及しているに過ぎず[23]、ベアーは、ブリッグマンが行ったようなテキスト批判を目的として記したのではなかった。また『異端反駁』第4巻33章7節のギリシア語翻訳は Johannes Damascenus の Sacra Parallela からの引用であると思われるが（Rousseau, A. et al, Irénée de Lyon Contre les hérésies Livre IV, SC, 818. 参照）、ブリッグマンはこの出典を明らかにはしてない。このような点からしても、ブリッグマンのベアーへの反論には、不十分さが残っている。筆者としては「聖霊は信者にのみ臨在する」とするブリッグマンの立場も、また「聖霊は全人類に臨在する」とするベアーの立場も支持してない。本書において、先行研究を踏まえ、筆者の立場を明確にしたい。

3　エイレナイオスの生涯と著作・研究資料

エイレナイオスの生涯については、不明な点も多い[24]。しかし、エイレナイオス自身が一八〇年代にギリシア語で著した『偽りのグノーシスの暴露と反駁』[25]〔通常『異端反駁』（*Adversvs Haereses*）と呼ばれている。〕の第3巻3章4節でスミュルナの司教であるポリュカルポスについて触れ、「そしてまたアジアにおいて、使徒たちによってスミュルナの教会の司教に任命されたこの人（ポリュカルポス）を、私たちは幼い頃に見たことがある。[26]」と記している[27]。この記述を受けて、大貫隆は「従って、スミュルナが彼の生地であったか否かは別としても、その地で幼少期を過ごしたことは確かと思われる。その生年についての諸説あるが、ポリュカルポスの殉教年（通常155―156年とされる）やその他の関連から推して、一四〇年から遡ることとそう遠いくない頃と考えるのが妥当ではないかと思われる[28]」と記している。

そして、リヨンの司教ポテイノス（Poteinos 177／178年没）の殉教の後に、後継者として司教となり、皇帝セウェルス（Lucius Septimius Severus 在位193年―211年）の迫害時（202年）に殉教したと伝えられている[29]。

また彼の著作は、現存するものとしては、『異端反駁』（全5巻）と『証明[30]』がある。エイレナイオスは『異端反駁』を一度に書き上げたのではない。各々の巻が著された年代を特定することは困難である。Dominic J. Ungerによれば第1巻と第2巻は一八〇年以前であり、『異端反駁』全5巻がすべて記されたのは180年頃であるとされている[31]。また『証明』について、鳥《とり》巣《す》義文《よしふみ》は次のようにまとめている。

> 『使徒的宣教の証明』（Epideixis tou apostolikou kerygmatos）に関しては、二〇世紀初頭に至までの長い間、カイサレイアのエウセビオスによって三世紀末から四世紀初頭にかけて著された『教会史』（Historia ecclesiastica）第5巻26章に言及された著作名称、すなわち、『証明』（Eis epideixin tou apostolikou kerygmatos）のみが知られていた。本書は一九〇四年にK・テルーメケルチアン他により一三世紀のアルメニア語訳写本中に『異端反駁』の第四巻、第五巻と一緒に発見された。それは六世紀後半頃に成立したと推定されるギリシア語原典からのアルメニア語訳であるが、一九〇七年にA・ハルナックによって章分けされ、発見者のドイツ語訳と共に出版されている。その折に、後書と注を著わしたハルナックは、エウセビオスが残した著作表題に基づきながらも、そのままの形でそれが表題であったとは認め難いとし、本書の内容に鑑みて、『聖書（預言）による使徒的宣教の真理性（確実性）の証明』（Erweis der Wahrheit [Zuverlassigkeit] der apostolischen Verkundigung aus den heiligen Schriften [der Prophetie]という補足的表題を提案している[32]。）

また、散逸してしまった著作はエウセビオスの証言から知ることができる。『知識について』[33]と題された簡潔ではあるがきわめて説得力のあるギリシア人論駁の文書や、兄弟のマルキアヌスに献呈した『使徒の教えの証左』と題するもの、そして、さまざまな説教の小冊子などである。[34]

そのため、本書では『異端反駁』と『証明』の二作品が研究資料となる。この両著作を読み解きながらエイレナイオスの抱いていた思想を明らかにしていきたい。また本書においては全5巻から構成される『異端反駁』のうち、第3巻、第4巻、第5巻に重点をおいて研究を進めていきたい。[35]その理由としては『異端反駁』の第1巻と第2巻は、特にエイレナイオスが反駁の対象としていた「グノーシス主義のヴァレンティノス派[36]」の誤謬を記すことが目的であったため、エイレナイオスの神学的な内容は第3巻以降に多く見出すことができるからである。そのためエイレナイオスの聖霊理解を考察するために『異端反駁』第3巻、第4巻、第5巻から多く引用する。またエイレナイオスの著したもので現存する『証明』からも引用していきたい。

《注》

（1）Adversvs Haereses（以下、AH と略記する）5. Praef.

（2）AH 3. 2-5.

（3）AH 1. 9. 5.

(4) AH 1. 10. 2.

(5) AH 3. 5. 1.

(6) AH 5. Praef.

(7) AH 4. 26. 2.

(8) AH 1. 10. 2.

(9) AH 3. 24. 1.

(10) AH 3. 1. 1.

(11) AH 3. 1. 1.

(12) AH 1. 9. 4.

(13) AH 1. 9. 5.

(14) Daniel B. Clendenin, *Partakers of Divinity: The Orthodox doctrine of Theosis*, V, Journal of Evangelical Theological Society 37, 1994, 371.
神化を最初に定義したのは、六世紀初頭の擬ディオニュシオスである。「神化はなし得る限りにおいて神に似たものとなり、神と一致することである」(Hier. Ec. 1. 3=PG3, 376A:Θέωσις ἐστιν ἡ πρός Θεόν ὡς ἐφικτόν, ἀφομοίωσίς τε καί ἕνωσις.)

(15) ユスティノス『第一弁明』63章2節から3節、63章12節から13節、63章14節を参照。

(16) Anthony Briggman, *Irenaeus of Lyons and the Theology of the Holy Spirit*, Oxford University Press, 2012, 9-31.

(17) エイレナイオス『使徒たちの使信の説明』小林稔／小林玲子訳『中世思想原典集成1　初期ギリシア教父』(平凡社、1995年)、207–208頁。この書物は、『使徒たちの使信の説明』や『使徒的宣教の証明』と訳されたり、英訳では、*Pruof of the Apostolic Preaching* や *Demonstration of the Apostolic Preaching* と訳されている。そこで本書では『使徒たちの使信の説明』を『使徒たちの使信の証明』に統一し、『証明』と略記する。また「使徒たちの使信の説明」から引用する場合も、脚注では『証明』と略記する。

(18)『証明』の第47章を参照。『証明』、234–235頁。

(19) 父、御子、聖霊の協働を表す箇所として、例えば、AH 4.7.4, AH 5.18.2,『証明』第5章を挙げることができる。
(20) ケリーは、エイレナイオスが護教家教父より進んでいたこととして、次の二点を挙げている。ひとつは、「経綸」という概念を深く理解し、かつ明瞭に叙述していたことであり、もうひとつは、三性の枠組みにおいて聖霊の位置づけを行い、そのことを十分に意識していたことであった。J・N・D・ケリー『初期キリスト教教理史〈上〉使徒教父からニカイア公会議まで』(津田謙治訳、一麦出版社、2010年)、121頁。
(21) Anthony Briggman, *Irenaeus of Lyons and the Theology of the Holy Spirit*, 153.
(22) Anthony Briggman, *Irenaeus of Lyons and the Theology of the Holy Spirit*, 157.
(23) John Behr, *Asceticism and Anthropology in Irenaeus and Clement*, Oxford University Press, 2000, 98.
(24) エイレナイオスの生涯と著作については、John Behr, *Irenaeus of Lyons Identifying Christianity*, Oxford University Press, 2013. 66-71. を参照。
(25) 大貫隆はグノーシス主義について知ることができる書物に言及し、『異端反駁』の内容を次のように紹介している。「われわれが読むことができる最も古い、しかも分量的にも最大の著作は、二世紀の後半にガリアのルグドゥヌム(現フランスのリヨン)の司教であったエイレナイオスが著したもので、正式には『偽りのグノーシス(知識)の暴露と反駁』、通称では『異端反駁』と呼ばれる著作である。これは全体で五巻から成り、第三巻以降では著者エイレナイオスが積極的に自分自身の神学を披瀝する。その核心は、さまざまなグノーシス主義教派が旧約聖書の神を無知蒙昧な造物神に貶める一方、その造物神の支配から人間を救い出す救済神をそれとは別に立てたのに対して、創造神と救済神が同一の神であるべきことを、壮大な『歴史の神学』を構想して論駁することにある。神の創造の業は太古の天地創造の業一つで終わったのではなく、その後の旧約聖書が語る歴史、新約聖書が語る神の独り子の派遣(受肉)と来るべき世界の終末を経て、新しい天と地が成る時まで、万物の歴史、すなわち普遍史の全過程を貫いて続くというのである。このような自説を開陳するに先立って、エイレナイオスは彼が知り得た限りでのグノーシス主義のさまざまな教派の所説、特に救済神話を前記の著作の第一巻にまとめて収録し、続く第二巻でその個々の主題を論駁、あるいは矛盾を暴露していく。その第一巻には、ヴァレンティノス派(その中でも特にプトレマイオス派）やバシリデース派を筆頭に、大小さまざまな教派の神話が、原典からの抜粋とエイレナイオス自身の論評がないまぜになる形で報告されているのである。」大貫隆『グノーシスの神話』（講談社学術文庫、２０１４年）、34―35頁。

（26）AH3. 3. 4 : sed etiam ab apostolic in Asia in ea quae est Smyrnis Ecclesia constitutus episcopus, quem et nos uidimus in prima nostra aetate. ラテン語テキストは A. Rousseau/ L. Doutreleau, *Irénée de Lyon: Contre les hérésies, Livre I* (SChr 263 et 264), Paris, 1979, A. Rousseau/ L. Doutreleau, *Irénée de Lyon: Contre les hérésies, Livre II* (SChr 293 et 294), Paris, 1982, A. Rousseau/ L. Doutreleau, *Irénée de Lyon: Contre les hérésies, Livre III* (SChr 210 et 211), Paris, 1974, A. Rousseau/ B. Hemmerdinger/L. Doutreleau/ C. Mercier, *Irénée de Lyon: Contre les hérésies, Livre IV* (SChr 100/1 et 100/2), Paris, 1965, A. RousseauL. Doutreleau/ C. Mercier, *Irénée de Lyon: Contre les hérésies, Livre V* (SChr 152 et 153), Paris, 1969. を用いている。

（27）またエイレナイオス自身がポリュカルポスとの交わりについて「すなわち、〔神に〕祝福されたポリュカルポスが座って説教した場所や、彼がどのように出入りしたか、彼の暮らしぶり、彼の容貌、彼が人びとにした説教、ヨハネや、主を見たその他の人たちとの交わりを彼がどのように伝えたか、どのように彼がその人たちの言葉を想起したか、彼がその人たちから聞いた主に関することはどんなことか、主の奇蹟について、〔主の〕教えについて、そしてポリュカルポスがどのようにして生命の御言の証人〔ヨハネの第1の手紙一1―2、ルカ一2参照〕から〔それらのことを〕受け継ぎ、〔聖なる〕文書に違うことなく伝えたか、等々です。わたしはそのときわたしに与えられた神の憐れみのおかげで、それらのことを熱心に聞き入り、紙の上にではなく心の中に書きとめました。そして、神の恩寵のおかげで、わたしは絶えずそれらを忠実に反芻しております。」秦剛平訳『エウセビオス「教会史」（上）』（講談社学術文庫、２０１０年）、337―338頁。

（28）大貫隆『ロゴスとソフィア　ヨハネ福音書からグノーシスと初期教父への道』（教文館、２００１年）、157頁。

（29）鳥巣義文『エイレナイオスの救済史神学』（南山大学教材版、２００４年）、11―12頁。

（30）また Johannes Quasten, *Patrology*. vol. Ⅰ, Utrecht: Spectrum; Westminster, MD: Newman Press, 1950, 292-293. を参照。

（31）St. Irenaeus of Lyons, *Against the Heresies Book I*, Dominic J. Unger and John J. Dillon (eds.), ACW., 55, New York, 1992, 4.

（32）鳥巣義文「神の救済史的啓示―エイレナイオス『使徒的宣教の証明』を中心にして―」『南山神学』第23号（１９９９年）、

81―82頁。
(33) 大貫隆はこの著作について次のような意見を述べている。「一方、後にやはりエウセビオス(『教会史』Ⅴ・26)がエイレナイオスの著作としてその名を伝えているものの中に、ギリシア人宛てに書かれたと言う『知識について』という論文が見出される。この論文は現存しないので、その内容を知ることはできないが、実際にそのような論文が書かれたとすれば、ギリシア哲学の世界に向かってキリスト教の真理性を弁証してゆくという、ユスティノスやタティアノスらの護教論者が担った課題は、エイレナイオスにおいてもなお継続していたということを意味するであろう。」大貫隆、『ロゴスとソフィア』、158頁。
(34) 秦剛平訳『エウセビオス「教会史」(上)』、347―348頁。
(35) 『異端反駁』の各巻の構成については、John Behr, *Irenaeus of Lyons Identifying Christianity*, 73-120. を参照。
(36) 荒井献・大貫隆・小林稔訳『ナグ・ハマディ文書Ⅰ 救済神話』を参照。

エイレナイオスの聖霊神学
――2世紀に解き明かされた三位一体と神化

目次

第3章　エイレナイオスにおける聖霊の人間への臨在　142

第1章　エイレナイオスにおける「神の両手」の置き換えの思想

――「御言葉と知恵」から「御子と聖霊」へ――

エイレナイオスの聖霊神学を論ずるにあたり、欠かすことの出来ない重要な神学的トピックに「神の両手」による働きがある。エイレナイオスの「神の両手」の理解における固有性をあらかじめ述べるならば、神の両手である「御言葉と知恵」を、「御子と聖霊」と同一視し、それらを置き換えたことにある。本章では、エイレナイオスが「神の両手」という神学的モチーフをどこから得たのかを明らかにし、神の両手としての「御言葉と知恵」を「御子と聖霊」と置き換えたことの目的を明らかにしたい。

1　「神の両手」のモチーフの源流――アンティオケイアのテオフィロス[1]の影響を中心に――

エイレナイオスにおける「御言葉と知恵」の「御子と聖霊」への置き換えの一つの事例として『異端反駁』第4巻20章1節を挙げたい。

神は地の泥を取り、人を形造り、そして、彼の顔に生命の息を吹き込んだ。それゆえ、私たちを造ったのも、私たちを形造ったのも天使たちではなく、天使たちも、真の神以外の者も、万物の父から遠く離れた力も、神の似像を造ることはできないからである。また神は自らのもとで予め決定したものを造るのに、あたかもご自身の両手を持っていないかのように、これら(天使たち)を必要としたのでもない。神の側には常に御言葉と知恵、御子と聖霊(がおり)、(御言葉と知恵)によって、また、(御言葉と知恵)のうちに、また自発性を持って万物を造り、(御言葉と知恵)に向かって語り、「私たちのかたち(似像)に、また(私たちに)似せて(類似性)人を造ろう」と言ったのであり、ご自身で創造されたものの存在と、造られたものと、世にある美しいものの型[2]をご自身から取ったのである。[3](傍線筆者。以下の引用も同様)

このように、エイレナイオスは神の両手としての「御言葉と知恵」を「御子と聖霊」と同一視し、置き換えをする。だが、「神の両手」という表現自体は、エイレナイオス独特のものではない[4]。例えば、エイレナイオス以前、「神の両手」の表現を用いている著作として『クレメンスの手紙 —— コリントのキリスト者へ(1)』があり、第33章4節から5節には次のように記されている。

とりわけ、その聖なる、非の打ちどころなき御手で以て、創造物中最も傑出した、また最も偉大なるもの——人間を、御自分の似姿に形どって造られた。なぜなら、神はこのように言われる、「我々は、我々の肖像通りに人間を造ろう」と。そして神は人間を造られた。人間を男と女とに作られた[5]。(創世1・26—27)

確かに『クレメンスの手紙』は「聖なる、非の打ちどころなき御手」による人の創造を述べている。しかし、ここでは御手を「御言葉と知恵」とし、それをさらに「御子と聖霊」と置き換えられてはいない。それでは、エイレナイオスはどこから「御言葉と知恵」としての神の両手のモチーフを得たのであろうか。

エイレナイオスの「神の両手」のモチーフの源流について、ブリッグマンは、「御子と聖霊、あるいは御言葉と知恵としてエイレナイオスが識別した神の二つの手の教えは、ルーフス（Loofs）が、エイレナイオスによって発展した小アジアからの伝統に属するモチーフであると示唆して以来、しばしばエイレナイオスの神学の一部と取り扱われてきた[6]」と紹介し、これまでも様々な研究がなされてきたことを述べている[7]。それらの研究を整理した上で、ブリッグマンは、エイレナイオスが、アンティオケイアのテオフィロスから「神の両手」のモチーフを得たことを示唆している[8]。また、ミンス（Minns）もエイレナイオスが「神の両手」として説明する神の御言葉と知恵の描写が、「テオフィロスに由来しているように思われる」と記している[9]。ブリッグマンやミンスをはじめ、他の先行研究から考えても、エイレナイオスがテオフィロスから「神の両手」のモチーフを得たことについては、既に一定の評価が与えられている。そのため、エイレナイオスは「神の両手」のモチーフを、アンティオケイアのテオフィロスから得たと結論づける[10]。

2　『アウトリュコス』第2章18節から19節と『異端反駁』第3巻21章10節との比較

エイレナイオスが「神の両手」のモチーフを得たテオフィロスの記述は『アウトリュコス』第2巻18節であろう。その箇所でテオフィロスは次のように述べている。

人間の創造に関して言えば、造られたことは人間によっては語りえないが、神の書物はそれに簡単に触れている。つまり神が「われわれにかたどり、われわれに似せて、人間を造ろう」〔創1：26〕と言ったことで、それはまず人間の価値を明らかにしている。というのは、すべてを言葉によって造った神はすべてを付随物とみなしているが、人間の創造だけは自分の〔両〕[11]手にふさわしい作品と考えているのだから。しかも神はあたかも助け手が必要であるかのように「われわれは〔われわれに〕似せて、人間を造ろう」と言っているのが見られる。しかし神はほかの何かに向かってではなく、まさに自分自身の言葉と自分自身の知恵に向かって「われわれは造ろう」と言ったのである。人間を造り、殖えて地に満ちるように祝福して、神は万物を人間の下に僕として置き、人間に最初から地の実と種と草と果樹から食物を摂るように命じ、動物たちにも人間と同じものを食物とし、地のすべての種から食べるように命じたのである。[12]（傍線筆者）

続けて『アウトリュコス』第2巻19節では、次のように述べられている。

「これは天地創造の由来である。神が天と地を造られたとき、野のあらゆる木はまだ生じておらず、野のあらゆる草はまだ生じていなかった。というのは、神が地に雨を降らせず、地を耕す人もいなかったからである」〔創2：4―5〕。こうして聖なる書物は、かの時には全地が神的な泉によって潤され、地はそれを耕す人間を必要とせず、地は神の命令によって自動的にすべてのものを生じさせ、人間が地を耕して倦むことはなかったということをわれわれに告げ知らせたのである。[13]

ブリッグマンは、エイレナイオスが初めて「神の手」と「御言葉」を同一視した箇所として『異端反駁』第3巻21章10節を挙げ[14]「エイレナイオスの、神の手としての御言葉の初めの同一視は、テオフィロスのこれらの箇所に従っている[15]」との見方を示し、『異端反駁』第3巻21章10節と『アウトリュコス』第2章18節から19節を関連づけて考えている。エイレナイオスは次のように述べている。

ちょうど、最初に造られた人であるアダムは、「まだ神が雨を降らさず、人が地を耕していなかった」未開墾の地、そして処女〔地〕から存在を得て、そして、神の手、すなわち、神の御言葉によって形造られた。「すべてのものが彼によって造られ〔ヨハネ1：3参照〕、そして、主は地からちりを取り、そして人を形造られた[16]。」

（傍線筆者）

エイレナイオスが『アウトリュコス』を参照し、「神の両手」のモチーフを得たことの確証を得るために、以下に両者の共通点をいくつか挙げて比較したい。

（1）どちらもヨハネ福音書1章3節を用いている。
A：テオフィロスは「すべてを言葉によって造った神」と述べている。
B：エイレナイオスは「すべてのものが彼によって造られ」と述べている。

（2）どちらも人の創造について言及している。

A：テオフィロスは「人間の創造に関して言えば、造られたことは人間によっては語りえないが、神の書物はそれに簡単に触れている。つまり神が『われわれにかたどり、われわれに似せて、人間を造ろう』（創1：26）と言ったことで、それはまず人間の価値を明らかにしている。」

B：エイレナイオスは「未開墾の地、そして処女「地」から存在を得て」とアダムが存在するようになった描写をしている。

（3）どちらも創世記2章5節[17]からの引用を用いている。

A：テオフィロスは「神が天と地を造られたとき、野のあらゆる木はまだ生じておらず、野のあらゆる草はまだ生じていなかった。というのは、神が地に雨を降らせず、地を耕す人もいなかったからである」（創2：4―5）と引用している。

B：エイレナイオスは「まだ神が雨を降らさず、人が地を耕していなかった」と引用している。

以上の共通点を考慮した場合、これを単なる偶然の一致と見なすべきではない。エイレナイオスの「神の両手」のモチーフの源流は、テオフィロスの『アウトリュコス』であり、特に第2章18節から19節を参照していると結論づけることができる。そして、その影響が『異端反駁』第3巻21章10節に表れていると考えるのが妥当である。[18]

3　エイレナイオスにおける「御言葉と知恵」の「御子と聖霊」への置き換えの目的[19]

先に見た『異端反駁』第3巻21章10節においては「神の手」としての「御言葉」の働きに限定されていたが『異

端反駁』第4巻序4節において、これまでとは異なった展開を見ることができる。

事実、人は魂と肉の結合であり、人は神の類似性に従って造られ、そして彼の両手によって、すなわち、子と霊によって形なされ、彼は彼らに「人を造ろう」と語った。[20]（傍線筆者）

エイレナイオスはこの箇所で初めて「神の両手」を「子と霊」と言い換えている。[21] エイレナイオスが「神の両手」を「御子と聖霊」と置き換えたことについて、鳥巣義文は次のように記している。

ここでテオフィロスは、明らかに「神の両手」を神の「ことば」と「知恵」として理解している。そして、創世記第1章26節において神が語ったとされている相手こそ、この「ことば」と「知恵」であると捉えている。さて、こうしたテオフィロスの理解と、われわれが先に指摘したエイレナイオスの用語の置き換えの傾向、すなわち「ことば」と「知恵」を「子」と「霊」へと置き換える傾向とを比べるならば、われわれは、この操作自体は、エイレナイオス自身の発想によるものと考えることができるのではなかろうか。[22]

また、鳥巣義文は次のようにも記している。

その「両手」とは、「ことば」と「知恵」であり、エイレナイオスは、それらをことさら「子」と「霊」に交換している。この置き換えはどう理解されるべきであろうか。果たして、ここには明白な神学的意図が作用しているのであろうか。われわれとしては、この置き換えの内に、既にエイレナイオス固有の聖霊論が表現されていると考えることができよう。(23)

先に述べたように『アウトリュコス』第2章18節において、テオフィロスは神の両手を「自分自身の言葉と自分自身の知恵」と記していた。(24) ここからして、確かにテオフィロスは「神の両手」としての「御言葉」と「知恵」という概念を持っていた。しかし、「御言葉と知恵」を「御子と聖霊」というように置き換えをしていないことから、テオフィロスが置き換えの直接の影響をエイレナイオスに与えたとは考えにくい。そのため、エイレナイオスは他の著作から置き換えの影響を受け、それをテオフィロスの「神の両手」のモチーフとつなぎあわせて、「御言葉」が「御子」であり、「知恵」が「聖霊」であると置き換えたと考えられる。

4 「御子と聖霊」の置き換えと『ソロモンの知恵』との関係性

エイレナイオスが「御子と聖霊」の置き換えの発想をどこから得たかを見ていくために『異端反駁』の二つの箇所に注目したい。それらは第3巻11章8節の「Verbum, qui sedit super Cherubim et continet omnia,」(「御言葉、ケルビムの上に座して、すべてを保持している方」)と第5巻2章3節の「Spiritum Dei qui continet omnia,」(「すべてを保持している神の聖霊」)である。ここで注目すべきは、この二つの文章にある「continet omnia」という表現である。Sources Chrétiennes の脚注では、この部分に当たるギリシア語を「καὶ τὸ συνέχον τὰ πάντα」と記している。そして、第3巻11章8節、第5巻2章3節のどちらも『ソロモンの知恵』1章7節からの引用としている。そこには、「ὅτι πνεῦμα

Κυρίου πεπλήρωκε τὴν οἰκουμένην, καὶ τὸ συνέχον τὰ πάντα γνῶσιν ἔχει φωνῆς.」と記されている。そのため、エイレナイオスは『ソロモンの知恵』を読み、この文章から第3巻11章8節、また、第5巻2章3節の表現を引用したと考えられるが[25]、注目すべきは、この引用の前に記されている文章である。『ソロモンの知恵』11章6節には次のように記されている。

> 知恵は人間を慈しむ霊である。しかし、神を汚すものを赦さない。神は人の思いを知り、心を正しく見抜き、人の言葉をすべて聞いておられる[26]。

ここに「知恵は人間をいつくしむ霊」という記述があり「知恵」を「聖霊」に置き換えている。このように、エイレナイオスは『ソロモンの知恵』から「知恵」を「聖霊」と解釈し、置き換えの思想を得たと考えることができる。

5　エイレナイオスにおける箴言の「知恵」の「聖霊」への置き換え

これに加えてエイレナイオスは、テオフィロスが『アウトリュコス』において引用している聖書箇所に別の解釈を施し、「知恵」を「聖霊」へと置き換えている。

そのひとつの例として『異端反駁』第4巻20章3節を挙げる。この箇所の冒頭には、次のように記されている。

さて、御言葉、すなわち、御子が常に父と共にいたということは、多くの箇所で指摘した。知恵、すなわち、聖霊も全てが形造られるよりも前に共にいたことは、ソロモンを通して言っている。[27]（傍線筆者）

エイレナイオスは、まず「御言葉」である「御子」が常に父と共にいたことを示す。同様に「知恵」である「聖霊」も常に父と共にいたことを示している。その根拠として、箴言3章19節から20節を引用する。

神は知恵で地を基礎付け、思慮分別によって天を整えた。その知覚で深淵は現れ、雲が露を滴らせた。[28]

この引用により、「地を基礎付けた」のは、知恵の働きであることを示している。続けて箴言8章22節から25節、及び27節から31節から引用する。

主は彼の御業において、自分の道の初めに私を造った。世々の前に、初めに私を据え、地を造る前、深淵を造る前、水の泉が現れる前、すべての丘の前に、私を生んだ。[29] そしてまた、「天を整えているとき、私は共にいた。また深淵の泉をしっかりと造ったとき、地の基を強く造ったとき、私は神のもとで調和させた。世界を完成させて楽しみ、人の子らを喜びとしたとき、私は楽しんでいた者であり、すべてのときにおいて、彼の御顔の前にあって、楽しんでいた。[30]（傍線筆者）

この箴言8章において、傍線で強調した「私」が行なっていることは、箴言3章からの引用で示した「知恵で地を基礎付け」ること、「思慮分別によって天を整え」ること、また「知覚で深淵は現れ、雲が露を滴らせ」ることと同様の内容が含まれている。そのため、箴言8章の引用に登場する「私」は、箴言3章の引用に記されていた「知恵」であることが示されている。さらに『異端反駁』第4巻20章3節の冒頭で「知恵、すなわち、聖霊」と記していたように、箴言8章の引用の「私」は「知恵」を指し、さらに「知恵」は「聖霊」に置き換えられている。

このように、エイレナイオスは『異端反駁』第4巻20章3節において、箴言3章19節から20節と箴言8章22節から25節および箴言8章27節から31節からの三つの引用をし、箴言の「知恵」を「聖霊」と解釈している。また、エイレナイオスは、これら箴言の引用をテオフィロスの『アウトリュコス』の二つの箇所から取ったと考えられる。まず一つ目の『アウトリュコス』第1章7節には次のように記されている。

神はその言葉と知恵によって万物を造った。なぜなら、その言葉によって天が、またその霊によって天のすべての力が堅くされたからである〔詩編33：6〕。彼の知恵は最も力強い。神は知恵によって地の基を置き、叡智によって天を備え、知識によって深淵を分かたれ、雲は露を滴らせたのである[31]〔箴言3：19—20〕。

そして二つ目の『アウトリュコス』第2章10節には次のように記されている。

世界が造られたとき、預言者はいなかったのであって、神の内にある神の知恵と神の許に常にいる神の聖なる言葉があったのであるから。よって、知恵は預言者ソロモンを通じて次のように言っている。「主が天を備えたとき、私は主の許にいた。そして主が大地の基を強くしたとき、私は匠のように主の許にいた[32]」〔箴言8：27、

8：29、8：30」。

ここから、エイレナイオスは『異端反駁』第4巻20章3節を記すにあたり『アウトリュコス』第1章7節と第2章10節を参照していたと考えることができる。しかし、テオフィロスとエイレナイオスが箴言を引用し、それによって示そうとしたことの目的は異なっている。まず、テオフィロスがそうしたのは「神の内にある神の知恵」が万物の創造に関与したことを示すためである。それに対してエイレナイオスは、「御父の優位性」を示すために箴言を引用している。つまり「知恵」すなわち「聖霊」が、三位一体の神の内在的存在としての「御子」と同じように常に御父と共に存在していることを示しているのである。それは、あたかもひとりの人が自らの両手を使って活動するのと同じように、御父が御子と聖霊に向かって「人を造ろう」と語り[33]、協働の活動を遂行するようなイメージとして捉えられている。この点をさらに詳しく述べるならば、エイレナイオスは三位一体における御父の優位性を強調するためにも「神の両手」としての「御子」だけではなく「聖霊」の協働の活動を示したとも言うことができる[34]。

このように、エイレナイオスはテオフィロスから受けた「神の両手」のモチーフに加えて『ソロモンの知恵』から「知恵」が「聖霊」であるという概念を得た。さらに、エイレナイオスはテオフォロスが『アウトリュコス』第1章7節に引いた詩編33篇6節と『アウトリュコス』第2章10節において「万物の創造」のために引用した三つの箴言の箇所を『異端反駁』第4巻20章3節に引用し「御父と永遠から共にいる知恵としての聖霊」という別の解釈をし、「知恵」を「聖霊」とする置き換えを行っているのである。この「神の両手」の置き換えについて、H・J・マルクスは次のように述べている。

アンティオケアのテオフィロスは『神の両手』を神のことばと知恵として理解しており、『われわれ』という表現の中に含まれる『ことばと知恵』を神の対話の相手として考える。この解釈過程の終着点とも言うべきがエイレナイオスである。かれはテオフィロスから、詩編33編6節の解釈を受け継いで、神のことばを「子」と呼び、知恵を「霊」に置き換えて、言う。『人間は初めに神の両手、すなわち、子と霊によって造られ、神の映像と神との類似性に従って造られた。』その場合、子は人間における映像を確立する機能を果たすのであり、そして、霊は神との類似性へと人間を導き、かつ成長させる機能をもつ。こうした思想様式こそ、教父神学の全体を貫く根本思想となるのである。[35]

それでは次に、エイレナイオスが「御言葉と知恵」を「御子と聖霊」と置き換え、どのようにグノーシス主義を反駁したかについて見ていきたい。

6　グノーシス主義反駁のための置き換えの思想

6―1　グノーシス主義における「肉の軽視」への反論

エイレナイオスが、「御言葉と知恵」を「御子と聖霊」と置き換えた上で「神の両手」による創造を語る理由は何であろうか。ブリッグマンは、エイレナイオスがこの箇所で「神の両手」すなわち「御子と聖霊」による人の創造を語っていることの理由を次のように述べている。

グノーシス主義の「肉の救いの軽視」[36]に対する反論であることは明白であり、エイレナイオスは、「肉」が人の一部であり、不完全なデーミウルゴスによる創造ではなく、唯一の創造主である「神の両手」によって造られたものであることを示している。[37]

このグノーシス主義の「肉の救いの軽視」に対する反駁こそ、まさにエイレナイオスが「御言葉と知恵」を「御子と聖霊」に置き換えたことの目的である。そのために『異端反駁』第4巻において、「神の両手」の働きを「御言葉と知恵」を「子と霊」に置き換え、人が「神の両手」である「子と霊」によって「肉体」を含めたものとして造られたことを明示しようとしたのである。

このエイレナイオスの人間理解は『異端反駁』第5巻9章1節に見ることができる。

私たちが示したように、完全な人とは、肉、魂、そして霊の三つのものから成ることを理解していないからである。そして、そのうちの一つは救いを形づくるものである。それは聖霊である。別のものは、救われ、そして、造られるものである。それは肉である。もう一つは、前の二つの間にある。それは魂である。[38]

エイレナイオスは「肉」と「魂」と「霊」の三つからなるものが「完全な人」であると考えている。「肉」は神が造られたものであるので、当然、完全な人間の要素と考えている。このように、エイレナイオスは、「神の両手」

による人の創造を考え、それを主張しており、そのことが、エイレナイオスの聖霊の神学を発展させたとも言うことができる。なぜなら、テオフィロスにおいては「知恵としての聖霊」という言及だけではなく、「知恵としての御言葉」との言及もある。[39] 確かにエイレナイオスはテオフィロスから「神の両手」のモチーフの影響は受けたが、テオフィロスとは異なった聖霊の働きの理解、すなわち「神の知恵」としての「聖霊」の働きを構築し、「神の両手」の「御言葉と知恵」を「御子と聖霊」と置き換えることに至ったからである。

6―2 『異端反駁』第4巻7章4節におけるアルメニア語での「両手」の表記

『異端反駁』第4巻序4節の次に「神の両手」としての「御言葉」と「聖霊」の働きを確認できる箇所は『異端反駁』第4巻7章4節である。ただし、『異端反駁』第4巻7章4節は議論の余地が残されている箇所である。その議論を明確にするためにも、まず、この箇所のラテン語訳からの邦訳を記す。

> 彼（父）から生じたものと彼（父）の〔似〕姿、すなわち、御子と聖霊、御言葉と知恵とが、すべての点で父に仕えているからで、天使たちはすべて下に置かれ、仕えているのである。[40]（傍線筆者）

このように、ラテン語訳には、直接「両手」という言葉は見当たらない。それにもかかわらず、この箇所を取り上げたのは、傍線を引いた「彼（父）の〔似〕姿」という部分が、アルメニア語写本では「彼の両手」であるという理由に基づいている。エイレナイオスが著したギリシア語のテキストが失われてしまっているため、元の言葉が何であったのかを知ることはできない。そのため、ブリッグマンは、次のように述べる。

この箇所では「彼〔父〕の〔似〕姿」であるのか、それとも「彼の両手」であるのかという点においては、『異端反駁』第4巻序4節と、この後に見る『異端反駁』第4巻20章1節との関連で考えるべきである(41)。

そこで、ブリッグマンの指摘にしたがい、第4巻20章1節に目を向けたい。この箇所においても、エイレナイオスは「御言葉と知恵」を「御子と聖霊」に置き換えている。だが、ここに至ると、ただの置き換えを行っているだけではなく、父なる神が、「御子」と「聖霊」に向かって「私たちのかたち（似像）に、また類似性に人を造ろう」と語ったと記されている。すなわち、神が何か他の力や、神自身から独立した何かによって、人を造ったのではなく、あたかも「二つの手を持っている人の姿」のように、神と共にいる「御子」と「聖霊」とによって、人の創造が行われたことへと発展している(42)。『異端反駁』第4巻20章1節には次のように記されている。

神は地の泥を取り、人を形造り、そして、彼の顔に生命の息を吹き込んだ。それゆえ、私たちを造ったのも、私たちを形造ったのも天使たちではなく、天使たちも、真の神以外の者も、万物の父から遠く離れた力も、神の似像を造ることはできないからである。また神は自らのもとで予め決定したものを造るのに、あたかもご自身の両手を持っていないかのように、これら（天使たち）を必要としたのでもない。神の側には常に御言葉と知恵、御子と聖霊（がおり）、（御言葉と知恵）によって、また、（御言葉と知恵）のうちに、また自発性(43)を持って万物を造り、（御言葉と知恵）に向かって語り、「私たちのかたち（似像(44)）に、また（私たちに）似せて（類似性）に人を造ろう」[45]と言ったのであり、ご自身で創造されたものの存在と、造られたものと、世にある美しいものの型をご自身から取ったのである。[46]（傍線筆者）

エイレナイオスは『異端反駁』第4巻において「神の両手」としての「御言葉」と「知恵」を登場させ、これを「御子」と「聖霊」に置き換えている。エイレナイオスが「神の両手」としての「御言葉」と「知恵」を「御子」と「聖霊」に置き換えたのは、「唯一の神による創造」を強調するためである。[47]このことは、創造主である神と共にいる聖霊の「永遠性」をも証明しているものである。[48]

『異端反駁』第4巻20章1節の記述のうちにも「私たちを形造ったのも天使たちではなく、天使たちも、真の神以外の者も、万物の父から遠く離れた力も、神の似像を造ることはできないからである。また神は自らのもとで予め決定したものを造るのに、あたかもご自身の手を持っていないかのように、これら（天使たち）を必要としたのでもない」と記している。

ここで、エイレナイオスは、（1）天使たち、（2）真の神以外の者、（3）万物の父から遠く離れた力などによって人間が造られたとの思想を退けている。その代わりに、エイレナイオスは、神が常に共にいる「御子」と「聖霊」に「私たちの似像に、また類似性に人を造ろう」（創世記1章26節）と語り、人間を造ったことを主張する。

以上のことを踏まえて『異端反駁』第4巻7章4節では「彼（父）の〔似〕姿」がふさわしい言葉であるか、それとも「彼の両手」であるかを検討したい。

『異端反駁』第4巻20章1節では、人の創造に関して「天使たちの助けを必要としていない」ことが明らかにされている。同様に、『異端反駁』第4巻7章4節においても、天使たちは御子と聖霊、御言葉と知恵の下に置かれている存在であることが明らかにされ区別されている。「御言葉と知恵」を「御子と聖霊」と言い換えていることは、『異端反駁』第4巻序4節と『異端反駁』第4巻20章1節においても「神の両手」との関連でなされている。このような類似点からだけで考えると『異端反駁』第4巻7章4節においても『異端反駁』第4巻序4節と『異端反駁』第4巻20章1節と同様に、「御言葉と知恵」から「御子と聖霊」という言い換えがなされているため、ラテン語訳の「彼（父）の〔似〕姿」よりも、直接、「両手」と表記されているアルメニア語訳の「彼の両手」の方が適当であると捉えられる可能性がある。

しかし、アルメニア語訳の「彼の両手」を採用した場合にいくつかの問題が生じる。まず、ラテン語訳中の figuratio は単数として記されているが、「彼の両手」(suae manus) と考えた場合には「複数」となる。また、ラテン語訳 figuratio sua ではなく、アルメニア語「彼の両手」(suae manus) を採用し「彼の両手」としての「御子と聖霊」そして「御言葉と知恵」とするならば、sua progenies の部分だけが切り離されてしまう。[49] このように、アルメニア語訳では突然「両手」が介入するので、ラテン語訳で示されている対応関係の理解が難しくなる。ラテン語訳の対応関係とは、すなわち「彼（父）から生じたもの」とは「御子」であり「御言葉」となる。また「〔似〕姿」とは「聖霊」であり、「知恵」となる。このように「御子」と「聖霊」に対応する用語配置をラテン語に即して理解するならば、「御言葉」と「知恵」となる。

このような対応関係が記されていることを考えれば『異端反駁』第4巻7章4節のラテン語訳を採用した場合、アルメニア語が示す「両手」という言葉こそないが、やはり「神の両手」である「御子」と「聖霊」が他の何物かの助けを必要とはせずに、人間の創造に関わっていることが記されていることは明白である。

さらに、『異端反駁』第5巻28章4節では、この対応関係が発展し「人は初めに、神の両手によって、すなわち、御子と聖霊によって造られ、神のかたちと類似性に従って造られた」と記されているように、「彼（父）から生じたもの」を「かたち」と捉え、また「〔似〕姿」を「類似性」と捉えることによって、御子が「かたち」を与え、聖霊が「類似性」を与えたと理解することとのつながりを理解することができる。(50) そのため、ラテン語訳の対応関係を優先し、それを難しくするアルメニア語訳は採用しない(51)ことが適当である。しかし、いずれにしても、エイレナイオスは『異端反駁』第4巻序4節、第4巻7章4節、第4巻20章1節の三箇所において、神は自身の「両手」に向かって語りかけ、他の何物の助けも必要とせずに人を創造したと主張していることに変わりはない。

6―3　グノーシス主義の人間理解への反論
——エイレナイオスにおける「かたち」と「類似性」を有した「完全な人間」理解——

エイレナイオスにおいて、父なる神のみが、自身の両手である「御子」と「聖霊」に語りかけ、人を創造したということは重要な意味を持つ。なぜなら、エイレナイオスの論敵であったグノーシス主義もまた、創世記1章26節を解釈しつつ、人の創造について言及しているからである。『異端反駁』第1巻5章5節では、次のように述べられている。

> さて、（デーミウールゴスは）この世を造ったとき、この乾いた大地からではなく、不可視の存在から、（すなわち）物質の（中の）流れ出る液状（の部分）からとって(52)泥的人間を造り、これに心魂《しんこん》的な人を吹き込んだと言明する。そして、これが『（模）像と類似性に基づいて』生じた人である。（模）像に基づいて（生じたの）が物質

的な人であり、(これは)似てはいても神と同質のものではない。他方、類似性に基づいて(生じたの)が心魂的な人であり、このゆえに『生命の霊』とも言われている。[53] その存在が霊的溢出に由来するからである。その後、(デーミウールゴスは)彼に『皮の衣』をまとわせたという。そして、これが感覚可能な肉体であると主張するのである。[54]

この引用からも分かるように、エイレナイオスが『異端反駁』第4巻20章1節において「私たちのかたち(似像)に、また類似性に人を造ろう」と述べていること自体が、グノーシス主義に対する反駁の意味を持っているのである。なぜなら、第1巻5章5節で示されていたグノーシス主義の主張する「かたち」と「類似性」による人の創造の場合、そこには(1)「(模)像に基づいて(生じたの)が物質的な人であり、(これは)似てはいても神と同質のものではない」とされる人が創造され(2)「他方、類似性に基づいて(生じたの)が心魂的な人であり、このゆえに『生命の霊』とも言われている」と記される人の創造も語られているからである。

これに対し、エイレナイオスは「かたち」と「類似性」に従って造られた人は、二種類の人が存在するのではなく、「肉」と「魂」と「霊」が備えられた完全な人として造られると考えている。さらに、エイレナイオスにおいては、この「かたち」と「類似性」を、「神の両手」である「御子」と「聖霊」にも結びつけて考えている。『異端反駁』第5巻28章4節には、次のように記されている。

人は初めに、神の両手によって、すなわち、御子と聖霊によって造られ、神のかたちと類似性に従って造られた。[55]

まず「神の両手」が「御子」と「聖霊」であるとの言い換えがあり、加えて「御子と神のかたち」と「聖霊と類似性」がそれぞれ関係づけられていることが示されている。これは、文字通り「御子」が「かたち」を与え、そして「聖霊」が「類似性」を与えたことを明らかにしている。このようにして造られた人は「完全な人」(perfectus homo)と呼ばれ、人を形造る要素としての「肉」「魂」そして「霊」からなり、「神のかたち」と「神の類似性」を有するのである。このことが『異端反駁』第5巻6章1節において次のように語られている。

もし、誰かが形成物である肉の実体を取り除き、そして、自分が全く霊のみを理解するとしても、もはや、そのような霊的な人ではなく、人の霊、もしくは神の霊(である)。しかし、魂と混合した聖霊が形成物に一体となるとき、聖霊の流出のゆえに、人は霊的、そして、完全になるのである。そして、それが神のかたちと類似性に従って造られたものである。[56](傍線筆者)

つまり聖霊が形成物と一体となるときに「完全な人」となり、それが「神のかたち」と「神の類似性」に従って造られた人の姿であることが語られている。この「神のかたち」と「神の類似性」を与えるものこそ、「御子と聖霊」にほかならないのである。

6―4 『異端反駁』第4巻20章1節から4節における「神の優位性」の保持

『異端反駁』のなかで、「神の両手」との関連性において「知恵」としての聖霊の役割がまとめられて記されているのは、第4巻20章1節から4節においてである。そのため、これらの箇所を見ることによって、なぜエイレナイオスが「御言葉と知恵」を「御子と聖霊」と置き換えているのか、その目的をさらに知ることができる。第4巻20章1節の一つ前の箇所である第4巻19章3節には、グノーシス主義の神についての思想が問題とされている。

彼らはまるで、既に計測し、そして見通し、そして完全に彼を〔神を〕論じたかのように、彼の〔神の〕上に、別のアイオーンのプレーローマの存在と、別の父を捏造する。(57)

このグノーシス主義の思想を受けて、エイレナイオスは第4巻20章1節では「神の側には常に御言葉と知恵、御子と聖霊（がおり）、（御言葉と知恵）によって、また、（御言葉と知恵）のうちに、また自発性を持って万物を造り」と記し、神の両手である「御子と聖霊」（御言葉と知恵）が常に神と共にいることと、万物は、その「御子と聖霊」（御言葉と知恵）によって造られたことの二つを示している。すなわち、エイレナイオスはこの箇所で、創造とは唯一の神の業によるものであって、他の何かの助けを必要としたのでも、また別の神も存在しないということを強調している。

続く、第4巻20章2節においては、その唯一の神による創造を強調するために、三つの聖書箇所を引用して説明を加えている。一つは旧約聖書のマラキ書からの引用である。そこには「唯一の神が、私たちを造ったのではないか。私たち全ての者の父は唯一ではないか(58)」と記されている。もう一つは、新約聖書の使徒（パウロ）からの引用である。「唯一の神、すなわち、父は万物の上にあり、また私たち全ての者のうちにある(59)」とあり、さらに、もう一つは主の「万物は私の父から私に委ねられた[60]」という引用で結んでいる。[61]このように、エイレナイオスは旧新約聖書から引用をし、自らの主張する「唯一の神による創造」が聖書に基づいていることを証明しようとしている。

第4巻20章3節においては、知恵である聖霊が、創造の以前から父なる神と共にいたことを示す。

さて、御言葉、すなわち、御子が常に父と共にいたということは、多くの箇所で指摘した。知恵、すなわち、聖霊も全てが形造られるよりも前に共にいたことは、ソロモンを通して言っている。「神は知恵で地を基礎付け、思慮分別によって天を整えた。その知覚で深淵は現れ、雲が露を滴らせた。[62]」そしてまた、「主は彼の御業において、自分の道の初めに私を造った。世々の前に、初めに私を据え、地を造る前、深淵を造る前、水の泉が現れる前、すべての丘の前に、私を生んだ。[63]」そしてまた、「天を整えているとき、私は共にいた。また深淵の泉をしっかりと造ったとき、地の基を強く造ったとき、私は神のもとで調和させた。世界を完成させて楽しみ、人の子らを喜びとしたとき、私は楽しんでいた者であり、すべてのときにおいて、彼の御顔の前にあって、楽しんでいた。[64]」

ここでは、まず箴言3章19節から20節の引用において、創造における知恵の役割を描き、聖霊の永遠性を支持している。続く箴言8章22節から25節と箴言8章27節から31節の引用では、万物の創造以前にも、知恵としての聖霊が存在したことを明記することよって、唯一の神と常に共にいる聖霊の永遠性を支持している。[65]

そして、第4巻20章4節において「従って、御言葉と知恵によって万物を造り、調和させた神は唯一である」と結んでいる。

7　まとめ

「神の両手」の思想は、エイレナイオス固有のものではなかった。だが、エイレナイオスが「神の両手」を「御言葉と知恵」と位置づけ、さらに「御言葉と知恵」を「御子と聖霊」と置き換え、自身の思想を展開していくことに独自性を見出すことができる。その「置き換え」をしたことの目的は、エイレナイオスの論敵であったグノーシス主義の誤りを論駁するためであった。本書においては、グノーシス主義の二つの問題点を取り上げた。一つは、グノーシス主義の「肉の救いの軽視」であり、もう一つは「御父以外の別の神の存在を主張する」ことである。エイレナイオスは、このどちらの誤りに対しても、「御子と聖霊」への置き換えを持って反論を加えている。「肉の救いの軽視」に対しては、「神のかたち」と「神の類似性」を与える「御子と聖霊」の働きによって、そして「御父以外の別の神を主張する」ことに対しては、御父と常に共に存在し、御父の「両手」として働く「御子と聖霊」を描くことにより、「御父の優位性」を示しているのである。

《注》

（1）テオフィロスは「アンティオケイアの司教。エウセビオスによれば6代目の司教（『教会史』4・20）。残された著作の文面から次のことが知られる。ティグリス・ユーフラテス川に近い地で生まれ、両親は異教徒で、ヘレニズムの教育を受け、恐らく結婚したものと思われ、ユダヤ人キリスト者と出会ったことで、旧約聖書に接することになり、聖書を長い間研究した後、キリスト教に改宗したものと思われる。エウセビオスの『年代記』によると、169年に司教に就任した。」小高毅編『原典古代キリスト教思想史——1初期キリスト教思想家』（教文館、1999年）、83頁を参照。

（2）小林稔訳ではアルメニア語に従って「[整えられた]ものの型」と訳されている。エイレナイオス『異端反駁Ⅳ』小林稔訳、（キリスト教教父著作集3／Ⅱ、教文館、2000年）、70頁。

（3）AH. 4. 20. 1.

（4）この点に関して、鳥巣義文は「旧約聖書に遡ってみれば、『神の手（ないし、両手）』という表現は珍しいものではない。それは大体において、創造の業や救いの業をとおして自己を力強く示す神の活動との関連で用いられている。例えば、『わが手はすべてこれらの物を造った』（イザヤ書66・2）とか、『あなたの手はわたしをかたどり、わたしを造った』（ヨブ記10・8）といった創造の業と関連したものがある。また、『強い手と伸ばした腕とをもって、これを救い出された者に感謝せよ』（詩編136・12）という救いの業に結びつくもの、そして『主の手が彼に臨んで』（列王記下3・15）預言者は神の言葉を語り始めるといった具合に、その用例を指摘することができよう。ところが、ヘレニズム・ユダヤ教やラビ文学においては、『神の手』というあたかも神の肢体の部分について語るかのような表現は嫌われた。用例は自ずと減少し、『神の力』とか『掲げられた手』といった表現が見出されるようになる。新約聖書では、『神の手』は旧約聖書からの引用やその適用として、わずかの箇所で用いられるだけである。」と説明している。鳥巣義文『エイレナイオスの救済史神学』、60－61頁。

（5）荒井猷［編］『使徒教父文書』（講談社文芸文庫、1998年）、109頁。

（6）Anthony Briggman, *Irenaeus of Lyons and the Theology of the Holy Spirit*, 104.

（7）「神の両手」のモチーフについてのこれまでの先行研究は、Anthony Briggman, 104-119 に詳しく論じられているが、ブリッグマンが導入部分（pp. 104-107.）で記していることを簡単にまとめて紹介したい。「Friedrich Loofs が「神の両手」のモチーフは、小アジアからの伝統に属するということを示唆し、J. Armitage Robinson は、エイレナイオスの立場とアウトリュコス2章18節における箇所、テオフィロスが、人間の創造が彼の言葉と知恵としての、神の両手の唯一の価値であると述べたことの類似性を強調した。さらに、Jules Lebreton は、両手のエイレナイオスの神学は旧約聖書における手や神の両手のいくつかの言及の直接の発展の結果であると示唆し、また Michel Rene Barnes は、エイレナイオスの両手のモチーフを議論した最も新しい研究において、両手の比喩のエイレナイオスの発展の理由のために創世記1：26を取り上げ、彼は決して両手それ自体を支持するために御言葉からのテキストは用いないとしている。結果として、御言葉からのこの比喩のエイレナイオスの発展のこれまでの議論は、根拠がなくなる。このような先行研究を受けて Briggman 自身は、「両手」のモチーフはユダヤ教的であるということを強調し、この「両手」という言葉は、二世紀後半に書かれたテオフィロスやエイレナイオスの書物の前にも後に書かれた広い範囲のユダヤ教の文書に表れることを述べている。テオフィロスがどこからこの「両手の伝統」を持って来たか、その引用もとについて確信的な議論を彼が聞いたわけではないとしながらも、テオフィロスがユダヤ思想に傾倒していたことは明らかであるとしている。そして、テオフィロスがどのような文献を引用していたにせよ、アンティオケという場所にいたことは、小アジアからきた情報源、もしくは伝統によっていたと考えることもできるだろうと結論づけている。これらのことに加えて、Briggman はエイレナイオスが『アウトリュコス』を持っていたことが、「御言葉と知恵」という描写につながり、「御子と聖霊」につながり、神の両手としての表現につながったと考えている。」

（8）Anthony Briggman, *Irenaeus of Lyons and the Theology of the Holy Spirit*, 119.

（9）Denis Minns, *Irenaeus an introduction*, T&T Clark International, 2010, 64.

（10）Jackson Lashier もこの点には同意している。彼は『異端反駁』第1巻22章1節でエイレナイオスが御言葉と知恵を同等に扱っていること、また『異端反駁』第2巻30章9節では御言葉と知恵はどちらも fecit（造る）を用いて説明されており、御言葉は「基礎付け、創造した」（founded and made）また知恵は「適合させ、整える」（fitted and arranged）というような区別がなされていない点を指摘している。しかし『異端反駁』第3巻24章2節では、二つの動詞を使い、御言葉と知恵の創造の働きの区別をしている。その動詞は confirmare（確立する）と compingere（調和させる）であり、『異端反駁』第3巻以降では知恵としての聖霊論が展開されている。そのため、第2巻以降にテオフィロスの『アウトリュコスに送る』を読んだと記している。Jackson Lashier, *Irenaeus on the Trinity*, Supplement to Vigiliae Christianae Volume 127, Brill Leiden Boston, 2014, 168-169.

（11）アンティオケイアのテオフィロス『アウトリュコスに送る』「中世思想原典集成1 初期ギリシア教父」（編訳・監修、上智大学中世思想研究所、小高毅、平凡社、１９９５年）、136頁で、訳者は「手」と翻訳している。しかし原文では、Πάντα γὰρ λόγῳ Χρόνῳ ποιήσας ὁ θεὸς, καὶ τὰ πάντα πάρεργα ἡγησάμενος, μόνον ἴδιον ἔργον χειρῶν ἄξιον ἡγεῖται τὴν ποίησιν τοῦ ἀνθρώπου. となっているため[両]を加えた。英訳では "For God having made all things by His Word, and having reckoned them all mere bye-works, reckons the creation of man to be the only work worthy of His own hands." と記されている。それぞれ Theopilus Antiochenus Episcopus, *Ad Autolycum*, II, 18 (Migne : PG 6, 1081) また Phillip Schaff, *The Ante-Nicene Fathers Volume 2*, translation of The Rev. Alexander Roberts, D. D., and James Donaldson, LL.D., editors, 1988, 101 を参照。

（12）テオフィロス『アウトリュコスに送る』、136頁。

（13）テオフィロス『アウトリュコスに送る』、137頁。

（14）ここでは「神の両手」ではなく、「神の手」としての「御言葉」のみの言及に留まっている。ブリッグマンは、ここで「御言葉」のみが語られていることの理由として、「『異端反駁』第3巻21章10節においては、神の手としての聖霊の同一性は、余分であり、おそらく『異端反駁』第3巻21章10節の議論においては有害でさえあった」と記している。*Anthony Briggman, Irenaeus of Lyons and the Theology of the Holy Spirit*, 119.

また『異端反駁』第3巻21章10節より前の箇所である『異端反駁』第2巻30章9節では、「御言葉」と「知恵」による創造が述べられている。「彼は父であり、彼は神であり、彼は創始者であり、彼は制作者であり、彼は創造主であり、彼によってこれらのものは造られた。すなわち、彼のことばと知恵によって。」(hic Pater, hic Deus, hic Conditor, hic Factor, hic Fabricator, qui fecit ea per semetipsum, hoc est per Verbum et per Sapientiam suam,) ブリッグマンは、『異端反駁』第2巻30章9節のこの箇所において、エイレナイオスは初めて「神－御言葉－知恵」の3つを組として用いていること、そして、それがエイレナイオスの思想のうちにテオフィロスの影響のしるしが前もって示されていると述べている。Anthony Briggman, *Irenaeus of Lyons and the Theology of the Holy Spirit*, p.127. また Jackson Lashier, Irenaeus on the Trinity, 169 を参照。

（15）Anthony Briggman, *Irenaeus of Lyons and the Theology of the Holy Spirit*, 112. では、テオフィロスはどこから「神の両手」のモチー

フを得たのかという疑問が生じるが、ブリッグマンは「両手の用語は、二世紀後半に書かれたテオフィロスやエイレナイオスの書物の前にも後に書かれた広い範囲のユダヤ教の文書に表れている。」と記し、また「起源は小アジアにあって、テオフィロスの引用元はユダヤ教であったということで十分である。」と述べている。Anthony Briggman, *Irenaeus of Lyons and the Theology of the Holy Spirit*, 106-107.

（16）AH3. 21. 10.

（17）新共同訳聖書には「地上にはまだ野の木も、野の草も生えていなかった。主なる神が地上に雨をお送りにならなかったからである。また土を耕す人もいなかった。」と記されている。

（18）この点の詳細に関しては、Anthony Briggman, *Irenaeus of Lyons and the Theology of the Holy Spirit*, 111-119を参照。

（19）エイレナイオスは『異端反駁』において七回、また『証明』において二回、「知恵」と「聖霊」を同一視している。『異端反駁』では、第2巻30章9節、第3巻24章2節、第4巻7章4節、第4巻20章1節、第4巻20章2節、第4巻20章3節、第4巻20章4節において取り扱い、『証明』では、第5章、第10章に記されている。Anthony Briggman, *Irenaeus of Lyons and the Theology of the Holy Spirit*, 128.

（20）AH4. praef. 4. 小林稔訳では「人間は魂と肉との結合であり、〔肉〕は神に似せて形造られ、その手によって、すなわち子と霊によって形なされた。〔父なる神はこの子と霊〕に「人間を造ろう」と言ったのである。」と記されている。エイレナイオス『異端反駁IV』、6－7頁。Rousseau, A. et al, *Irénée de Lyon Contre les hérésies* では、"Homo est enim temperatio animae et carnis, qui secundum similitudinem Dei formatus est et per manus ejus plasmatus est, hoc est per Filium et Spiritum, quibus et dixit: Faciamus hominem となっており、qui が homo に掛けられている。また英訳では、"Now man is a mixed organization of soul and flesh, who was formed after the likeness of God, and moulded by His hands, that is, by the Son and Holy Spirit, to whom also He said, "Let Us make man," Saint Irenaeus of Lyons, *Against Heresies*, 395と訳されており、やはりここでも「肉」ではなく「人」と捉えられている。この点について小林稔は「関係代名詞や分詞の性の問題で、ラテン語は「人は」の意で訳しているが、アルメニア語は『肉的』ととっている。後者の方がlectio difficiliorであり、第V巻6.1でエイレナイオスが後者の見解をとっており、また論敵への反発という点から、アルメニア訳の読み方をとりたい。ルソー、別冊、198頁参照。」と脚注で説明を加えている。

(21) しかし、それはエイレナイオスが『異端反駁』第4巻に入るまで、「知恵」と「聖霊」を同一視していなかったということを意味してはいない。また、第4巻以前に「知恵」の働きについてエイレナイオスが言及していないということではない。脚注19参照。

(22) 鳥巣義文『エイレナイオスの救済史神学』、64頁。

(23) 鳥巣義文『エイレナイオスの救済史神学』、58–59頁。

(24) ただし、テオフィロスには「知恵としての御言葉」の同一視も見られる。2章22節には「しかし神がそれによって万物を造ったという神の言葉は、神の力と知恵であり〔1コリ1：24〕、宇宙万物の父である主の姿をとるのであって、この言葉が神の姿で園に現れ、アダムと話したのである。」と記されている。テオフィロス『アウトリュコスに送る』、139頁。

(25) エウセビオスは『教会史』第5巻26章において、エイレナイオスがさまざまな説教や小冊子などを残していたことに言及し、次のように記している。「この小冊子は『ヘブル人への書簡』や『ソロモンの知恵』と呼ばれているものに言及し、それらから幾つかの章句を引いている。」エウセビオス『教会史（上）』、348頁。この証言からも分かるように、エイレナイオスは『ソロモンの知恵』に慣れ親しんでいたと考えることができる。

(26) The Book of Wisdom 1:6: φιλάνθρωπον γὰρ πνεῦμα σοφία καὶ οὐκ ἀθῳώσει βλάσφημον ἀπὸ χειλέων αὐτοῦ· ὅτι τῶν νεφρῶν αὐτοῦ μάρτυς ὁ Θεὸς καὶ τῆς καρδίας αὐτοῦ ἐπίσκοπος ἀληθὴς καὶ τῆς γλώσσης ἀκουστής· ギリシア語テキストについてはWilliam J. Deane, *The Book of Wisdom the Greek text, the Latin Vulgate and the Authorised English Version with an Introduction, Critical Apparatus and a Commentary,* 1881, Oxford, 46を参照。

(27) AH4. 20. 3.

(28) AH. 4. 20. 3 : Deus sapientia fundavit terram, paravit autem caelum prudentia ; sensu ejus abyssi eruperunt, nubes autem manaverunt ros. 箴言3章19節から20節からの引用。

(29) AH4. 20. 3 箴言8章22節から25節からの引用。

(30) AH4. 20. 3 箴言8章27節a、28節b、29節から31節からの引用。

(31) テオフィロス『アウトリュコスに送る』、110頁。

（32）テオフィロス『アウトリュコスに送る』、128頁。
（33）『異端反駁』第4巻序4節を参照。
（34）この御父の優位性について、鳥巣義文は次のように述べている。「この御父の優位性は、まず、創造に際して御父が万物の起源であることを表すa semetipso、また、御父が三位一体的な創造の主体であることを示すper semetipsumなどのエイレナイオスの用語法に読み取ることができる。すなわち、万物を無から存在させる御父の創造のわざは、被造物の存在根拠が御父自身にあることを示すa semetipsoという表現によっており、その場合には創造のわざはあたかも唯一神論的創造のような色彩を帯びる。しかし、この創造のわざが御子と聖霊によって遂行されることを示すper semetipsumという表現によって補完されて、創造は御父が御子と聖霊によって行う三位一体の神のわざであることが明らかにされる。」鳥巣義文『エイレナイオスの救済史神学』、22頁。また「神の優位性」については、6.4において詳しく論じる。
（35）H・J・マルクス「われらを悪より救い給え――東方神学から見直された原罪論――（その2）」『アカデミア（第36号）』、（1982年）、10―11頁。
（36）グノーシス主義におけるデーミウルゴスの理解のために、次の文章を引用した。「リヨンのエイレナイオス（135頃―2世紀末頃）は『異端反駁』の第1巻の冒頭においてプトレマイオス派の教説を取り上げ、彼らの誤謬を指摘している（『異端反駁』praefatio-1. 11. 1）。その記述によると、原初の父ビュトスや最も若いソフィアを含む30を超える神的存在（アイオーン）から成る創成神話をプトレマイオス派は掲げたとされている。30を超える神的存在は、原父ビュトスとその配偶者シゲー、もしくはエンノイアから流出した。これらの神的存在のうち最も若いアイオーンがソフィアであって、原父を知りたいという彼女の情動が、意図せずして心魂的性質と物質的性質を生み出す結果となる。物質的世界を造り出し、自らは心魂的性質をもつ、デミウルゴスと呼ばれる造物主の誕生は、このソフィアの過失に起因するとされる。」津田謙治『マルキオン思想の多元論的構造－プトレマイオスおよびヌメニオスの思想との比較において』（一麦出版社、２０１３年）、28頁。
（37）Anthony Briggman, *Irenaeus of Lyons and the Theology of the Holy Spirit*, 119.
（38）AH5.9.1さらにベアーは次のように説明している。「完全な、また完成した人は、肉体、魂、そして聖霊がキリストの到来で保たれたように、救われる。いずれの性質も個々に人と呼ぶことができる。けれども、肉体と魂は、人の『一部』と呼ばれ、聖霊はそのようではない。なぜなら聖霊は人ではなく、神であるからである。」John Behr, *Irenaeus of Lyons Identifying Christianity*, 158.

（39）脚注24参照。

（40）AH. 4. 7. 4. Rousseau, A. et al, *Irénée de Lyon Contre les hérésies* では、ministrat enim ei ad omnia sua progenies et figuratio sua, hoc est Filius et Spiritus, Verbum et Sapientia, cuibus serviunt et subjecti sunt omnes angeli. となっている。そのためラテン語訳では「彼から生じたものと彼（父）の〔似〕姿」と訳すことができる。小林稔訳では「その生んだものとその「手」とが、すなわち子と霊、みことばと知恵とが万事に際して〔父〕に仕えているからで、天使たちは皆、〔この二者〕の下働きをし、〔彼らに〕服しているのである。」と訳し、「手」の部分に付されている脚注252では「アルメニア語による。ラテン訳によれば『その姿』」と言及している。エイレナイオス『異端反駁IV』、26頁、185頁。ただし、小林訳では「手」と訳されているだけであり、「両手」とされているのではない。Rousseau は、SChr100,464,vv.69-70 において、アルメニア語では、figuratio sua ではなく、suae manus であることを記している、また Briggman は The Armenian has'his Hands'instead of'his likeness' と説明し、この部分がアルメニア語では「両手」であることを示している。Anthony Briggman, *Irenaeus of Lyons and the Theology of the Holy Spirit*, 122.

また英訳では「His offspring and His similitude」となっている。Saint Irenaeus of Lyons, Against Heresies, The complete English translation from the First Volume of The Ante Nicene Fathers, edited by Alexander Roberts, D.D.& James Donaldson, LL.D. and with occasional notes by A. Cleveland Coxe, D.D, Ex Fontibus Co, 2010, 414.

（41）Anthony Briggman, *Irenaeus of Lyons and the Theology of the Holy Spirit*, 123.

（42）この「神の両手」としての父なる神、御子、聖霊は三位一体なる神の働きを示しているように思われる。この点についてフスト・ゴンザレスは「神は二つの『御手』によって世界を創造し、統治する。御子と聖霊である。エイレナイオスによる三位一体への言及はあまりに短いため、そこから三位一体の教理を導き出すのは困難である。エイレナイオスは三位一体の教理に関する緻密な議論を展開することはせず、単にそのままを受け入れている。おそらくエイレナイオスは、三つの間の関係について議論することなしに、父なる神、御子、聖霊という定式を信仰的に受け継いだのであろう。」と記している。フスト・ゴンザレス『キリスト教思想史Ｉキリスト教の成立からカルケドン公会議まで』石田学訳、（新教出版社、２０１０年）、

189頁。ここで「エイレナイオスは三位一体の教理に関する緻密な議論を展開することはせず」と記されているけれども、エイレナイオスの時代、つまりニカイア前の時代にあっては、現代において理解されているような「三位一体」という定義はまだされていなかった。また続けて「三つの間の関係について議論することなしに」と記しているが、これこそまさにエイレナイオスの神学において重要な位置を占めている「神の両手」が扱っている事柄である。また Denis Minns はこの「神の両手」の隠喩が、唯一の神による救いの経綸の強調を与えたことを示している。Denis Minns, Irenaeus an introduction, 64. 大貫隆は「ユスティノスの救済史的『歴史神学』とくらべた場合、このエイレナイオスの神学の方が救済史をより明確に『三位一体論的』に、すなわち、終始同一不変の神と『神の両手』（御子と霊）が不断に働き導く場としてとらえていること（「経綸的三位一体論」）は明らかであろう。」と記している。大貫隆『ロゴスとソフィア』、163頁。

（43）小林稔訳では「自律性をもって」と訳されており、その脚注には「アルメニア語による。ラテン語訳によれば『自らすすんで』」と記されている。エイレナイオス『異端反駁IV』、216頁。

（44）この言葉は基本的に「表象」「像」（image）を示していている。R. Laird Harris, Editor, Gleason L. Archer, Jr., Associate Editor, Bruce K. Waltke, Associate Editor, *Theological Wordbook of the Old Testament Volume 2*, Moody Press,Chicago, 1981, 767.

（45）H.D.Preuss, "demuth"in: Theological Dictionary of the Old Testamant vol.III, Edited by G. Johannes Botterweck and Hel-mer Ringgren, Translators: John T. Willis and Geoffrey W. Bromiley, David E. Green,1975, 259.

（46）AH4. 20. 1.

（47）John Lawson, *The Biblical Theology of Saint Irenaeus*, London: Epworth Press, 1948, 121.

（48）Anthony Briggman, *Irenaeus of Lyons and the Theology of the Holy Spirit*, 129.

（49）J. Armitage Robinson, *Note on the Armenian Version of Irenaeus ADV. HAERESES IV, V*(Journal of Theological Studies)32, 1932, 156-7.

（50）この点は『異端反駁』第5巻28章4節において、明確に示されている。

（51）J. Armitage Robinson もアルメニア語訳ではなく、ラテン語訳の figuratio を採用する立場をとっている。J. Armitage Robinson, Note on the Armenian Version of Irenaeus ADV. HAERESES IV, V, 157.

（52）エイレナイオスは早い段階から、このグノーシス主義の創造に関して反駁している。例えば、『異端反駁』第2巻10章4節では、神が「無から」創造したことを述べている。「一方、人は確かに無から何かを造ることはできず、すでに存在している質料から（しか造れない）。しかし、神は、それまで存在しなかった質料を、創造のときに自分で造り出すという点において、人より優っているのである。」

（53）AH1. 5. 5. グノーシス主義は「かたち」と「類似性」に基づいて生じた人と「かたち」に基づいて生じた物質的な人と「類似性」に基づいて生じた心魂的な人というように、人間を三つに分けて理解している。

（54）荒井 献・大貫 隆・小林 稔訳『ナグ・ハマディ文書Ⅰ 救済神話』（岩波書店、1997年）、232頁。

（55）AH5. 28. 4.

（56）AH5. 6. 1.

（57）AH4. 19. 3.

（58）AH4. 20. 2. マラキ2章10ａ節からの引用。

（59）AH4. 20. 2 : Unus Deus, inquit, Pater, qui super omnes et in omnibus nobis. エフェソ4章6節からの引用。小林稔は「ひとりの神すなわち父は、万物の上にあり、［万物を通して］〔働き〕、私たち皆のうちにある方」と訳し、その説明として「ただし、『万物の父』の『万物が落ち、最後に『私たち』が加えられている。なお、『万物を通して』はラテン訳にはないが、アルメニア訳によって補う。』としている。エイレナイオス『異端反駁Ⅳ』、70頁、216頁、訳注722参照。

（60）マタイ11：27からの引用。AH4. 20. 2 : Omnia, inquit, mihi tradita sunt a Patre meo.

（61）鳥巣義文は「教父エイレナイオスは、新約の書を旧約の書と同様に聖なる『書』（graphe）と呼んだ。これは、今日キリスト者が旧約と新約の両書を1まとめにしてそう呼ぶ『聖書』の始まりである。また、四つの福音書を一つの霊に掌握された『四つの姿の一つの福音』とみなし、その数を減らすマルキオン派や、逆にそれを増やすとみえるグノーシス派の両者を退けた。」と記している。鳥巣義文『エイレナイオスの救済史神学』、13頁。

（62）箴言3章19節から20節の引用。

（63）AH4. 20. 3. 箴言8章22節から25節の引用。

（64）AH4. 20. 3. 箴言8章27節から31節の引用。

(65) Anthony Briggman, *Irenaeus of Lyons and the Theology of the Holy Spirit*, 131.

第2章　エイレナイオスにおける善き神と人間の成長

エイレナイオスは神を「善き神」（bonus Deus）と呼ぶ。この呼称はエイレナイオスが思い描いていた神観を一言で言い表したものである。[1] この章の目的は、第一に、エイレナイオスが「善き神」と表現した神の特質が何であるかを明らかにすることであり、また、その神がどのように人間の成長に関わるのかを考察することにある。[2] 第二に、エイレナイオスにおける「人間が神となる」[3]（dii facti sumus）という視点から、人間の成長がどのようなものかを明らかにすることにある。

そこで、エイレナイオスにおける人間の成長の思想を次の二点に整理したい。（1）幼児のような状態として造られた人間が、何が善であり、何が悪であるかを学ぶことにより成熟した大人へと成長すること。[4]（2）本性として「神の子ら」として造られた人間が、堕罪、御子の受肉、保証としての聖霊が与えられることにより、再び「神との類似性（similitudo）」が与えられ、「完全な人間」として「神となる」（dii facti sumus）成長のことである。[5]

この章では、まず（1）幼児のような状態として造られた人間が、何が善であり、何が悪であるかを学ぶことにより成熟した大人へと成長することと、「善き神」との関わりを中心に据えて考察したい。その後（2）本性として「神の子ら」として造られた人間が、堕罪、御子の受肉、保証としての聖霊が与えられることにより、再び

「神との類似性（similitudo）」が与えられ、「完全な人間」として「神となる」（dii facti sumus）成長のことを論じていきたい。

1　エイレナイオスにおける神観――善いものを与える神――

1―1　エイレナイオスはなぜ人間の成長の思想を持ったのか

エイレナイオスにおける人間の成長の思想を明らかにするにあたり、まず「エイレナイオスはなぜ人間の成長の思想を持ったのか」という点を確認する必要がある。そこで人間の成長について記されている箇所の一つである『異端反駁』第4巻11章1節に目を向けたい。

唯一の同じ神が、常に御言葉を通して、信じる者たちにすべてを啓示し、明らかにすることなしに、聖書もどのように彼について証するであろうか。ある時は自ら形造った〔者〕と語り、ある時は律法を与え、ある時は非難し、ある時は励まし、そしてまた奴隷を自由にして子とし、相応しい時に不滅性という相続財産を与えて、人間を完成させるのである。神が人間を形造ったのは、聖書が「増えよ〔Crescite〕[6]、そして、増加せよ」と言っている通りに、増加と増大のためであった[7]。

この箇所には創世記1章28節が引用されている。ラテン語の crescite は通常「増えよ」と訳される。しかし、この crescite の原形である cresco には「成長する」という意味が含まれており、仮にその意味として訳すならば「成長し、増加せよ」となる。ここからエイレナイオスは、創世記1章28節を解釈し「人間の成長」という概念を得たと考えることができる。

1―2　「強制しない神」と「自立性」を持つものとして造られた人間

それでは、エイレナイオスの神観と人間の成長の両方を同時に見ていくために『異端反駁』第4巻37章1節を取り上げたい。

なぜなら神は、人間が初めから自分の魂を持つのと同じように、自立性[8]を持つように、人間を自由なものに造った。それは神の意志を、彼〔神〕に強制されてではなく、自発的に行なわれたことを示すためである。と言うのも、〔物質的な〕力は、神に属するものではない。神の側に常にあるのは、善い意志[9]なのである。[10]

この箇所には、エイレナイオスの神観において重要な点が語られている。それは、神が人間に「強制をしない」ということである。エイレナイオスは、神が強制しないことの理由を二つ挙げている。

第一は、神が人間を「自立性」を持つ存在として造ったため。

第二は、人間が神の意志を自発的に行うため。

第一の「人間が自立性を持つ存在として造られた」を扱うにあたり、なぜ神が人間を自立性のある存在として造ったかを問う必要がある。このために『異端反駁』第4巻4章3節と『異端反駁』第4巻37章4節の二つの箇所を確認したい。『異端反駁』第4巻4章3節には次のように記されている。

人間は理性的であり、このゆえに神と似ており、判断に関して自由なもの、また自立的なものとして造られている。[11]

また『異端反駁』第4巻37章4節には次のように記されている。

けれども、人間は初めから自由な判断をする者であった。それは〔人間が〕似せて造られた神が、自由な判断をするからである。[12]

これらの箇所に記されているように、神が人間を自立性のある存在としたのは、神が自立的であり、その神に似せて造られたからである。神は自身の「善い意志」によって自らの行為を判断するものであり、誰からも、また何によっても「強制される」ことのない自由な存在である。同様に、その神によって造られた人間もまた自由であり、自らの判断によって行動するものとされたのである。そのため、神は人間に「自立性」を与えた。この「自立性」こそ、人間が絶えず成熟した大人へと成長するために、必要不可欠な能力である。[13]

この能力としての「自立性」が、「神が人間に強制をしない」ことの第二の理由である「人間が神の意志を自発的に行うため」ということと深く関係している。『異端反駁』第4巻37章1節において「神の側に常にあるのは、善い意志なのである」と記されていたように「神の意志」とは、「善の意志」と言い換えることができる。つまり「善き神」は人間に「善い意志」をも与えるのである。人間は、「自立性」を有することにより、その能力を用いて、神の意志である「善」を行うことで成長することができるのである。

1―3　神の「好意」(benegnitas)――人間に善を与える神――

それでは、人間は自らに与えられた「自立性」を用いて、どのように神の意志である「善」を行うことができるのであろうか。ここで先に引用した『異端反駁』第4巻37章1節の続きに目を向けたい。

そして、このゆえに〔神は〕よい判断をすべての人に与えた。人間のうちには選択の力を置いた。――天使たちも理性的であるので――天使たちのうちにも〔置いた〕ように。事実、聞き従う者たちが、正しく善を持つ者となるためであった。与えたのは神であるが、守るのは彼ら自身の方であり、聞き従わなかった者たちは、善とともにないことが分かり、そして当然の罰を受け取るようになるのである。なぜなら、神は好意をもって善を与えたが(14)、彼らはそれを慎重に重んじることも、価値あるものと思うこともせず、卓越した慈愛を無視したからである。それゆえ、善を投げ捨て、まるで吐き出す者たちには、すべての者が、当然、神の正しい裁きへと陥るであろう(15)。

この引用の中で、特に重要となるのが「神は好意（benegnitas）をもって善を与えた」という部分である。神は「好意」を持って、人間に「善」を与える方であり、人間はそれを受ける者である。この神が「好意」（benegnitas）的に人間と関わることも、エイレナイオスにおける重要な神観の一つと言うことができる。

このように「善き神」は、どこまでも「好意」的に人間に接するのであり、そこに分け隔てのようなものはない。しかし、人間の側はそうではない。エイレナイオスは、神から「好意」（benegnitas）によって「善」を与えられた人間の二つの態度を記している。それは、ある者は「神に聴き従い善を持つ者」となるが、他方で、ある者は「善を行うことを無視した者」となるというものである。この人間の二つの態度は、エイレナイオスの神観と密接に関係する。それは、先の引用のなかに、次のように記されていたことからも理解することができる。

聞き従わなかった者たちは、善とともにないことが分かり、そして当然の罰を受け取るようになるのである。なぜなら、神は好意をもって善を与えたが、彼らはそれを慎重に重んじることも、価値あるものと思うこともせず、卓越した慈愛を無視したからである。

一見、「善」を行わない者に、罰を与えることは分け隔てがあるように感じるかもしれないが、あくまでも「善い神」は、すべての人間に「好意的」に接し「善」を与えるのである。しかし、その神に応えることをしない者には、罰が与えられるのである。なぜなら、人間は与えられた自立性を用いて神に従うことが求められるからである。つまり、それを放棄した者たちは、自らの選択によって、神の好意による「善」を「慎重に重んじることも、価値あるものと思うこともせず、卓越した慈愛を無視した」ことで罰が与えられるのであるから、決して神が人間を分け隔てしているのでも無慈悲になっているのでもないのである。

このような違いが生じることも、まさに、「神が強制をしない」からであり、「与えたのは神であるが、守るのは彼ら自身の方」との言葉の中にも示されている。つまり、神が人間を自由な存在として造り「自立性」を与えたのは、その「自立性」を用いて、神に強制されてではなく、人間自らが「善」を選び取り、成長していくためであったと理解することができる。

1―4 『異端反駁』第4巻37章1節から4節における神の「助言」

次いで、私たちは次のことを問わねばならないだろう。それは「『善き神』は人間に自立性を与え、人間に好意的に接し、善を与えたが、人間は絶えず自らの責任のもとで生きるしかないのか」という点である。その答えとして、神は「人間を放任したわけではない」ということができる。その理由の確証となる箇所に目を向けたい。エイレナイオスは『異端反駁』第4巻37章2節のなかで、次のように述べている。

そして、このゆえに、預言者たちは義を行い、善のために働くように人々を促した。私たちが多くのことで明らかにしたように、これが私たちのうちにあり、また、私たちは、多くの不注意のために忘れてしまい、また善い助言に欠けるようになっているからである。善い神は、預言者たちを通して、善い助言を与えようとしていたのである。(16)（傍線筆者）

このように、神は旧約の時代にあって、預言者たちを通して、人々が「善の方向」へと進むように「助言」(consilium)をして促していたことが分かる。[17] さらに『異端反駁』第4巻37章3節では次のように加えられている。

そして、このゆえに主も「あなたたちの光が、人々の前で輝くように。あなたたちの善い行ないを見て、天におられるあなたたちの父を輝かせるためである」と言ったのである。また「あなたたちは、酩酊や不節制や世俗の心配で心を煩わせないように気をつけなさい」。そして「あなたたちは、腰に帯を締め、灯火をともしなさい。そして、あなたたちは、自分たちの主人が婚宴から戻り、戸を叩くなら、彼のために開けようと待っている人々のようにしていなさい。主人が帰って来たとき、そのようにしているのを見るしもべは幸いである。また言われた。「自分の主人の意志を知りながら、行わなかったしもべは、多く鞭で打たれるであろう。また「私に『主よ、主よ』と言いながら、あなたはなぜ行わないのか」と言っている。そしてまた「もし、しもべが彼の心の中で、私の主人は遅れると言い、仲間のしもべを殴ったり、大食をしたり、飲んだり、酔ったりし始めるなら、彼の主人は予期しない日に来て、彼を切り離し、また偽善者たちと同じ一員とみなすであろう」。そして、このようなことはすべて人間の自由と自立性と、神が助言を与える方であることを明らかにしている。〔神は〕自分に服従するように、私たちに勧告し、不信から引き離そうとはするが、厳しく強制はしない〔方〕である。[18]（傍線筆者）

ここでエイレナイオスは、イエスの教えを引用し、旧約の時代の預言者たちだけではなく、イエスもまた、人々が善を行うように「助言」を与えていたことを明らかにしている。この引用においては、神が「強制をしない」方であることに加えて、「助言」「勧告」を与える方であることが強調されている。エイレナイオスはイエスの教えに続けて、教会の時代のパウロを引用し、また、他の新約聖書からも引用をする。『異端反駁』第4巻37章4節には、次のように記されている。

> 事実、福音そのものも、もし〔人が〕これについて行きたくないと望むなら、事実それは許されているが、役に立たないことである。神への不従順と善の喪失は、人間の能力に属することであるが、しかし、それほど多く引き起こすことではなく、危害と損失〔をもたらす〕。そして、このゆえにパウロは「すべてのことは許されている。しかし、すべてが益になるのではない」と言った。そして、人間の自由を述べ、神が人間に強制をしないので、それゆえ、すべてが益となり、また、彼が「無益」を明らかにしようとしたのは、私たちが自由を、悪徳を覆うために悪用しないためであって、これが無益なことである。そして、また「あなたがたは、それぞれ自分の隣人に真実を語りなさい」。また「すべての悪意ある会話や、卑劣な、あるいは無駄話、あるいは狡猾な〔会話〕ではなく、むしろ多くの感謝が、あなたたちの口から出るように」と言った。また、「あなたたちは、以前は暗闇であったが、今は、主にあって光である。あなたたちは、宴会、また酩酊、淫乱と情欲のうちにではなく、また怒りと嫉妬をやめ、光の子らしく立派に歩みなさい」。「確かに、このような者もいたが、しかし、私たちは主の名によって洗われ、聖なる者とされた」。それゆえ、もし、これらのことを行うこと、もしくは、行わないことが、私たちのうちにあるなら、使徒、また、それ以上に主自身は、どのような理由があり、あることを行うように、あることを避けるように、助言を与えたのであろうか。[19]（傍線筆者）

これまで見たように、神は旧約の時代では預言者を通して「自立性」を持つ人間が「善」を行うことができるように「助言」し、その後はイエスによって、さらにパウロと教会の時代でも、続けて人間に「助言」を与えていた。エイレナイオスにおける重要な神観として「強制しない神」を挙げることができるが、「神は強制しない」と言うとき、それは人間に関わろうとはしないことを意味してはいない。確かに神は「強制」はしないが、歴史の全体を通して「自立性」を有する人間が、「善」から離れないように「助言」を与え続けているのである。この助言を与える神もまた、エイレナイオスにおける重要な神観の一つである。人間は神からの「助言」に助けられながら、「善」を保持することができる。『異端反駁』第4巻37章4節の最後の部分に注目したい。

しかし、人間は初めから自由な判断をする者であった。それは〔人間が〕似せて造られた神が、自由な判断をするからである。善を保持することを、常に彼に助言し、（この善は）神に対する従順によって全うされるものである。[20]（傍線筆者）

以上が『異端反駁』第4巻1節から4節に記されている神の助言である（神の「助言」については、本書第四章でさらに詳しく論じる）。続く『異端反駁』第4巻37章5節において、エイレナイオスが、人間の自立性を「行ない」に限定するのではなく、「信仰」においても自立的であると記していることにも言及しておきたい。

そして、行ないにおいてだけではなく、信仰においても、主は人間が自由で自立性があるように、「あなたの信仰の通りに、あなたになるように」と言って、人間が自分の考えを持っていないために、自分の信仰を明らかにしたのである。「信じる者には、すべてが可能である」。また「行きなさい。あなたの信じるようになるように」〔と言った〕。そして、このようなことはすべて、人間が信仰に〔おいて〕自立的であることを明らかにしているのである。(21)

このように、神は人間を行いにおいても信仰においても自立性を持つ存在として創造した。人間は自立的でありながらも、神の助言に従って神に服従するときに、人間は「善」を全うすることができるのである。また、神が人間に与えた「善」の最も中心にあることは、「神に対する従順」であり「神に対する服従」を保持することが、そのまま人間の生命を保持する条件であった。(22)

このように神が人間に強制しない方であり、さらに好意的に接し、「助言」を与え続けながら人間と接するので、人間は「善」を行ない、それを「保持」することが可能となるのである。それでは、神がそのように人間に接することには、どのような目的があるのであろうか。私たちは次章において、この点を取り扱うことにしたい。

1―5　『異端反駁』第4巻37章6節から7節における「善」の訓練と第4巻39章1節にある「二重の知覚」――神から「助言」を与えられた人間の応答――

私たちは、旧約の時代においても、またイエス・キリスト、使徒、そして教会の時代においても、神が人間に

「助言」（consilium）を与え続けていることを確認した。人間は、神から与えられる助言に従い、自立性を用いて何が善であるかを判断し、自らの歩み方を決定づける必要があった。

それでは助言を与えられた人間は、それに対して、どのように応答をするべきであろうか。結論から言えば、神から与えられた助言に対して、人間は善を保持することに加えて、善を選び取る「訓練」をすることが求められている。『異端反駁』第4巻37章6節と7節には、人間が善を選び取っていくことが「訓練」のように描かれている。エイレナイオスは、まず反対者の意見を紹介することから始める。

彼が言うには、天使たちを背くことができるようなものとして造ったはずがないし、人間もすぐに〔主に〕感謝をしないものとして生じたのではない。なぜなら、彼らは理性的なもの、また審査するもの、判断を下すものとして造られたのであって、非理性的なもの、あるいは、自分の意志で決して行うことができず、必然性や力によって善へと引かれる、生命のないもののように、ひとつの考えやひとつのやり方があり、柔軟性がなく、また判断のないもの、造られた以外のものではあり得ないものであるから〔と言うのである〕[23]。

この引用のなかに「自分の意志で決して行うことができず、必然性や力によって善へと引かれる」とあるように、人間が何が善であるかを自ら判断し、善に向かって歩むことができることを否定する者に対して、エイレナイオスは、次のように反論する。

なぜなら、無知である者に、一体どのような善の享受があるだろうか。それを得ようと努めることがない人々

に、この栄光があるだろうか。戦いにおいて、栄冠を得たのではない人々に、何の勝利があるだろうか。(24)

さらにエイレナイオスは『異端反駁』第4巻37章7節において、次のように語っている。

それゆえ、よい戦士が不滅性への戦いへと、栄冠を受け、その栄冠を貴重なものであると考えるように、私たちを励ましているのである。なぜなら、確かに戦いを通して私たちにもたらされるものであり、自発的に生じてくるものではないからである。また、戦いを通してもたらされるために、それだけより尊いものであり、より尊いので、私たちは常にこれを〈さらに〉愛するのである。(25)

エイレナイオスは、この箇所では「善」を得ることを「戦い」に例えている。これは人間にとって「善」を選び取っていくことの困難さを表現したものにほかならない。しかし、その困難な戦いを通して善を得るからこそ、人間は神に従う善の尊さを知り、神を愛することへと繋がっていくのである。さらに、エイレナイオスは次のような説明も加える。

また別〔の観点〕に、確かに私たちの善が訓練されていないものであるとすれば、それは無分別のものであったであろう。(26)

このように、エイレナイオスは人間が「訓練」として、また、あるときには「戦い」として「善」を追い求めていくことの必要性を記している。この「善」を追い求めることこそが、神の「助言」に対する応答である[27]。このように、人間は神の「助言」に従い「善」を追い求めるが、興味深いことに『異端反駁』第4巻37章7節には、それに失敗した人間を、神がどう見るかが記されている。

それゆえ、神は私たちのために、これら全てを耐え忍んだ。それは私たちがすべてのことを通して教えられ、すべてのことに注意するようになり、理性的に神を愛することを徹底的に教わり、すべてにおいて神の愛のうちに留まるためであった。事実、神は人間の背信への寛大さを保ち、人間はそれ〔背信〕を通して、教育されるのであり、それは預言者も「お前の背教が、お前を教育した」と言っている通りである。神は人間の完成のため、また〔神の〕配剤[928]の効果的現れのために全てのことを予め定めたのであり、それは善が明らかにされ、そして義が全うされ、そして教会が神の御子のかたちの姿へと結合され、人間がいつかついに神を見て、そして把握するまでに成熟するほどのものとなるためであった[29]。

この箇所が示すのは、神は人間が訓練あるいは戦いを通して「善」を追い求めているときに、その人間の失敗をも通して、成長することを望み、耐え忍んでいることである。ここで、私たちは、どのように堕罪を考えればよいかとの疑問が生じる。これに対し、エイレナイオスは神の「寛大さ」(magnanimitatem)を強調する。それは、神は堕罪した人間に対して「寛大さ」を持ち、人間の「堕罪」もしくは「失敗」を忍耐していることを意味する[30]。

なぜ、神は人間の「堕罪」や「失敗」を「寛大」に忍耐するのか。それは、人間が「神の前に人間が誇ることがないように」学ぶ期間を与えるためである。そのため、人間は、すぐに罰せられることはなく、むしろ、「堕罪」

を含めた様々な失敗を通して、何が「善」であり、どのように神を愛するのかを学んでいくようにされる。この理由から、「堕罪」は、人間が犯す失敗のひとつとして取り上げられ、さらに「人間の教育」のためとも記されるのである。人間が「失敗」をも通して成長するというとき、それは「不従順が何であるのか」を学ぶのである。つまり「失敗」が文字通り、単なる「失敗」であるのではなく、何をして失敗をしたのかという理解が、人間の成長にとっては必要不可欠なのである。この「失敗」から学ぶ「教育」によって、幼児のような状態であった人間は、成熟した大人へと成長していくのである。「堕罪」の出来事は、アダム後の全人類に共通したものであり、すべての人間は神に背教した。(31) それにもかかわらず、寛大な神は「堕罪」さえも用いて、人間を成長へと導くのである。

このことをより良く理解するために、『異端反駁』第4巻37章7節に後続する箇所である『異端反駁』第4巻39章1節に目を向けたい。

人間は善と悪の知識を受け取った。神に従うことは善であり、そして、神に信頼し、また、神の命令を守ること、これが人間の生命である。神に従わないことが悪であるように、これが死である。(32)

この箇所の冒頭で、エイレナイオスは人間の生命は神に従うことであり、その反対に、人間にとっての悪は神に従わないことだと述べる。続いてエイレナイオスは次のように述べる。

それゆえ、神が寛大さを示してくださったので、人間は従順の善と、不従順の悪を知り、そのため、心の目が、両方からの試みを受けるとき、判断を下して、よりよい方を選び、決して神の命令に対して、無気力や無視するものとならず、また、自分の生命を取り去ることが、すなわち、神に従わないことが悪であることを試みによって学び、いつか、それに触れることをせず、自分の生命を保護すること、〔すなわち〕神に従うことが善であると知り、十分な細心の注意をもって守るためであった。このゆえに、両方の知識を持つ二重の知覚を〔人間は〕持っている。〔それは〕よりよいものの選択を行うためであった。[33]（傍線筆者）

この箇所にある「二重の知覚」は、まさしく「善」と「悪」の理解と言い換えることができるであろう。エイレナイオスは、人間が神への従順によって善を学び、反対に、不従順によって悪を知ることを述べている。そして、何が善であり、何が悪であるかを知っていくなかで、善は自分の生命を守るものであり、悪は自分の生命を取り去るものであることを学び、それを理解していく。このことを繰り返すうちに、人間は「よりよいもの」を選択するように成長し、悪に触れないようにさらに成長を続ける。そのようにして、人間は「二重の知覚」を得るに至るのである。幼児のような状態として造られた人間は、その創造された時点においては、まだ「二重の知覚」を有してはいない。[34]

もし、神が人間を自身の思うように「強制的に」動かし、人間に対して「好意」的でなく無関心であり、「失敗」をすぐに断罪するような神であったとしたらどうであったろうか。もしそうであれば、人間は何が善であり、何が悪であるかの知識には至らないのある。神は「義しい神」であるので、本来、罪に対しては「怒り」を持つのであるが[35]、神は人間が成長することを望んでいるがゆえに、人間の「失敗」に対して「寛大さ」を持ち「好意的」に人間に接する神なのである。

このような神に守られつつ、人間が「二重の知覚」を有することができたとき、人間は神に至る成長の過程において、一つ段階を昇ったということができるのである。

1—6 『異端反駁』第4巻38章1節から2節における「父の霊」の享受

エイレナイオスは「強制せず」、「好意を持って善を与え」、「絶えず助言し」、「寛大さ」を持つ神観を抱いていた。神は人間が成長するために関わりを持つので、彼らは「二重の知覚」を有するようになることが可能となったことは以上に見た通りである。

次いで「二重の知覚」を有した人間が、どのような成長の過程を通るのかを明らかにしていきたい。『異端反駁』第4巻38章1節において、エイレナイオスは「なぜ神は人間を初めから完全なものとして造らなかったのか」という問題についての考察を始めている。

ちょうど母親が幼児に完全な食物を与えることができても、〔幼児は〕まだ堅い食物を受け取ることができず、同様に、神自身も初めから人に完全さを与えることはできたが、人がそれを受け取ることができなかったのである。つまり幼児であった〔からである〕[36]。

このように、人間が初めから完全なものとして造られなかったのは、神の側に問題があるのではなく、造られる人間の側が神から与えられる「完全さ」を受け取ることができなかったためであると記されている[37]。それでは、どのようにすれば神から与えられる「完全さ」を人間は受け取ることができるようになるだろうか。エイレナイオスは、ここで二つの方法を語っている。

まず一つ目は『異端反駁』第4巻38章1節において取り扱われており、それは「神が御子を人間として私たちに与えた」ということである。

そして、このゆえに、父の完全なパンは、まるで幼子に対するように、彼自身を私たちに乳として与えた。すなわち、人間として来たことであるが、彼の肉という、言わば乳房によって養育され、そして、このような授乳を通して、神の御言葉を食べ、また飲むことに慣れて、また、このようにして不滅性のパン、すなわち、父の聖霊を自分自身のうちに保つことができる〔ようになる〕ためである。(38)

このように、父なる神が御子を人間として私たちに与え、人間が神の御言葉を食べ、飲むということに慣れることによって「不死性のパン」すなわち「父の聖霊」を自分のうちに保つことができるようになるということが、まず初めにある。(39)

二つ目は「弱いものであった人間が訓練を受けることによって」ということである。『異端反駁』第4巻38章2節には、次のように記されている。

そして、この故にパウロはコリント人に「私はあなたたちに乳を飲ませて、食物は与えなかった。まだ食物を得ることができなかったからである。」と言っている。すなわち、「あなたたちは、主が人間となって来たことを学んだが、あなたたちの弱さのために、父の聖霊はまだ、あなたたちの上に休息してはいない。なぜなら、あなたたちのうちに、妬み、不和、そして不一致があるなら、あなたたちは肉的であって、人間に従って歩んでいる」と言っている。すなわち、彼らの不完全さと振る舞いの弱さのために、父の聖霊は、まだ彼らと共にいなかった。それ故、使徒は食物を与えることができた。使徒たちが手を置いた人々は誰でも、聖霊、すなわち、生命の食物を受けたのであるが、彼らの方で、神に向かう振る舞いを持つには、感覚がまだ弱く、訓練されていないために、それを受けることができなかったのである。[40]

エイレナイオスは「すでに使徒たちが父の聖霊を受けることができたのは、人間として成長していたからである[41]」と説明する。使徒以外の人間、すなわち、まだ弱く「訓練」が必要な者たちは、善を求めることにおいて訓練を重ねることによって「父の聖霊」を受けることができるのである。これまでのところを短くまとめるならば、神は人間に何が善であるかを示した。また、単に示しただけではなく、人間が誤った方向に進まず、善を選び、それを保持することができるように「助言」(consilium)を与え続けた。人間にとっては、助言に従って歩むことは訓練であり、また戦いである。もしくは、人間が神から受ける教育と言い換えることもできるであろう。人間は、初めの段階においては「幼児のような存在」であり、神からの教育を受け、成長したときに、「父の霊」である聖霊を受ける存在として創造されたのである。その後、人間は教育である訓練によって、何が善であり、何が悪であるのかを学ぶことによって成長し「父の聖霊」を受けることができるように整えられるのである。特筆すべきであるのは、エイレナイオスが「何が善であり、何が悪であるのか」を人間が知ることができるために、御子が十字架にかかり、悪の知識を滅ぼし、善の知識を人々に与えたと考えていることである。エイレナイオスは『証明』第34章において、御子の十字架による死を取り上げている。

そして、木を通して仕上げられた罪は、〔十字架の〕木の従順、つまり〔人の子の〕神への従順によって打ち砕かれたのであった。人の子が十字架に釘づけにされて悪の知識を滅ぼし、善の知識をもたらして〔人々に〕与えたからである。悪とは神への不従順であり、神への従順こそが善なのである。[42]（傍線筆者）

御子の十字架上での死は「悪の知識」を滅ぼし「善の知識」をもたらすことと語られている。傍線部分に「神への従順こそが善」とあるように、御子の十字架の死により、人間に「神への従順としての善」を与えることで、人間はさらに神に向かって成長することができるのである。

1—7　『異端反駁』第4巻38章3節から『異端反駁』第4巻39章3節における「神の両手」と人間の成長——人間の成長を不断に見守る神——

これまで確認した『異端反駁』の箇所は、人間に焦点を当て、どのように成長し「父の霊」である聖霊を受けるに至るかという視点から記されていた。しかし、『異端反駁』第4巻38章3節の冒頭では、人間に当てられていた焦点が、神から見た人間の成長に移ったと考えることができる。

神の周りには、力と知恵と善が同時に示され、力と善は、まだ存在しないものを、自発的に創造し、また作成する。知恵は生じたものを確かに備え付け、調和したもののうちに〔示される〕。それらのものは、神の並外れた好意のゆえに、成長を受け取り、そして長い期間、持続して、造られざる方の栄光を得ること〔になっている〕。〔それは〕神が悪意なしに善を与えるからである。(43)

この箇所でエイレナイオスは「神の両手」という言葉こそ使ってはいないものの、神の周りに存在する「力と善」としての御子と、「知恵」としての聖霊のことを述べていることは確かである。これと類似した箇所である『異端反駁』第4巻20章1節には次のように記されている。

神は地の泥を取り、人を形造り、そして、彼の顔に生命の息を吹き込んだ。それゆえ、私たちを造ったのも、私たちを形造ったのも天使たちではなく、天使たちも、真の神以外の者も、万物の父から遠く離れた力も、神の似像を造ることはできないからである。また神は自らのもとで予め決定したものを造るのに、あたかもご自身の両手を持っていないかのように、これら〔天使たち〕を必要としたのでもない。神の側には常に御言葉と知恵、御子と聖霊〔がおり〕、〔御言葉と知恵〕によって、また、〔御言葉と知恵〕のうちに、また自発性を持って万物を造り、〔御言葉と知恵〕に向かって語り、「私たちのかたち〔似像〕に、また〔私たちに〕似せて〔類似性〕に人を造ろう」と言ったのであり、ご自身で創造されたものの存在と、造られたものと、世にある美しいものの型をご自身から取ったのである。(44)（傍線筆者）

このようにエイレナイオスは「神の寛大さ」に与りつつ成長をしていく人間は、そもそも「神の両手」の片方の手である「力と善」としての御子と、もう片方の手である「知恵」としての聖霊の働きによって、創造され、常に支えられていたことを明記している。さらに、この点について第4巻以外の箇所であるが『異端反駁』第5巻28章4節には、次のように記されている。

初めに、人間は、神の両手、すなわち、御子と聖霊によって造られ、すべての時において神のかたちと類似性に従って造られた。[45]（傍線筆者）

この箇所からも理解できるように、神は人間をただ創造し、その後、人間を放り出したのでも、また人間が神から離れて、自らの判断のみに従って成長していくように仕向けたのでもない。あくまでも御父が自らの両手である「御子」と「聖霊」に語りかけ、人間を創造し、同じく「神の両手」が人間の成長を不断に見守っているのである。だからこそ、エイレナイオスは、「自分を造った『神の両手』が自らを成長させてくれることを期待するように」と勧めているのである。『異端反駁』第4巻39章2節を読むと、「神の両手」による「人間の創造」とは、人間が形造られたときだけではなく、それ以後、人間が完成に向けて成長していくすべての過程をも含んでいることを理解できる。

それゆえ、もしあなたが神の業であるなら、あなたの創造者がすべて時宜にかなう時に行う手に期待しなさい。時宜にかなう時というのは、彼〔神〕がもたらし、あなたに及ぶ時である。そして、堅くなり、彼の指の跡を失わないように湿り気を持ちつつ、あなたの柔らかく、また扱いやすい心を保ち、また創造者があなたを形造った〔その〕姿を守りなさい。結合を保ちつつ、完成へと昇って行くでしょう。あなたのうちの粘度は、神の技術によって隠されているのである。実体は、彼〔神〕の手が製作し、あなたの内側にも、外側にも純金と銀を塗り、王自身があなたの美しさを熱望するほどにあなたを飾るであろう。しかし、もしあなたがたちまち頑なになり、彼の性質を吐き出し、そして自分が人間として造られていることで、彼に対して感謝をしない者となるのであれば、あなたは神に対し感謝をしない者となり、彼の性質と生命を同時に失ったのである。なぜなら、行うことは神の好意に固有のものであり、行われることは、人間の本性に固有のことである。従って、もしあなたが自分のもの、すなわち、神に対する信仰と服従を引き渡すなら、あなたはその技術を受けて、神の完全な作品となるであろう。(46)（傍線筆者）

さらに『異端反駁』第4巻39章3節の冒頭には、「神の両手」に期待しない者についても言及されている。

しかし、もし彼〔神〕を信頼せず、彼〔神〕の手を逃れるなら、未完成なものの原因は、従わなかったあなたのうちにあるのであって、招いた彼〔神〕のうちにあるのではない。(47)

このように、父なる神を信頼する者は「神の両手」である御子と聖霊の働きによって、完成へと導かれていく。一方、「神の両手」から逃れようとする者は「未完成」のままとなる。「未完成」となる原因は、神にあるのではなく、あくまでも父なる神に従おうとしなかったその者のうちに帰されるのである。『異端反駁』第4巻39章2節では「未完成」の状態にあることを「彼の性質と生命を同時に失った」と表現されている。この「生命」とは、「神との類似性」を指しているにほかならない。

また、「御子」と「聖霊」としての「神の両手」を持つ御父が、どのように人間を成長させるかということについて、『異端反駁』第4巻38章3節には次のように記されている。

神はすべてのもののうちで第一のものとなるであろう。なぜなら、神のみが造られざるものであり、また、すべてのものに勝り、すべてのものが存在する原因だからである。これに対し、他のすべてのものは、神への服従のうちに留まる。そして、神への服従は、不滅性であり、また不滅性の堅持は造られざる方の栄光である。従って、この秩序と、このような調和、及び、このような導きにより、造られ、また生じたものである人間は、造られざる神にかたどられたもの、また類似したものとなる。御父が良いと見て命じ、御子が奉仕をして実際に形造り、聖霊が実際に育て豊かにする。人間は前進し、完全性に達する。すなわち、生まれざる方に近い者となる。というのも、生まれざる方が完全であり、それは神である。そして、人間はまず生じ、生じてから成長し、成長してから強くなり、強くなってから増加し、増加してから力を増し、力を増してから栄光を受け、栄光を受けてから自分の主を見ることになっていた。つまり見られることになっているのは神であり、神を見ることは不滅性をもたらし、不滅性は神に近くさせる[48]のである[49]。

この箇所からも明らかなように、人間は神への服従によって「不滅性」を与えられる。その「不滅性」を有することにおいてのみ、人間は「造られざる神にかたどられたもの」、また「類似したもの」とされるのである。神は、「両手」である御子と聖霊によって、「自立性」が与えられた人間の成長を不断に見守る。「神の両手」が不断に見守るとは、三位一体なる神が、人間の成長の過程のすべてに関わっていることを意味している。すなわち、御父が命じ、御子が形造り、聖霊が育てるというそれぞれの役割によってである。この人間の成長について『異端反駁』第4巻38章4節の最後でもう一度繰り返し記される。

まず本性が現れ、後に死すべきものが不死性に、滅びるべきものが不滅性に勝利し、飲み込まれ、そして善と悪の知識を得て、神のかたちと類似性に従って人間となることになっていたのである。(50)

エイレナイオスは『異端反駁』第4巻39章4節で「神の両手」に信頼し、神に服従し完成へと導かれていく人間と、他方、「神の両手」から逃れ、神に感謝することを忘れ、未完成な状態となる人間の二つの結果を「住居」に例えて語っている。

そして、神はすべてのことを予め知っていたので、それぞれに適した住居を準備した。不滅性の光を求めて、これに走って戻る者たちには、彼らの渇望する光を寛大に与え、他方、これを侮り、それから離れ、逃げ去り、まるで自分を盲目にする者たちには、光に〔から〕離れる者たちに適した暗闇を用意し、また〔神への〕服従そのものを逃れる者たちに相応しい罰を据えた。神への服従は、永遠の休息である。その結果、光を逃れる者たちは、自分の逃避に相応しい場所を持ち、永遠の休息を逃れる者たちは、自分の逃避に相応しい住居を持つことになる。なぜなら、すべての善が神と共にあるので、自らの判断で神を避ける者たちは、すべての善を自分からだまし取り、神にあるすべての善をだまし取られるなら、公正な結果として、神の裁きに陥ることになるからである。休息を避ける者たちが、罰のなかに住むことになるのは、正当であり、光を避ける者たちが、暗闇に暮らすのは、正当なことである。[51]

このように、神は「神の両手」に信頼し、神に服従して生きる者たちには「彼らの渇望する光を寛大に与え」、また「神への服従は、永遠の休息である」とあるように、永遠の休息を与える。他方、「神の両手」から離れて、神に感謝をせず生きる者たちには、「暗闇」と「神の裁き」が待っている。これは自らが選んだことの結果であり、エイレナイオスは、神に従わなかった者たちに裁きが備えられていることは「公正」であり「正当」なことであると主張しているのである。

以上のことが「幼児のような状態として造られた人間が、何が善であり、何が悪であるかを学ぶことにより成熟した大人へと成長する」ことの流れである。次いで、「本性として「神の子ら」として造られた人間が、成長し「神となる」(dii facti sumus)」ことへと進みたい。

1―8　まとめ

エイレナイオスが「善き神」と表現した神は、人間を自立性を持つ者として創造した。人間は、神から与えられた自立性に基づいて、神に服従する道を選ぶことが求められた。この神に服従し続ける道こそ、人間の成長にほかならない。人間は自立性を用いて、何が善であり、何が悪であるかを学び、その結果「二重の知覚」を有するようになる。それにより、人間は「神の両手」から離れず、神に従う道を選び続けて行くのである。一方、神は、人間を自立的に造ったため「強制的に」自らに従わせようとはしない。しかし、これは「善き神」が人間に関わらないことを意味してはいない。むしろ「善き神」は、人間の成長を「寛大に」(magnanimitas) 見守り、「好意」(benegnitas) を持って善を与え、人間が神に従うことができるよう「助言」(consilium) を与えるのである。また「神の両手」である御子と聖霊が不断に人間の成長を見守るのである。以上のことから言えることは、人間の成長は「善き神」からの人間への働きかけと、それに人間自身が応えることによって成し遂げられるのである。神は常に人間が成長するように望んでいる。人間もまた、この「善き神」に「感謝を持って」応えることが求められているのである。

2　人間の成長としての「神化」

これまで「幼児のような状態として造られた人間が、何が善であり、何が悪であるかを学ぶことにより成熟した大人へと成長すること」という観点から、エイレナイオスにおける神観と人間の成長の両方を考察した。続いて、本性において「神の子ら」として造られた人間が成長し「神となる」[52] (dii facti sumus) という観点から、人間の成長を考えていきたい。

まず、エイレナイオスがどこから人間が成長し「神となる」との思想を得たかについて整理することをしたい。エイレナイオスが「神の両手」の思想を得たのは、アンティオケアのテオフィロスからであった。同様に、人間が「神となる」との思想もテオフィロスから影響を受けたと考えることができる。[53] テオフィロスの『アウトリュコス』第2巻24章、第2巻25章、第2巻27章の三箇所を引用したい。第2巻24章には次のように記されている。

われわれが先に語ったように、神は園を耕し、守るために人間を園に置いたが、神は彼にあらゆる果実から食べるように命じた。明らかに生命の木からでもあって、ただ知識の木からは味わうなと彼に命じた。神は彼をその造られた地から園へと移し、成長する機会を与えた[54]。それは人間が大きく完全になり、さらに神を受け入れることで天へと挙げられて（というのも、人間は中間のものとして造られたのであって、完全に死すべき者でもなく、また完全に不死なる者でもなく、二つのうちのどちらをも受容しうる者なのである。同様に園という場所も美に関してはこの世と天とのあいだの中間のものとして造られた）永遠性をもつようになるためである[55]。（傍線筆者）

続く第2巻25章には、次のように記されている。

年齢から言えば、アダムは子供であった。それゆえ、知識をふさわしくもつことはまだできなかった[56]。というのも、今でも子供が生まれときには、まだパンを食べることができず、まず乳によって育てられ、後に長ずるに従って固い食物へと進むのである[57]。（傍線筆者）

また第2巻27章には、次のように記されている。

人間は本性上死すべき者あるいは不死なる者として造られたのではない。というのは、もし神が人間を初めから不死なる者として造ったならば、人間を神として造ったであろう。また死すべき者として造ったならば、神は人間の死に責任があると思われるであろう。すると神は人間を不死なる者あるいは死すべき者として造ったのではなく、われわれが先に言ったように、両者を受容しうる者として造ったのである。もし人間が神の掟を守って不死なる者へと向かうならば、人間は神から報酬として不死を受け取り、神になるであろう[58]が、神に従わずに死の事柄へと向かうならば、人間自身が自らの死に責任があるということになるであろう。というのは、神は人間を自由でかつ自己を支配する者として造ったからである。[59]（傍線筆者）

これらの箇所で、テオフィロスにおいても示されている「人間が成長し神となる」ことは、特に東方の神学において「神化」と表現される。この「神化」の思想は「人間が神そのものになる」ということではない。『異端反駁』第4巻11章2節には、神と人間は全く区別されることが記されている。

そして神は人間と異なっている。というのは、神は造り、人間は生じるのである。また造る方は常に同じであるが、生じるものは、初めと真中と増加を受けなければならない。また神は善いことを行い、そして人間は善いことをなされる。また神はすべてにおいて完全な方、自分自ら
と等しく、また同様であり、全体として光であり、また全体として知性、全体として本性であり、すべての善いものの泉であるが、人間は神に向かって進歩と増加を受ける。[60]

この箇所に示されているように、神は造る方であり、人間は造られたもの、すなわち、被造物である。神は被造物とは完全に区別される存在である。[61]これは当然のことではあるが、人間が永遠に成長を続けたとしても、「神

と同等になる」ということは全く不可能であるし、エイレナイオスもそのような思想を抱いていたわけではない。

それでは、エイレナイオスにおける「神化」とは、一体どのような思想であろうか。それを知るために、エイレナイオスが思い描いていたであろう「神化」のプロセスを、順に追って示したい。そのための足がかりとして、まず一つの問いから出発したい。それは「神化」（創造者である神によって造られた人間が「神となる」という成長を進んでいくこと。）のための前提条件は何であるかということである。

2―1　「神の子ら」として造られた人間――本性における「神の子ら」について――

エイレナイオスはその前提条件を、神が人間を創造において「神の子ら」として造ったことのうちに見出していると考える。すなわち、人間は神に造られた最初の状態ですでに「神の子ら」であり[62]、人間が成長をし完成に至って初めて「神の子ら」となるわけではない。『異端反駁』第4巻41章2節には、次のように記されている。

> それゆえ、言うなれば、〔人間は〕本性に従えば、すなわち、創造に従えば、私たちは皆、神の子らである。[63]（傍線筆者）

この箇所について、訳者の小林稔は脚注で「ラテン語訳にはこの後に『すなわち創造に基づくなら』とあるが、アルメニア訳に従う[64]」と説明をした上で「したがって、言ってみれば、本性によるなら、私たちは皆〔神〕によってできたのであるゆえ、皆が神の子らである[65]」と訳し「即ち、創造に従えば」という文章を省いている。しかし、この箇所において「即ち、創造に従えば」というラテン語訳に残されている文章は、重要な意味を持っている。なぜなら、先述したように神が人間を創造したときに、人間は既に「神の子ら」であるからである。そして、創造において神が人間をどのように造ったかを知ることによって、私たちは人間が「神の子ら」と呼ばれる理由を知ることができる。そこで『異端反駁』第5巻28章4節に目を向けたい。

初めに、人間は、神の両手、すなわち、御子と聖霊によって造られ、すべての時において神のかたちと類似性に従って造られた。(66)

人間は「神の両手」である御子と聖霊によって「神のかたち」と「神との類似性」を与えられた存在として創造された。この神の「かたち」(imago)と「類似性」(similitudo)が与えられているので、人間は他の被造物と区別され、創造された状態にして「神の子ら」としての本性が与えられている。(67)この本性が人間に与えられていることこそ、「人間の成長」における、まさに出発点であると言うことができる。すなわち「神の子ら」としての本性が人間に与えられたために、人間は神に向かって前進し、成長できるのである。また「神の両手」である御子と聖霊が、人間の創造に関わり、人間を「神のかたち」と「神との類似性」として創造したのであれば、人間の「神化」においても「神の両手」である御子と聖霊が関わりを持っていることになる。

2—2 「神化」の過程における人間の堕罪

創造において、人間は本性に従えば「神の子ら」として造られたが、その一方で、幼児のような状態として造られたことにより、人間は「堕罪」を引き起こした。[68]

しかし、人は小さな者であって、その識別能力はまだ未発達であり、そのため欺く者によって誤った道に導かれるのもたやすかった。[69]

このように人間は「神化」の過程において、常に正しい「善」を選び取ることができたわけではなかった。エイレナイオスは「堕罪」を、ひとつの「失敗」として扱っている。[70] それでは、エイレナイオスにおいて「堕罪」がもたらした結果とは何であろうか。西方神学においては、アウグスティヌスがペラギウス主義との論争を繰り広げて以来、[71] 人間は堕罪によって「原罪」が人間のうちに入ったと考えられてきた。[72]

しかし、アウグスティヌス以前のエイレナイオスはいわゆる「原罪論」のようなことは考えてはいない。[73] エイレナイオスが考えるのは、神との「類似性」を失ったことからくる「死」である。『異端反駁』第5巻16章2節には、次のように記されている。

かつて、事実、人は神のかたちに従って造られたと言われていたが、示されてはいなかった。人が神のかたちに従って造られた御言葉は、不可視であった。そのため、類似性も容易に失ってしまった。[74]

このように「神の両手」の片方である「御子」が受肉する以前には、人間は自らが「神のかたち」に造られたことを示されていなかった。さらに、神に与えられた自立性を、「神への従順」に用いるべきであったが、「幼児のような状態」であったために、容易に蛇に欺かれ、神との「類似性」を失ったのである。これが「死」である。以上のように、エイレナイオスにおいては、人間が起こした堕罪という出来事そのものが、人間のうちに「罪」をもたらしたということや、そこから「死」が生じたことではないと理解できる。むしろ、エイレナイオスにおいては、神との「類似性」の喪失が最大の関心事となっている。『異端反駁』第3巻23章5節には、次のように記されている。

すなわち、彼は言う。「聖霊から受けた聖なる衣を、不従順によって喪失しました。そして、今、私は決して喜びをもたらさず、身体を傷つけ、貫くこのような上着が相応しいことを知っています[75]」。

ここでエイレナイオスは、人間が堕罪によって喪失した「類似性」を「聖なる衣」と言い換えている。この「聖なる衣」は、聖霊によって与えられたものであった。つまり、人間は「聖霊」によって与えられた「類似性」を喪失したことによって、不滅性を喪失したのである。換言すれば、人間のうちに聖霊が再び与えられることによって、「不滅生」を取り戻すことができる。このことは、エイレナイオスが「救い」をどのように捉えていたかを知ることによってさらに理解を深めることができる。塩谷惇子は次のように述べている。

不完全な人間は、その「肉」において不滅へと成就するよう定められているゆえに、言いかえれば、人間に与えられている「救いの計画」により、万物の主と定められた。エイレナイオスは「救い」を単に罪からの救い、解放と理解するのではなく、肉において、時間的存在として、内に様々な可能性を秘めながらも、弱きものとして造られた人間が、次第に成熟し、ついには不朽不滅の霊をまとい神のようになることを意味する[76]。

このように、エイレナイオスにおける「救い」とは、「罪」もしくは「死」からの「救い」ということではなく、「弱きものとして造られた人間が、次第に成熟し、ついには不朽不滅の霊をまとい神のようになること」と語られている。まさに人間の「神化」をも含めた「救済史」全体が、人間に与えられた救いであると言える。このような救いを目指す人間に、神が与えられた「教育」の一つとして「堕罪」がある[77]。この点に関して、大貫隆は次のように説明をしている。

アダムの堕罪においてさえも、神の両手はこのアダムから離れることがなかったのである（『反駁』Ⅴ・1・3）。ここでは、堕罪はひとつの目的論的な思考によって相対化され、合理化される。すなわちそれは究極のところ、神がその両手であることば（ロゴス）と霊を用いて、人類を「試験」（『反駁』Ⅲ・23・1）し、「準備」（Ⅳ・20・8）し、そして「改善」（Ⅲ・23・1）してゆく連続的で段階的な過程、つまり救済史を始動させるきっかけの役割を果たしている。救済史は全体として人類に対する神の教育の過程となる。この意味で、エイレナイオスはエレミヤ書2章19節を引用しつつ、こう断言することができる。「あなたの背信があなたをより良い者にするだろう[78]」（『反駁』Ⅳ・37・7）。

それでは、教育としての「堕罪」は、人間に何を教えたのであろうか。このことを知るために『異端反駁』第3巻20章1節と2節に目を向けてみたい。まず『異端反駁』第3巻20章1節には、次のように記されている。

肉が、主の目の前で誇ることのないためであり、自分に自らの不滅性が本性としてあると思い、神について反対の考えを決して持たないため、また、真理を保つことをせず、虚しい高慢により、本性において神に似ていると自慢することのないためである。〔人間は〕自分を造った方に、むしろ感謝をせず、神の人間への愛に暗くなり、自らの感覚が盲目になり、神について相応しいことを考えられず、自分を神と同等とみなすようになってしまった。(79)

次に『異端反駁』第3巻20章2節には、次のように記されている。

人間がすべてを通り抜け、死の知識を得て、それから死者の復活に達し、どこから自由にされたかを経験で学び、主から受けた不滅性という賜物を常に感謝するようになるのは、神の度量の大きさである。多く赦されたものは、多く愛するため、〔神を〕愛するため、自分自身は死すべき、また弱い者であることを知り、神が死すべき者に不死性を、また、一時的な者に永遠を与えるほど力ある方であると理解し、〔神が〕ご自身で示した力をすべて知り、教えられ、神について、神が如何に偉大なお方か気がつくようになった。(80)

これらの箇所にあるように、神が「堕罪」を通して人間に教えたことは、まず第一に、神に対して高慢になってはならないということであり[81]、第二に、死すべき存在である人間に、永遠の生命を与える神の偉大さを教えるためであった。『異端反駁』第5巻1章3節には次のように記されている。

初めに私たちがアダムにおいて形造られた（initio plasmationis nostrae in Adam）とき、神によって吹き込まれた生命の息が、先に形なされたものと一致して人間を生かし、理性的心魂[82]として現存させたこと、また終わりのときには、御父の御言葉と神の霊が、アダムの古い創造と実体を結ばせて、人間を生きた完全なものとし、完全な父を受け取り、私たちすべてが心魂的において死んだように、すべての者が霊的において生かされるのである。また神の両手は、かつてアダムから離れたことはなく、父は（御言葉と知恵）に向かって語り、「私たちのかたち（似像）に、また類似性に人を造ろう」と言ったのである。それゆえに、神の両手は時の終わりにあって、肉の欲によらず、また人の欲によらず、父の欲することに従い、人間を生きるものへと完成し、アダムが神のかたちに、また似たものとなるようにされたのである[83]。

それでは「堕罪」が神からの教育であったとしても、これによって人間の「神化」は妨げられて終わったのであろうか。結論から言えば、人間の「神化」は、堕罪によって終わることなく、むしろ、何が善で、何が悪であるかを学び、続けて進められていくのである。

次に、「神の子ら」としての本性を有する人間は、堕罪後においては、どのように「神化」の道を辿ることができるかという問題に進もう。

2—3　御子の受肉と「神化」

創造において「神の子ら」として造られた人間の「神化」の過程を支える重要な出来事として、御子の「受肉」を挙げなければならない[84]。一つの問いとして、「神の御子が人間となったことと、人間が神の子らとしての成長を続けていくことに何の関係性があるか」が生じる。というのも、御子の受肉は「人間の救済のために、罪なき者が、罪を持つ人間と同じようになる必要があった」という「救済」の観点から語られる場合が多いからである[85]。その問いを解決するために、「神の子ら」としての本性を持つ人間の「神化」と「受肉」に関する重要な箇所を見ることにしたい。『異端反駁』第3巻19章1節には次のように記されている。

このため、神の御言葉が人間となった。すなわち、神の子が、人の子となったのである。〔それは人間が〕神の御言葉と結合され、養子とされることを受けて、神の子となるためであった。私たちは、不滅性と不死性とひとつに結ばれるのでなければ、他の方法で不滅性と不死性を得ることはできなかったからである[86]。

この箇所から明らかなように、人間が「神化」の完成に至るためには「不滅性」と「不死性」を得ることが必要不可欠である。そのために、人間は受肉をした御子と「結合され[87]」、それにより神の「養子」とされることによって、「不滅性」と「不死性」を得ることができる。

ここで「再び得る必要があった」と記すのは、先に記したように、人間が神に背いた結果、「神との類似性」を失ったためである。この「神との類似性」なしに、人間は完全に「神化」へと至ることができない。そのためエイレナイオスは、人間に「神のかたち」と「神との類似性」を取り戻させるために御子が「受肉」をしたと述べる。このように、キリストの受肉は、人間の「神化」の途上において、重要な意味を持っているのである。『異端反駁』第3巻18章1節には、次のように記されている。

彼が受肉し、人間となったとき、彼は人間の長い歴史を自らのうちに再統合した。集約〔した形〕で、私たちに救いを与えたのである。それは、私たちがアダムにおいて失ったもの、すなわち、神のかたちと類似性に従って〔造られた〕ものであること、これをキリスト・イエスにおいて取り戻すためである。(88)

御子の「受肉」は、神が人間に「神との類似性」を回復させるための働きでもあった。また、御子が「受肉」をし、可視的状態になったことにより、人間は自らが「神のかたち」に従って造られた存在であることを思い出すのである。『異端反駁』第5巻16章2節には、このことを示している箇所がある。

かつて、確かに人間は神のかたちに従って造られたものと言われていたが、示されてはいなかった。つまり、人間がそのかたちに従って造られた御言葉は、まだ不可視であった。このために、類似性を容易に喪失した。しかし、神の御言葉が肉となったとき、〔2つの〕いずれも確かなものにした。すなわち、彼のかたちであったものになることで、真のかたちを明らかにし、また人間を目に見える御言葉によって、目に見えない父に似たものとすることで、類似性をも強固にもと通りにしたのである。(89)

エイレナイオスは、人間が「神との類似性」を回復するためには「御子の類似性を見ること」が必要不可欠であることを『異端反駁』第4巻33章4節においても記している。

しかし、神の類似性に従って造られた人よりもすぐれた者、そして、卓越した者、〔それは〕神の子以外の他の誰であろうか。人はこの類似性に造られた。そして、このゆえに、終わりの時に、神の子が人となり、昔の創造を自らのうちに受け入れ、類似性を見せたのである。私たちが、これよりも前の巻で見ているように。[90]

このように、人間は自らが「神との類似性」に従って造られた存在であることを「神の両手」の片手である「御子」のうちに見出すのである。つまり「御子」を「見ること」によって、人間は「神との類似性」を受ける可能性を取り戻すのである。

また『異端反駁』第3巻10章2節には、エイレナイオスは御子が受肉したことの目的は、人間が「神の子」とされるためでもあったと説明している。

崇高な神の御子、自らの救いを肉〔なる人〕すべてに見えるものとすることを、律法と預言者を通して約束した方であり、彼は人の子となった。それは人間も神の子となるためであった。[91]

以上のように、そして本性において「神の子ら」として創造された人間は、御子の受肉によって自らが神のかたちと類似性を与えられた存在であることを思い出し、「神の子」となる「神化」へと進むのである。

2—4 教会の時代における聖霊の働きと「神化」

まず、御子の受肉以前に、聖霊がどのように人間と関わっていたかを見たい。『異端反駁』第5巻1章3節には、「堕罪後も、神の両手がアダムから離れなかったこと」[92]が記されており、また『異端反駁』第4巻20章5節には、受肉以前の聖霊の働きについて記されている。

神はすべてにおいて力があり、ある時は霊によって預言的に現われ、また子を通して養子として現われたが、天の国においては父として現れるであろう。霊は神の子に人間を整え、また子は父に導き、父は不滅性と永遠の生命を与えるのであるが、この生命は、神を見ることによって、それぞれの人間に生じるのである。[93]

このように御子の受肉以前は、聖霊は預言によって現われ、御子を示す働きをしていた。それでは、御子の受肉後においては、聖霊はどのように働いているのであろうか。『異端反駁』第3巻24章1節には、次のように記されている。

そして〔教会〕のなかには、キリストの交わりが、すなわち、不滅性の保証[94]、私たちの信仰の確証、神への上昇のはしごである聖霊が委託されている。[95] 神は使徒と預言者と教師たち、その他あらゆる働きを教会に置いたと言っている。教会に集わない者たちは、皆、〔聖霊に〕与るものではなく、悪い説と最悪の業によって自らを欺き、生命から〔遠ざけている〕のである。教会のあるところに、神の聖霊もあり、神の聖霊のあるところには、教会とすべての恵みがある。そして聖霊は真理である。(96)

このように神は御子の受肉後に、教会に聖霊を与えたのである。ここで「教会」と言われているのは、教会としての「建物」に集う人々ではない。エイレナイオスの言う「教会」とは、キリストに従う者たちの集まりである。そのため、先述した引用において「教会に集わない者たちは、皆、〔聖霊に〕与るものではなく、悪い説と最悪の業によって自らを欺き、生命から〔遠ざけている〕のである」と記されている。次いで、私たちは、キリストに従う者たちの集いである「教会」に聖霊が与えられることが、「神化」にどのような発展をもたらすかを確認したい。

2―5　神の「養子」とされる恵みと「神化」

神から「不滅性の保証」である聖霊を与えられた人間は、神の「養子」とされる恵みを受けた。(97)『異端反駁』第3巻6章1節には次のように記されている。

また、神は神々の集いに立ち、その真中で神々への裁きを行う。ここで父と子と、そして養子とされた者たちについて言っている。これは教会であり、神の集いであって、これは神、すなわち、御子が自ら自分自身で集めたのである。[98]（中略）神々とはどんなものか？「私は言った。あなたたちは神々であり、また、皆、崇高なものの子らである。〔すなわち〕養子にする恵みを受けた人々に言っている〔のであって〕これによって私たちは「アバ、父よ」と呼ぶのである。[100]

この「養子とする恵み」は、まさに聖霊の働きにほかならない。御子の受肉後に、人間は「神の養子」とされ、あたかも本当の子供であるかのように、父なる神を「アバ、父よ」と呼ぶことができるのである。[101]ここで忘れてはならないのは、人間の「神化」は、ただ一方的な「聖霊」の働きによるのではないということである。確かに、「神の養子」とし、「アバ、父よ」と呼ぶことができるように働くのは聖霊であるが、同時に、人間は「何が善であり、何が悪であるか」を判断しつつ、自らに与えられた自立性に従って成長する必要がある。幼児のような状態として造られた人間が、その成長の過程において、神に従い、「不滅性の保証」である聖霊を受けるのである。この「不滅性の保証」について記されている『異端反駁』の重要な箇所をもうひとつ見たい。その箇所は『異端反駁』第5巻8章1節である。

今、私たちは完成と不滅性のために神の聖霊の部分を受け取っている。私たちは次第に神を捉え、担うことに慣れ親しんでいくのである。そして使徒は、これを保証と言っている。すなわち、神が私たちに約束された自身の栄誉の部分である。彼はエフェソへの手紙で言っている。「彼において、また、あなたがたも、真理の言葉、あなたの救いの福音、また信じて約束された聖霊で証印をされたのであり、これは私たちが相続する保証である。従って、もしこの保証が、私たちのうちに宿っているのであれば、既に、霊的なものであり、また死すべきものは、不死性によって呑み込まれているのである。――なぜなら、もしあなたたちのうちに神の霊が宿っているのであれば、あなたたちは肉にいるのではなく、霊のうちにいるのである。――と言っている。しかし、このことは肉を捨てることによるのではなく、霊と一致することでなされる。――つまり、肉を持たない者たちに書いたのではなく、神の霊を受け取った者たちにであり、この〔霊〕によって、「アバ、父よ」と呼ぶのである。――従って、もし今、保証を持っている私たちが、「アバ、父よ」と呼ぶのであれば、私たちがよみがえり、顔と顔を合わせて父を見るであろう時には、〔また〕すべての者たちが絶え間なく勝利の賛美を捧げ、死から彼らを起こし、永遠の生命を与えるであろう者はどれ程、神を讃えるであろうか？　もし、人を自らのうちに包んでいる保証が、すでに「アバ、父よ」と言わせているとすれば、神から人々に与えられるであろう霊の完全な恵みは何をなすであろうか？　〔それは〕私たちを神に似たものとし、父の意志を完成するであろう。なぜなら、人間を神のかたちと類似性に従って造るであろうから。[102]

この箇所から明らかなように、「不滅性の保証」としての聖霊は「部分的」なものに過ぎない。しかし、この「部分的」な保証によって、人間は「既に、霊的なものであり、また死すべきものは、不死性によって呑み込まれている」状態とされるのである。人間は、たとえ「部分的」ではあっても「保証」としての聖霊を受けることにより、神の「養子」とされ、父なる神を「アバ、父よ」と呼ぶ存在となるのである。次いで、神の「養子」とされた人間が、どのように「神化」の完成に至るかについて論じていきたい。

2―6　御国における「神化」の完成――神との「類似性」の完全な回復――

これまで見て来たように、幼児のような状態として造られた人間が、神の導きのもとで成長し、完成に至る点については『異端反駁』第4巻38章4節を引用し確認をした。そこには、次のように記されていた。

まず本性が現れ、後に死すべきものが不死性に、滅びるべきものが不滅性に勝利し、飲み込まれ、そして善と悪の知識を得て、神のかたちと類似性に従って人間となることになっていたのである。[103]

エイレナイオスが「神化」の完成の重要な点として「父なる神を見ること」を挙げていることを忘れてはならない。そこで、もう一度『異端反駁』第4巻20章5節に目を向けたい。

神はすべてにおいて力があり、ある時は霊によって預言的に現われ、また子を通して養子として現われたが、天の国においては父として現れるであろう。霊は神の子に人間を整え、また子は父に導き、父は不滅性と永遠の生命を与えるのであるが、この生命は、神を見ることによって、それぞれの人間に生じるのである。[104]（傍線筆者）

人間は堕罪によって「神との類似性」を失ったために、自らに与えられていた「不滅性」を失うことになったのである。[105] そのため、人間の「神化」の完成とは、御国において実際に「神を見て」初めの状態において与えられていた「神との類似性」を再び得ることにほかならない。この「神との類似性」の回復は、「聖霊」を受けることによって成り立つ。それにより、聖霊を受けた人間は、「完全な人間」となる。『異端反駁』第5巻6章1節には、次のように記されている。

父の両手によって、すなわち、御子と聖霊によって、人は神の類似性に従って成るけれども、人の一部ではない。また、魂と聖霊は、人の一部になることができるが、決して人ではない。けれども、完全な人とは、父の霊を受け取る魂と、神のかたちに従って造られた肉体とが混合し、結合した〔人である〕[106]。（中略）もし、誰かが形成物である肉の実体を取り除き、そして、自らを純粋に全く霊だけのものとしてを理解するとしても、もはや、そのようなものは霊的な人間ではなく、むしろ、人間の霊、あるいは、神の霊〔である〕。しかし、魂と混合した聖霊が形成物に一致するとき、聖霊の流出のゆえに、人間は霊的なもの、また、完全なものとなる。そして、これこそが神のかたちと類似性に従って造られたものである[107]。

ここに記されている「魂と混合した聖霊が形成物に一致するとき、聖霊の流出のゆえに、人間は霊的なもの、また、完全なものとなる」ことと「『神の両手』、すなわち、『御子』と『聖霊』によって造られた人は、すべてのときにおいて、神のかたちと神の類似性に造られる」ことを合わせて考えるとき、聖霊が「肉と魂」である人間に注がれることによって「神との類似性」もまた与えられることを理解することができる。まとめると、人間の「神化」の完成は「神の両手」の片方である受肉した「御子」を「見た」人間が、御国（至福千年の期間）において「父なる神」を実際に「見る」ことで、もう片方の手である「知恵」としての聖霊を通して「神との類似性」を回復させられることにより最終的に成り立つのである。[108] これはまた「神の両手」によって造られた人が、その創造のときから、完成のときに至るまで、常に父なる神の「両手」に支えられている神の救済の歴史にほかならない。[109]

2―7　まとめ

神は人間を「神となる」(dii facti sumus) ように創造した。それは、人間が創造された原初から人間は「神の子ら」として造られていたことを意味する。人間は蛇に誘惑され「堕罪」をしたことにより、神から与えられていた一時的な「不滅性」を喪失してしまう。しかし、「善き神」は、時が満ちて御子を受肉させ、自らが「神のかたち」として造られていたことを思い出させる。これにより「神との類似性」を回復する道も開かれるのである。御子の受肉後は聖霊を教会に与え、さらに人間のうちに聖霊を宿らせ、「不滅性の保証」を人間に与えつつ、完成へと導くのである。そして、御国において「神を見ること」によって聖霊を与え、神との「類似性」を回復し、「肉体」と「魂」と「聖霊」からなる「完全な人間」としての「神となる」(dii facti sumus) ことへと導くのである。

3　「御子」と「聖霊」による「肉」と「魂」への混合と一致――不滅性と不死性の回復――

エイレナイオスは堕罪の理由を、幼児のような状態として造られた人間は「御言葉」である御子を見ることができなかったがために、容易に「類似性」を失ってしまったと考えた。この点に関して、『異端反駁』第5巻16章2節を再び引用しよう。

かつて、確かに人間は神のかたちに従って造られたものと言われていたが、示されてはいなかった。つまり、人間がそのかたちに従って造られた御言葉は、まだ不可視であった。このために、類似性を容易に喪失した。しかし、神の御言葉が肉となったとき、〔2つの〕いずれも確かなものにした。すなわち、彼のかたちであったものになることで、真のかたちを明らかにし、また人間を目に見える御言葉によって、目に見えない父に似たものとすることで、類似性をも強固にもと通りにしたのである。(110)

これまで見てきたように、堕罪をした人間は、受肉した御言葉である御子の「完全な神のかたち」を「見ること」により自らが「神のかたち」と「神との類似性」として、創造されたことを思い出ことを確認した。しかし、「御言葉」の受肉は、人間を完全に「不滅」に、また「不死」にするのではなく、造られた当初に与えられていた「不滅性」と「不死性」を回復する可能性を開いたことを意味する。最終的に父なる神を「見ること」によって、完全に回復されるのである。

このことを踏まえ、二つの点についてより詳しく論じたい。それは(1)御言葉の受肉と人間との結合による「不滅性」の回復の関係性。(2)聖霊が人間に与えられることと「不滅性」の回復の関係性である。まず、御言葉の受肉と人間との結合による「不滅性」の回復の関係性を取り扱いたい。

3―1　御言葉の受肉と人間との結合による「不滅性」の回復

永遠の「御言葉」が受肉し、人々の間に現れたことと、人間の「不滅性」の回復には、一体どのような関係性があるだろうか。まず一つの問題提起を記したい。それは、人間の「不滅性」の回復が語られる際、受肉した「御言葉」と人間との混合と一致という観点よりは、むしろ「聖霊による混合と一致」の働きに重きが置かれてきたのではないかということである。しかし、エイレナイオスは「御言葉」の受肉と人間の混合と一致、また、その結果である「不滅性」の回復についても、聖霊の働きと同様、重要な位置づけをしている。そのことを明らかにするために『異端反駁』第3巻19章1節に目を向けたい。

確かに、彼らは処女から〔生まれる〕インマヌエルを知らないので、その賜物、つまり永遠の命から不滅性〔を持つ〕御言葉を受け入れないので、死すべき肉のうちに留まっており、生命の〔ための〕解毒剤を受けないので、死の負債者である。御言葉は、その恵みの賜物のことを語った際、この人々に向かって言った。私は言った。あなたたちは皆、神々であり、至高の者の子らであると。養子とする賜物を受け入れず、神の御言葉の汚れのない出生という受肉を侮辱し、人間から神に向かっていくことを騙し取り、自分たちのために肉となった神の御言葉に感謝をしない態度を取る。このため、神の御言葉が人間となった。すなわち、神の子が、人の子となったのである。〔それは人間が〕神の御言葉と結合され、養子とされることを受けて、神の子となるためであった。私たちは、不滅性と不死性とひとつに結ばれるのでなければ、他の方法で不滅性と不死性を得ることはできなかったからである。(11)（傍線筆者）

この箇所は「神の子」である御言葉が人間のために「肉」を取り「人の子」となったこと、つまり、御子の「受肉」について記されている。その御子がどのような存在であるかと言えば、「永遠の命から不滅性〔を持つ〕御言葉」と語られており、御言葉である「御子」の「不滅性」が示されている。そして「不滅性」である御言葉が、人間のために「肉」となり、神の御言葉と人間が「結合」(commixtus Verbo Dei) されたことが語られている。その結果として、「私たちは、不滅性と不死性とひとつに結ばれるのでなければ、他の方法で不滅性と不死性を得ることはできなかった」と締めくくられている。とするならば、このように語られていることの主語は、「養子とされること」という聖霊の働きだけではなく、[112] やはり、その前にある「神の御言葉と結合され」という部分を含んでいると考える方が妥当であろう。ここから、堕罪によって「神との類似性」を喪失したことにより、神への服従という条件の下ではあったものの、原初において与えられていた「不滅性」と「不死性」は、「神の両手」の片方である「御言葉」の受肉によって、人間が御子と「結合」(commixtus) することにより、回復へと至る道が与えられていると理解することができる。

別の箇所でも、「御言葉」の受肉である御子と人間の結合と一致が語られている。その箇所として『異端反駁』第4巻20章4節に目を向けたい。

この方は、神の御言葉、私たちの主イエス・キリストであり、終わりを初めに、即ち、人間を神に結び合わせるため、終わりのときに人々のうちに人間となったのである。そして、このゆえに、預言者たちは、同じ御言葉から預言の賜物を受けて、その肉が来ることを予め伝えた。父の意にかない、それに基づき、神と人間との混合と一致〔がなり〕、神が人々に見られ、地上で彼らと交際し、語り合い、自らが形造った〔人間〕と共にいるようになること、それらを救い、また認知され、「私たちを憎むすべての手から」すなわち、神に背いたすべての霊から、私たちを自由にし、私たちが毎日、「聖性と義のうちに〔神に〕仕える」ようにし、こうして人間が神の霊に包合され、父の栄光に進むようになるであろうことは、神の御言葉が、初めから予め告げていたことである。[113]（傍線筆者）

この箇所においても、やはり「神の御言葉」について語られており、「人間を神に結び合わせるため、終わりのときに人々のうちに人間となった」と記されている。その「肉」として来られた神の「御言葉」が、「人間との混合と一致」（commixtio et communio Dei et hominis）がなされたことが言及されている。

これらの箇所を参考に考えると、神と人間に「結合と一致」をもたらすのは、聖霊によるのだけではないと判断できる。人間が堕罪によって喪失した「不滅性」は、「永遠の生命である御言葉」である御子が受肉し、人間と結合し、一致することにより回復に至る可能性が開かれたと言うことができる。そして、この「御言葉の受肉」は、文字通り「肉」への働きであり、「肉」を持つ人間の「不滅性」の回復の一側面である。

3―2　聖霊が人間に降《くだ》ることによる「不滅性」の回復

次いで、聖霊が人間に降ることによる混合と一致と、「不滅性」の回復について論じたい。これを取り扱うにあたり、私たちは受肉した「御言葉」に、どのように聖霊が降ったかについて記されている『異端反駁』第3巻17

章1節を取り上げることから始めたい。

彼らは真にそうであったことを語った。すなわちイザヤが彼の上に留まって休むと言ったあの神の霊が、鳩のように彼に降った。それは私たちがすでに述べた通りである。また「主の霊が私の上にある。私に注油するためである」〔と言っている。〕その霊は主が「語るのはあなたがたではなく、あなたがたのうちで語る、あなたたちの父の霊である」と言ったのである。また神のうちに再び生まれ変わらせる力を弟子たちに与えたとき、「あなたたちは行って、すべての民族を弟子にしなさい。父と子と聖霊の名によって洗礼を授けなさい」と彼らに言った。しもべとはしために預言させるため、終わりの時に彼らの上にこの〔霊〕を注ぐであろうと、預言者を通して約束したのである。そこで〔聖霊〕は、人の子となった神の子にも降った。それは彼とともに、人類のうちに住み、人々のうちに休み、神の形成物のうちに住む（habitare in plasmate Dei）ということに慣れさせるためであった。そのなかで父の意志を行い、そして彼らを古さからキリストの新しさへと新たにするのである[114]。（傍線筆者）

先述したように「永遠の命から不滅性〔を持つ〕御言葉」と語られていた御子と人間が混ぜ合わされることによって、人間は再び「不滅性」を得る可能性が開かれた。聖霊は、まず「受肉」した御子であるイエスに降ったのである。ここには明確な順序がある。まず「不滅性」を持つ御言葉が受肉しなければ、次の段階である聖霊が降るということもない[115]。このことは、エイレナイオスが人間の「肉体」をも含めた救いを意識し、また「肉体」の救いを否定するグノーシス主義に対する批判が込められていると考えられる。

『異端反駁』第3巻17章1節で、エイレナイオスは、受肉した「御言葉」である御子に降った聖霊は、イザヤが証をし、また弟子たちに与えられた同じ聖霊であることを強調する。[116] その同じ聖霊が、受肉した「御言葉」に降ったことの理由として、エイレナイオスは「それは彼とともに、人類のうちに住み、人々のうちに休み、神の形成物[117]のうちに住むということに慣れさせるためであった」と語っている。[118] やはり、この箇所においても、エイレナイオスは「彼とともに」(cum ipso)という文言を付け加えている。この「彼」とは、その直前にある「人の子となった神の子」であることは疑いの余地はない。このように「神の両手」の片方である聖霊は、もう片方である御子から離れて、人間に降るということはなく、「受肉」した御言葉である御子とともに働くのである。

エイレナイオスは聖霊が人間のうちに降ることを「人類」から始め、次に「人々」と語り、最後は「形成物」へとしている。これはまるで「神の両手」として父なる神と共にいた聖霊[119]が、段階を踏みながら、父なる神の側から、地上の人々へ、そして「形成物」である人間のもとに降りて来たような描写である。[120]

それでは、ここでエイレナイオスが「聖霊が神の形成物のうちに住む」と語っている「形成物」とは一体何を指すのであろうか。次にこの点に注目したい。

3—3 『異端反駁』第3巻17章1節における聖霊が降る「形成物」とは何を指しているか

エイレナイオスが「形成物」と語るとき、それが指す対象として三つの可能性がある。一つは「肉体」であり、もう一つは「魂」、最後は「肉体」と「魂」の両方である。これを考えるにあたり、次のことを整理しなければならない。それは、エイレナイオスは聖霊が降る場所として、果たして、人間の「肉」にのみ焦点を当てて考えていたか、それとも「魂」であるか、もしくは、その両方であるかという点である。

そこで、エイレナイオスは「神の両手」である御子と聖霊がどのように「形成物」である人間を創造したと記述しているかを確かめたい。ブリッグマンは『異端反駁』の以下の箇所が、「神の両手」と「形成物」(plasma)との関係で言及されていると記している。[121] その箇所とは『異端反駁』第4巻序4節、第4巻20章1節、第5巻1章3節、第5巻5章1節、第5巻6章1節、第5巻28章4節である。[122]

(1)『異端反駁』第4巻序4節

人間は魂と肉の結合であり、人間は神に似せて造られ、また、その両手によって、すなわち、御子と聖霊によって形なされた(per manus ejus plasmatus est, hoc est per Filium et Spiritum)。〔父なる神は御子と聖霊に〕「人間を造ろう」と語ったのである。[123](傍線筆者)

この箇所を小林稔は次のように訳している。

人間は魂と肉との結合であり、〔肉〕は神に似せて形造られ、その手によって、すなわち子と霊によって形なされた。〔父なる神はこの子と霊〕に「人間を造ろう」と言ったのである。[124](傍線筆者)

筆者の訳と小林訳の違いは箇所の傍線を引いた部分であり、筆者の訳は「人間は」となり、小林訳は「肉は」となっている。この訳の違いは、小林稔が脚注において、次のように説明を加えていることから理解することができる。

関係代名詞や分詞の性の問題で、ラテン訳は「人は」の意で訳しているが、アルメニア訳は「肉的」ととっている。後者の方が lectio difficilior であり、第V巻6・1でエイレナイオスが後者の見解をとっており、また論敵への反発という点から、アルメニア訳の読み方をとりたい。(125)

いずれの翻訳であったとしても、人間が「魂と肉の結合」であることに疑いの余地はない。しかし、小林訳を採用した場合では「神の両手」である御子と聖霊によって「形成」された人間とは、人間の「肉体」だけを指すことになる。もしそうであるなら、当然「それでは『魂』の創造は、どのように考えねばならないか」を問題として取り上げねばならないことになる。

この問題点を踏まえた上で、次の箇所である『異端反駁』第4巻20章1節に目を向け、この点についても整理をしたい。

（2）『異端反駁』第4巻20章1節

神は地の泥を取り、人を形造り（Et plasmavit Deus hominem）、そして、彼の顔に生命の息を吹き込んだ。それゆえ、私たちを造ったのも、私たちを形造ったのも天使たちではなく、天使たちも、真の神以外の者も、万物の父から遠く離れた力も、神の似像を造ることはできないからである。また神は自らのもとで予め決定したものを形造るのに、あたかもご自身の両手を持っていないかのように、これら〔天使たち〕を必要としたのでもない。神の側には常に御言葉と知恵、御子と聖霊〔がおり〕、〔御言葉と知恵〕によって、また、〔御言葉と知恵〕のうちに、また自発性を持って万物を造り、〔御言葉と知恵〕に向かって語り、「私たちのかたち〔似像〕に、また〔私たちに〕似せて〔類似性〕人を造ろう」と言ったのであり、ご自身で創造されたものの存在と、造られたものと、世にある美しいものの型をご自身から取ったのである。[126]〔傍線筆者〕

この箇所でも『異端反駁』第4巻序4節と同様に「神の両手」である「御言葉と知恵」すなわち「御子と聖霊」に、父なる神が「私たちのかたち〔似像〕に、また類似性に人を造ろう」と語りかけ、人間を創造したことが記されている。

その一方で『異端反駁』第4巻序4節と比べると『異端反駁』第4巻20章1節では人間の創造に関して、別の説明も加えられていることが分かる。引用において、傍線を引いた初めの部分には次のように記されている。

神は地の泥を取り、人を形造り、そして、彼の顔に生命の息を吹き込んだ。

エイレナイオスは「生命の息」と「魂」を同一視して用いており[127]「生命の息」と「聖霊」は明確に区別している。[128]そのため、人間の創造において与えられた「生命の息」は「聖霊」ではなく、人間を生きるものとするために神が与えた「生魂的生命」すなわち「魂」である。ここで同じく人間の創造に関して記述している『証明』第

11章を見たい。

しかし人間の場合、神は土の最も純粋で細かいところを取って、ちょうどよい割合に自分自身の力を土とを混ぜ合わせ、自らの手で形づくった[129]。人間が形づくられ、地に置かれたのは、神の似像としてであったから、見える外観も神のようなものであるべきだと、神が人間の身体に自身の外形[130]を与えたのであった。また人が生きるようになるため、「神はその顔に生命の息吹を吹き込んだ」（創2：7）。その結果、人間は身体においてばかりでなく、息吹に関しても神に似たものとなった[131]。

この記述からも明らかなように、『証明』第11章においても「神の両手」が形造っているのは人間の「肉体」ということになる。その人間に、神が「生命の息を吹き込んだ」と記されている。つまり、人間の創造における父なる神の「両手」である御子と聖霊の働きは、人間の「肉」である「身体」を造ったということになる。そこに、父なる神が「生命の息」を吹き込むのであり、この働きは「神の両手」である御子と聖霊の働きと区別されている。このことについて、塩屋惇子は次のように述べている。

「魂」＝「命の息」の直接の創造者は、みことば（御子）でも、知恵（聖霊）でもなく、父なる神である。魂は神から、すでに存在していたある本質の単なる様態としてではなく、真の新しい本質として送りこまれる。グノーシス主義者やマルキオン派によれば、ヤーヴェなる神と実体を共にする人間と「魂」は同一である。つまり、魂はヤーヴェなる神、創造主の実体から流出したものである。父なる神とヤーヴェが1つであることを擁護するテルトゥリアヌスは、神の実体と魂の真の交わりをためらわずのべ、創造主は自分自身の実体から、命の息、即ち、魂をとり出し、これを人間に吹き込んだと考える。エイレナイオスはこのように大胆な定式化を避け、魂は、神の両手に委ねられた「被造物」、即ち、「形を与えられた人間」(plasis) を前提としてあらわれる、ということに焦点をあてる。神自身の実体の派出、あるいは流出であるとする考えは、はっきりと斥けている。また御子も聖霊も、魂の創造には影響力を与えていない。魂は最初から人間の身体に結びつけられ、神から注ぎこまれ、人間に付着し、人間の身体の中に浸透して、外的・内的肢体を活気づける。この命の息の吹き込みによって人は生きた者となり、内的・外的あるいは霊的・物質的という2つの人間の分離は消え、霊の萌芽と肉が結合しうるものとなる。肉体は魂によって生かされ、魂を通して霊のために生きる状態を獲得する。この魂＝命の息を「精神」(psyche) とも同意義にエイレナイオスは考えている。[132]

これまでの考察を総合的に考えると「神の両手」である御子と聖霊によって創造された「形成物」(plasma) とは、人間の「肉体」を指していると考えることができる。つまり「神の両手」である御子と聖霊が、人間の「肉体」を「形成」し、父なる神が「生命の息」を吹き込むことで、人間を「生魂的」に生きる存在としたということから「魂」は「形成物」から区別されることになる。

この点に関して、ヨピッヒ (Joppich) は『異端反駁』のいくつかの箇所、例えば『異端反駁』第4巻序4節、[133]第4巻41章4節、[134] 4巻31章2節、[135]そして第1巻9章3節[136]を取り上げ、エイレナイオスは「形成物」(plasma) と「肉」を同一視しているとの見解を示している。[137]この結論が正しければ、やはり「形成物」は「肉体」のみを指しているのであり「魂」を指してはいないとなる。とするならば、『異端反駁』第3巻17章1節で、エイレナイオスが

「それは彼とともに、人類のうちに住み、人々のうちに休み、神の形成物[138]のうちに住むということに慣れさせるためであった」と語る「形成物」とは、「肉体」であり、聖霊が宿る場所は、人間の「肉体」ということになる。

（３）『異端反駁』第５巻１章３節

初めに私たちがアダムにおいて形造られた（initio plasmationis nostrae in Adam）とき、神によって吹き込まれた生命の息が、先に形なされたものと一致して人間を生かし、理性的心魂[139]として現存させたこと、また終わりのときには、御父の御言葉と神の霊が、アダムの古い創造と実体を結ばせて、人間を生きた完全なものとし、完全な父を受け取り、私たちすべてが心魂的において死んだように、すべての者が霊的において生かされるのである。また神の両手は、かつてアダムから離れたことはなく、父は（御言葉と知恵）に向かって語り、「私たちのかたち（似像）に、また類似性に人を造ろう」と言ったのである。それゆえに、神の両手は時の終わりにあって、肉の欲によらず、また人の欲によらず、父の欲することに従い、人間を生きるものへと完成し、アダムが神のかたちに、また似たものとなるようにされたのである。[140]

この箇所の「先に形なされたもの」が「肉体」を指すことは明白であろう。そのため「初めに私たちがアダムにおいて形造られた」（initio plasmationis nostrae in Adam）と語られている内容は、「肉体」が「形成物」として造られたことを意味している。その「形成物」である「肉体」に、神によって生命の息が吹き込まれ、「肉体」と「生命の息」すなわち、「魂」が一致することにより「理性的心魂」となる。この「生命の息」を吹き込むのは、神の働きであり、ここでも「神の両手」によって創造された「肉体」と「生命の息」によって創造された「魂」は区別されている。

さらに、この箇所では「心魂的」な存在として、最初に創造されたアダムと「霊的」な存在として受肉した御子を類型的に対比させている。[141]「肉体」を持ったアダムの不従順に対する「遣り直し」[142]として、御子が受肉し、人間を完成へと導く。この「完全な人間」は「すべての者が霊的において生かされる」とあるように「霊的な存在」として捉えられている。ベアーは引用中にある二つの「～のように」(quemadmodum)に注目する。初めに、アダムが生命によって生きる者(animation)とされたように、終わりにおいて、キリストが聖霊によって古い実体が生かされる(vivification)という対比がなされている。[143]

（4）『異端反駁』第5巻5章1節

からだは神の善い御心《み》を持っている限りは、長寿を維持し続けたのであって、聖書を読むなら、私たちが以前に存在した者たちが、七百歳、八百歳、九百歳を越えた年齢であるのが分かるであろう。そして、彼らのからだは日々の長さに達し、神がそれらを生かそうと欲する限りは、生命に与ったのである。しかし、なぜ、それらの者たちについて話すか〔と言えば〕、実にエノクは神の御心に適ったので、からだのまま移されたが、義人たちが移されることを予め示していたのであり、エリヤもまた形造られた実体のまま引き上げられたが、霊的な者たちの上昇を預言していたのである。また、からだは彼らの上昇と移行において、彼らを妨げていない。なぜなら、初めに彼らを形造ったあの同じ両手によって、彼らは上昇と移行を受け取ったからである。神の両手は、アダムにおいて自らの形成物を整え、治め、担い、そして自分の望むところに運び、据えることに慣れ親しんでいたのである。[144]

この箇所でエイレナイオスは、神が人間に長寿を与えていたことや、エノクやエリヤといった「肉体」を持ったまま天に昇った人物を例にあげて、神が「肉体」の救いを強調していることを記す。つまり、この箇所の主題は「肉体の救い」であり「神の両手は、アダムにおいて自らの形成物を整え、治め、担い、そして自分の望むところに運び、慣れ親しんでいたのである」と語るとき「神の両手」としての「御子」と「聖霊」は、アダムが創造されたときから「肉体」を持つ人間の救いに関わっていることを意味している。

（5）『異端反駁』第5巻6章1節

父の両手によって、すなわち、御子と聖霊によって、人は神の類似性に従って成るけれども、人の一部ではない。また、魂と聖霊は、人の一部になることができるが、決して人ではない。けれども、完全な人とは、父の霊を受け取る魂と、神のかたちに従って造られた肉体（carni quae est plasmata secundum imaginem Dei）とが混合し、結合した［人である］[145]。（中略）もし、誰かが形成物である肉の実体（Si enim substantiam tollat aliquis carnis, id est plasmatis）を取り除き、そして、自らを純粋に全く霊だけのものとしてを理解するとしても、もはや、そのようなものは霊的な人間ではなく、むしろ、人間の霊、あるいは、神の霊［である］。しかし、魂と混合した聖霊が形成物に一致するとき、聖霊の流出のゆえに、人間は霊的なもの、また、完全なものとなる。そして、これこそが神の

かたちと類似性に従って造られたものである。(146)

この『異端反駁』第5巻6章1節は、エイレナイオスの語る「完全な」人間を知る上で最も重要な箇所である。(147)エイレナイオスは、完全な人間を「肉体」「魂」「聖霊」の三つから構成されることを述べる。しかし、この三つは二つに区分される。すなわち、「肉体」と「魂」が創造された心魂的な状態の人間であり、「聖霊」はまさに「神の霊」であるため「肉体」と「魂」と区別されている。この箇所においても、やはり「形成物」は「肉体」を指していると考えることができる。

その一方、この箇所には『異端反駁』第3巻17章1節の「それは彼とともに、人類のうちに住み、人々のうちに休み、神の形成物のうちに住むということに慣れさせるためであった」という記述を考えるにあたり、新たな視点を与えてくれる文章が記されている。それは「完全な人とは、父の霊を受け取る魂と、神のかたちに従って造られた肉体（carni quae est plasmata secundum imaginem Dei）とが混合し、結合した〔人である〕」という文章である。特に注目したいのが、「父の霊を受け取る魂」の部分である。

ここから理解できることは、エイレナイオスが「形成物」(plasma)を使用する際、それは神の両手である「御子」と「聖霊」によって形造られた人間の「肉体」を意味する。加えて『異端反駁』第5巻6章1節から理解できるのは「形成物」である肉体のうちに、父なる神の息吹によって与えられた「魂」があり、この「魂」こそが「聖霊」を受ける場所としての役割を担っているということである。つまり、「魂」は人間を心魂的に生かすものであると同時に、言わば、「魂」は「聖霊」を内在させる「容器」のような役割をしていると考えられる。

（6）第5巻28章4節

人は初めに、神の両手によって、すなわち、御子と聖霊によって造られ、神のかたちと類似性に従って造られた[148]。

この箇所でも「神の両手」である「御子」と「聖霊」によって人間が形造られたことが示されており、また「神のかたち」と「類似性」に造られたことが述べられている。エイレナイオスが「神のかたち」という場合、それは人間の目に見える「像」を意味している[149]。例えば『異端反駁』第5巻16章2節には、次のように記されている。

かつて、確かに人間は神のかたちに従って造られたものと言われていたが、示されてはいなかった。つまり、人間がそのかたちに従って造られた御言葉は、まだ不可視であった。このために、類似性を容易に喪失した。しかし、神の御言葉が肉となったとき、〔二つの〕いずれも確かなものにした。すなわち、彼のかたちであったものになることで、真のかたちを明らかにし、また人間を目に見える御言葉によって、目に見えない父に似たものとすることで、類似性をも強固にもと通りにしたのである[150]。

ここで人間に現された「真のかたち」とは、受肉した御子イエスである。このイエスを人々は実際に、自らの目で見ることによって、人間が「神のかたち」に創造されたものであったことを思い出すのである。つまり、人間は神の御子のかたちに従って、自らが創造されていたことを思い出すのである。また『証明』第11章においても次のように記されている。

しかし人間の場合、神は土の最も純粋で細かいところを取って、ちょうどよい割合に自分自身の力を土とを混ぜ合わせ、自らの手で形づくった。人間が形づくられ、地に置かれたのは、神の似像としてであったから、見える外観も神のようなものであるべきだと、神が人間の身体に自身の外形を与えたのであった。(151)

「神のかたち」に対して、神との「類似性」は、人間の目に見える「像」のようなものではない。神との「類似性」は『異端反駁』第5巻6章1節に記されていたように、肉体を持つ人間が霊的な人間として完成するために必要不可欠な要素である。また、肉体を持つ人間に最終的に与えられる救いとしての「不滅性」である。(152)

以上、「神の両手」と「形成物」の関連が記されている箇所である『異端反駁』第4巻序4節、第4巻20章1節、第5巻1章3節、第5巻5章1節、第5巻6章1節、第5巻28章4節を考察した。その結果、エイレナイオスが「形成物」を指して語る場合、それは、まず人間の「肉体」を指していると考えられる。しかし、その「肉体」自体は「聖霊」を受ける役割を担っているのではなく『異端反駁』第5巻6章1節にある「肉体」「魂」「聖霊」からなる完全な人間の構成と、『異端反駁』第3巻17章1節に「父の例を受け取る魂」と記されているように、聖霊を受けるのは「魂」においてであることが分かる。

3―4 『異端反駁』第3巻17章1節における「形成物」と第3巻17章2節における「霊」の働きの関係性

前節においてエイレナイオスの記す「形成物」(plasma) という言葉自体は、「神の両手」である「御子」と「聖霊」によって形造られた人間の「肉体」を指すことを明らかにした。それと共に「形成物」である肉体と共に人間の一部として与えられた「魂[153]」こそが、神の「聖霊」を受け取る役割を担っていることについても言及した。

これらのことを踏まえて、聖霊がどのように人間に「不滅性」の回復を与えるかについて見ていきたい。『異端反駁』第3巻17章1節の最後の部分には、次のように記されていた。

そこで〔聖霊〕は、人の子となった神の子にも降った。それは彼とともに、人類のうちに住み、人々のうちに休み、神の形成物のうちに住む（habitare in plasmate Dei）ということに慣れさせるためであった。そのなかで父の意志を行い、そして彼らを古さからキリストの新しさへと新たにするのである。[154]（傍線筆者）

注目したい箇所は、この記述の次に記されている『異端反駁』第3巻17章2節である。

そこで、私たちの身体は、〔洗礼の〕洗いによって、魂は霊によって、不滅性にまで至らせる一致を受けたのである。それゆえ、どちらも働きかけて神の生命に〔至らせる〕ものであるから、どちらも必要である。[155]

ここでも、まずエイレナイオスは「私たちの身体は、〔洗礼の〕洗いによって」と記し、人間の肉体の事柄から説明を始めている。筆者は「御子の受肉」と「不滅性」の回復について、「人間が堕罪によって喪失した『不滅性』は、『永遠の生命である御言葉』としての御子の受肉を通して、人間と結合し、また一致することにより回復に至る可能性が開かれたと言うことができる。そして、この『御言葉の受肉』は、文字通り『肉』への働きであり、

『肉』を持つ人間の『不滅性』の回復の一側面であると言える」と結論を記した。

このように永遠の不滅性である「御子の受肉」と「肉体」を持つ人間が混合一致をしたことにより、人間の肉体においても「不滅性」の回復の道が開かれた。その「肉体」が「不滅性との一致」を得るために、「御子の受肉」と共に、重要視されているものがもう一つある。それが「洗礼」である。人間の肉体は洗礼の水の洗いをもって、神からの「不滅性」との一致を受ける。同様に「魂は霊によって、不滅性にまで至らせる一致を受けた」とは、神の息吹によって与えられた「魂」に、洗礼を通して「聖霊」が与えられたことであり、人間は再び「不滅性にまで至らせる一致」を受けたのである。

3—5 まとめ

「永遠の生命である御言葉」である御子が受肉したことにより「肉体」を持つ人間との混同と一致が行われた。それにより人間は「不滅性」へと至る道の回復の道が開かれた。同様に、神の形成物である「肉体」が形造られたときに、父なる神の息吹によって与えられた「魂」に「聖霊」が与えられる。『異端反駁』第3巻17章2節では「魂は霊によって、不滅性にまで至らせる一致を受けた」と記されており、これが「洗礼」のときであることが示されている。つまり、御子の受肉を通して、人間が「不滅性」に至る道が回復されることも、また「魂」に聖霊が与えられ「不滅性」に至る道が回復されることの両者が「洗礼」のときに結びあわされると考えることができる。そのため、人間の「肉体」も「魂」も、「洗礼」を受けることなしに「不滅性」に至る回復へと導かれることはないと結論づけることができる。

《注》

（1）エイレナイオスは『証明』第8章において、神観を次のように述べている。「神は、慈悲深く、同情してくださる方であり、きわめて柔和な方、善なる方、義なる方であり、すべての者の神、つまりユダヤ人と異邦人、また信じる人々の神である。しかし、信じる者にとっては神は父のような方である。『時の終わりにあたって』神は養子にする契約を開いて下さっているからである。」これは確かにエイレナイオスが思い描いていた神観ではあるが、人間との関わりにおける「神観」を言い表したというよりは、むしろ神観の全体像であると考えることができる。エイレナイオス『証明』、209頁。

（2）この点において「寛大さ」と訳されるmagnanimitasは、頻繁に取り上げられるエイレナイオス特有の神観である。本書においても、この神観については取り扱うが、エイレナイオスの神観を表す場合、この「寛大さ」(magnanimitas)にだけ注目されてきたのではないかとの問題意識がある。もちろん、この「寛大さ」(magnanimitas)はエイレナイオスの神観を代表するものであることは疑いようもないことであるが、本書においては、「寛大さ」(magnanimitas)以外の神観にも注目することが一つの狙いである。

（3）『異端反駁』第4巻38章4節を参照。

（4）この「幼児のような状態として造られた人間が、何が善であり、何が悪であるかを学ぶことにより成熟した大人へと成長すること」は「幼児のような状態として造られた人間が、何が善であり、何が悪であるかを学ぶことにより『神のようになる』こと」とも表現することが可能であると思われる。しかし（2）の「本性として『神の子ら』として造られた人間が、成長し『神となる』(dii facti sumus)こと」と区別をするために、最初に創造された人間の成長について語り、次いで、「神となること」について言及をしていきたい。Ben C. Blackwell, *Christosis : Pauline Soteriology in Light of Deification in Irenaeus and Cyril of Alexandria*, Mohr Siebeck, 2011, 40-41. また Gustaf Wingren, *Man and the Incarnation. A Study in the Biblical Theology of Irenaeus* (translated by Ross Mackenzie), Wipf and Stock Publishers, 1959, 35-38. を参照。

（5）エイレナイオスが人間の成長の思想を語る背景には、グノーシス主義の人間理解が関係している。『異端反駁』第1巻5章5節から第1巻7章5節において、グノーシス主義の人間理解が詳細に紹介されている。その中の第1巻6章1節から引用したい。「そういうわけで、（人間には）３つのものがあって、（そのうち）左のものとも呼ばれる物質的なものは、不滅性の息吹を全く受け入れないゆえ、必然的に滅びゆく。他方、右のものとも称される心魂的なものは、霊的なものと物質なものとの中間にあるゆえに、どちらかに傾きをなせばそちらの方へ行く。そして、霊的なものは、この世で心魂的なものと対をなしてかたちづくられ、帰還においてこれと共に訓育されるよう遣わされているというのである。」『ナグ・ハマディ文書Ⅰ 救済神話』、234頁。このようにグノーシス主義においては、人間には三つの種類があることになる。Christopher T. Bounds, *Competing Doctrines of Perfection: The Primary Issue in Irenaeus' Refutation of Gnosticism*, Studia Patristica XLV, 2010, 404を参照。これに対しエイレナイオスはそのような区別をせず、幼児の状態に造られた人間が成長し、神のようになるという人間論を展開しているのである。また、エイレナイオスは成長のなかで肉体と魂としての人間、そして聖霊を与えられた状態での人間の完成を描いている。

（6）七十人訳聖書では「Αὐξάνεσθε καὶ πληθύνεσθε」と記されている。このΑὐξάνεσθεの原形であるαὐξάνωには「成長する」という意味がある。*The New International Dictionary of New Testament Theology*, Zondervan, 1967, 128.

（7）AH4.11.1 : Quomodo autem Scripturae testificantur de eo, nisi ab uno et eodem Deo omnia semper per Verbum revelata et ostensa fuissent credentibus, aliquando quidem colloquente eo cum suo plasmate, aliquando autem dante legem, aliquando vero exprobrante, aliquando vero exhortante, ac deinceps liberante servum et adoptante in filium, et apto tempore incorruptelae hereditatem praestante ad perfectionem hominis? Plasmavit enim eum in augmentum et inerementum, quemadmodum Scriptura dicit : Crescite et multiplicamini.

（8）ここではsuam potestatemを「自立性」と訳している。その理由として次のことに言及したい。AH1.6.1では『異端反駁』を最初にラテン語に翻訳した者がαὐτεξούσιόν ἐστινをsuae potestatis estと訳している。この言葉を含めた『異端反駁』第1巻6章1節を小林稔も次のように訳している。「すなわち、（心魂的なものは）自律的であるゆえ、その（心魂的なもの）を救うためであったという。」『ナグ・ハマディ文書Ⅰ 救済神話』、234頁。このように小林稔は「自律性」との訳を採用している。このことを踏まえた上でAH4. 37. 1に目を向けた。この箇所でRousseauはsuam potestatemをἰδίαν ἐξουσίανと想定している。けれども、先に記したようにAH1. 6. 1ではαὐτεξούστόν ἐστινをsuae potestatis estと訳していることから、本書においてsua potestasは「自立性」という訳語を用いることにしたい。尚、小林稔は「自律性」と訳しているが、筆者の思いとして、ひとりの人間が、自らの足で立ち上がり、成長し、歩んでいくというニュアンスを込め、本書においては「自律性」ではなく「自立性」の漢字を用いることにしたい。

（9）小林稔は「よい勧め」と訳している。エイレナイオス『異端反駁IV』、148頁。

（10）AH4. 37. 1.

（11）AH4. 4. 3.

（12）AH4. 37.4. また神の両手による人間の創造と、自立性の両方について『証明』第11章に明確に記されている。「しかし人間の場合、神は土の最も純粋で細かいところを取って、ちょうどよい割合に自分自身の力と土とを混ぜ合わせ、自らの手で形づくった。人間が形づくられ、地に置かれたのは、神の似姿としてであったから、見える外観も神のようなものであるべきだと、神が人間の身体に自身の外形を与えたのであった。また人が生きるようになるため、『神はその顔に生命の息吹を吹き込んだ』〔創2：7〕。その結果、人間は身体においてばかりでなく、息吹に関しても神に似たものとなった。それで、神により、地上のすべてのものの主人であるようにと造られたので、人は自由であり、自律的であった。神が人間を形づくる前に神によって準備されたこの被造世界は、その中にある、ありとあらゆるものとともに、人間にその支配領域として与えられた〔創1：28参照〕。支配領域の中では、〔他の神ではなく〕すべてを形づくったあの神の僕たちが仕事のためにいた。そしてこの支配領域は、僕仲間の上に立てられた筆頭管理者によって司られていた。僕たちとは天使であり、筆頭管理者とは天使長であった。」エイレナイオス『証明』、211頁。

（13）『異端反駁』第4巻11章2節には「神が常に同じであるように、神のうちにある人間は、神に向かって常に前進して行くであろう。」と記されている。（AH4. 11. 2: Quemadmodum enim Deus semper idem est, sic et homo in Deo inventus semper proficiet ad Deum.）

（14）『異端反駁』第3巻25章4節には次のように記されている。「それゆえ、すべての者たちに好意により自分の太陽を昇らせ、義人の上にも、不正な者たちの上にも雨を降らせる神は、同等にその好意を得させ、同様に、その与えられた地位に従って行動することなく、（神）の好意に反して、享楽と放縦を保ち続けている（者たち）、自らにこれほど慈悲深くしてくださった方をまだ冒涜している者たちを裁くであろう。」

（15）AH4. 37. 1.
（16）AH4. 37. 2.
（17）Eric Osborn, *Irenaeus of Lyons*, Cambridge, 2001, 232-233. 但し、人間がこの段階で「神の助言」により「善」を選択することができるのは、後に『異端反駁』第4巻39章1節に記されている「善」と「悪」を知る知識としての「二重の知覚」とは区別されるものである。
（18）AH4. 37. 3.
（19）AH4. 37. 4.
（20）AH4. 37. 4.
（21）AH4. 37. 5.
（22）これについては『証明』第15章でも述べられている。「そして、神は人にある条件を課した。人が神の命令を守ったなら、そのとき、人は自分が置かれていた状態、つまり不死のままでいつまでもとどまることができる。しかし守らなかったなら、死すべきものとなり、自分の身体がとられた地の中に溶け去ってしまう。〔このような条件を課されたのであった〕〔創2：7、3：19参照〕。『園にあるすべての木からあなたは確かに食べてよい。しかし善と悪の知識の元になる木からだけは食べてはならない。食べる日にはあなたは確かに死ぬであろうから』〔創2：16―17参照〕。これがその命令であった。」エイレナイオス『証明』、213頁。
（23）AH4. 37. 6.
（24）AH4. 37. 6.
（25）AH4. 37. 7.
（26）AH4. 37. 7.
（27）『異端反駁』第4巻37章7節において、エイレナイオスは「善」を行うことと、「神を愛する」ことを言い換えて記しているように思われる。
（28）ここに神の経綸を意味するdispositioが使われている。翻訳上では「配剤」と訳した。

（29）AH4. 37. 7

（30）しかし、それは神のうちに「怒り」が全くないということではない。「人はこの命令を守らないで、神に背いた。天使に道を誤らせられたのである。この天使は人を妬むようになり、神が人に与えた多くの好意のゆえに羨望をもって人を見るようになり、神の命令に背くようにと人を説き〔創3：1―6、知2：24参照〕、こうして自らを破滅させ、また人を罪人としたのであった。このようにして、その天使はその嘘によって〔ヨハ8：44参照〕罪の頭また源泉となり、神を怒らせて自ら撃たれたものとなり、人が楽とから追放される原因となったのであった。」『証明』、213頁。

（31）ここで「神に背教した」ということは、アウグスティヌスによって教理化された「原罪」の教理とは異なるものである。この点に関しては「2―2『神化』の過程における人間の堕罪」の項目において後述したい。

（32）AH4. 39. 1.

（33）AH4. 39. 1.

（34）『異端反駁』第4巻41章2節には、次のように記されている。「それゆえ、言うなれば、本性に従えば、すなわち、創造に従えば、私たちは皆、神の子らである。私たちは皆、神によって造られたのであるから。けれども、従順と教えに従えば、すべての者が神の子らではなく、神を信じ、神の意志を行う者である。しかし、信じることもなく、神の意志を行うこともしない者たちは、悪魔の業を行っているので、悪魔の子ら、また使いである。」このように「二重の知覚」を有するに至った人間は、本性として与えられていた「神の子ら」としての在り方に加えて、「教えによって」神の子らとされる。このようにエイレナイオスにおいては二つの「神の子ら」としての人間の在り方が語られている。第一には、人間が造られたときに与えられた「本性」としての「神の子ら」であり、第二には、「神の子ら」という本性が与えられた人間が、成長し、神の教えに従順に従うことによって与えられる「神の子ら」としての在り方である。

（35）脚注30を参照。

（36）AH4. 38. 1.

（37）神は人間を初めから完全なものとしては造らなかったが、人間が完全さに至るために「自由な意志」を与えていた。またアダムとエバには成長と発展を通して完全な神のかたちに至る可能性が造られた状態で備えられていた。Christopher T.

Bounds, Competing Doctrines of Perfection, 406. James G.M. Purves, The Spirit and the Imago Dei : Reviewing the Anthropology of Irenaeus of Lyons, The Evangelical Quarterly 68, 1996, 106.

（38）AH4. 38. 1.

（39）Gustaf Wingren, *Man and the Incarnation*, 70.

（40）AH4.38.2 : Et propter hoc Paulus Corinthiis ait : Lac vobis potum dedi non escam, nondum enim poteratis escam percipere, hoc est eum quidem adventum Domini qui est secundum hominem didicistis, nondum autem Patris Spiritus requiescit super vos propter vestram infirmitatem. Ubi enim zelus et discordia, ait, in vobis et dissensiones, nonne carnales estis et secundum hominem ambulatis? hoc est quoniam nondum Spiritus Patris erat cum ipsis propter imperfectionem eorum et infirmitatem conversationis. Quemadmodum igitur Apostolus quidem poterat dare escam–, quibuscumque enim imponebant Apostoli manus accipiebant Spiritum sanctum, qui est esca vitae–, illi autem non poterant accipere illud quoniam infirmum adhuc et inexercitabilem sensum erga Deum conversationis habebant.

（41）エイレナイオスは、使徒たちが成長したことも、やはり聖霊が与えられたからであると記している。『異端反駁』第3巻1章1節には、次のように記されている。「(使徒たちは) 私たちの主が死者からよみがえり、そして聖霊が上に降ったときに、高みからの力をまとい、すべてについて満たされ、完全な知識を持ち、その後、神からの私たちにとって善いことを告げ知らせながら、また天的な平和を人々に告げながら、地の果てにまで出て行ったのである。彼らは皆が共に、そして、彼らの各々が、神の福音を持って (出て行ったのである)。」

（42）エイレナイオス『証明』、225頁。

（43）AH4. 38. 3.

（44）AH4. 20. 1.

（45）AH5. 28. 4.

（46）AH4. 39 .2.

（47）AH4. 39. 3.

（48）知恵の書6章19節「不滅は人を神に近づける。」の引用。

（49）AH4. 38. 3. 異端反駁第4巻11章1節には、「相応しい時に不滅性という相続財産を与えて、人間を完成させるのである。」と記されていた。この「相応しい時」とは、「神を見る」ときであり、これが人間の完成の最後のときである。

（50）AH4. 38. 4.

（51）AH4. 39. 4.

（52）ここで議論となるのはエイレナイオスが「神化」という言葉を使っていないということであろう。Johannes Quasten は「エイレナイオスは『神化』という用語を避けて「神の栄光に参与する」等の表現を用いていることを指摘している。Johannes Quasten, *Patrology*. vol.I, 311. この点について鳥巣義文は次のように述べている。「一般にいわれているように、エイレナイオスの残存する著作において theopoiesis とか theopoiein という用語が見出されないからという理由で、エイレナイオスが『神化』の主張を控えていると述べる必要はないと思われる。」鳥巣義文『エイレナイオスの救済史神学』、125頁。また Norman Russell は「エイレナイオスは『神化』という専門用語をいかなる場合でも使っておらず、『神々』という場合でさえも、詩篇82篇の釈義においてのみ適用させている。」と述べている。Norman Russell, *The Doctrine of Deification in the Greek Patristic Tradition*, Oxford, 2004, 105.

　またエイレナイオスの「神化」思想は、詩篇82篇から導き出されたものである。特に詩篇82篇6節「わたしは言った。『あなたたちは神々なのか皆、いと高き方の子らなのか』と」が重要な箇所とされている。エイレナイオスは『異端反駁』第3巻6章1節と第3巻19章1節と第4巻38章4節の3箇所で詩篇82篇6節から引用をしている。Norman Russell, *The Doctrine of Deification in the Greek Patristic Tradition*, 105. また『異端反駁』第3巻6章1節と第3巻19章1節と第4巻38章4節において、エイレナイオスがどのように詩篇82篇を引用したかについては、Ben C. Blackwell, *Christosis*, 45-54、また Carl Mosser, *The Earliest Patristic Interpretations of Psalm 82, Jewish Antecedents, and the Origin of Christian Deification*, Journal of Theological Studies, 2005, 41-54 を参照。

（53）John Behr, *Irenaeus of Lyons Identifying Christianity*, 167.

（54）原文では δὲ αὐτὸν ὁ θεὸς ἐκ τῆς γῆς, ἐξ ἧς ἐγεγόνει. と記されている。Theopilus Antiochenus Episcopus, Ad Autolycum, II, 18 (Migne : PG 6, 1089).

（55）テオフィロス『アウトリュコスに送る』、141頁。
（56）ὁ Ἀδὰμ ἔτη νήπιος ἦν· διὸ οὔπω ἠδύνατο τὴν γνῶσιν κατ' ἀξίαν χωρεῖν. Theopilus Antiochenus Episcopus, *Ad Autolycum*, II, 18 (Migne : PG 6, 1092).
（57）テオフィロス『アウトリュコスに送る』、141頁。
（58）ἵνα ῥέψῃ ἐπὶ τὰ τῆς ἀθανασίας τηρήσας τὴν ἐντολὴν τοῦ θεοῦ, μισθὸν κομίσηται παρ' αὐτοῦ τὴν ἀθανασίαν καὶ γένηται θεός. Theopilus Antiochenus Episcopus, *Ad Autolycum*, Ⅱ, 18 (Migne : PG 6, 1096).
（59）テオフィロス『アウトリュコスに送る』、141頁。
（60）AH4.11.2 : Et hoc Deus ab homine differt, quoniam Deus quidem facit, homo autem fit. Et quidem qui facit semper idem est, quod autem fit et initium et medietatem et adjectionem et augmentum accipere debet. Et deus quidem bene facit, bene autem fit homini. Et Deus quidem perfectus in omnibus, ipse sibi aequalis et similis, totus cum sit lumen et totus mens et totus substantia et fons omnium bonorum, homo vero profectum percipiens et augmentum ad Deum.
（61）『異端反駁』第4巻11章2節も参照。
（62）人間は神に造られた状態で既に「神の子ら」であったので、これを人間の「本性」と考えている。
（63）AH4.41.2 : Secundum igitur naturam, quae est secundum conditionem, ut ita dicam, omnes Dei filii sumus.
（64）エイレナイオス『異端反駁Ⅳ』、282頁。
（65）エイレナイオス『異端反駁Ⅳ』、166頁。
（66）AH5.28.4 : Et propter hoc in omni tempore, plasmatus in initio homo per manus Dei, hoc est Filii et Spiritus, fit secundum imaginem et similitudinem Dei.
（67）エイレナイオスはおそらくテオフィロスから「神化」の思想を受け継いだと思われるが、両者の差異は、エイレナイオスが「神化」の思想と創世記1章26節の神の「かたち」と「類似性」を結びつけたことにあるだろう。Norman Russell, *The Doctrine of Deification in the Greek Patristic Tradition*, 107.
（68）Ben C. Blackwell は、エイレナイオスは様々な方法で罪の結果について言及している。それらは「死／死を免れないこと、神との交わりを失ったこと、裁きと向き合うこと、奴隷／捕われの身、神への負債者、死への負債者」と記されている。Ben C. Blackwell, *Chrisosis*, 41.

(69) エイレナイオス『証明』、212頁。また『異端反駁』第4巻38章1節には、次のように記されている。「そして、このゆえに、父の完全なパンは、まるで幼子に対するように、彼自身を私たちに乳として与えた。すなわち、人間として来たことであるが、彼の肉という、言わば乳房によって養育され、そして、このような授乳を通して、神の御言葉を食べ、また飲むことに慣れて、また、このようにして不滅性のパン、すなわち、父の聖霊を自分自身のうちに保つことができる［ようになる］ためである。」

(70) R・L・ウィルケンは次のように説明をしている。「アダムは子どもであったのであり、十分な完成に至るために成熟した大人へ成長する必要があった。エイレナイオスの視点では堕落は成熟へ成長するために必要な段階であって、人間の歴史全体は幼児から成熟した大人へと至る長い過程なのである。」R・L・ウィルケン『古代キリスト教思想の精神』(教文館、2014年)、78頁。

(71) ペラギウスの弟子とされるカエレスティウスの神学的誤謬は以下のものをあげることができる。(1) アダムは死すべきものとして創造されたので、たとえ罪を犯さなくても死んだであろう。(2) アダムの罪はただ彼だけを傷つけたのであって、人類には及ばない。(3) 生まれたばかりの幼児は堕罪以前のアダムと同じ状態にある。(4) 全人類はアダムの罪と死によって死なず、キリストの復活によって甦らない。(5) モーセ律法は福音と同じく天国へ導く効力がある。(6) キリストが来られる以前にも罪のない人がいた。(ACO I/5, p. 66). ペラギウス主義についての詳しい説明は、大庭貴宣「アウグスティヌスのペラギウス主義反駁説教：当時の信者への説明」(南山大学大学院・人間文化研究化キリスト教思想、修士論文、2011年) を参照。また大庭貴宣「アウグスティヌスのペラギウス主義反駁説教——説教294と348Aの翻訳と注解——」『南山神学別冊』第27号 (2012年) を参照。

(72) 四一八年のカルタゴ会議での決議文第二条には次のように宣言された。「母体から生まれたばかりの幼児に洗礼を授けることを拒否する者、または罪の赦しのために洗礼を受けるのであって、再生の水洗いによって清めなければならないアダムの原罪は少しも残っていない、そのため「罪の赦しのため」という洗礼の形相はまちがいであって正しくないと言う者は排斥される。「一人の人間によって罪がこの世にはいり、(また罪によって死が世にはいって)、すべての人が罪を犯したので、死がみんなの上に及んだ」(ローマ5・12参照)と使徒が言っていることを、全世界に広まっているカトリック教会が理解してきた通りに解釈すべきである。この信仰基準に従って、自分の罪を犯すことができない幼児も、罪の赦しのために、そしてこの再生によって出生によって受けついだ汚れから清められるために洗礼を受けるのである。」これについてH・デンツィンガー『カトリック教会文書資料集』(エンデルレ書店、1974年)、50頁参照。

(73)アウグスティヌスをはじめ、西方の神学においては、「堕落」からくる「原罪論」の場合、「完全であったアダムが「完全さ」を失ったことを強調する。しかしエイレナイオスにおいては、もともと人は「幼児」であり「完成」に向かい成長する必要があった。そのため「堕落」という出来事は「完全さ」の喪失ではなく、「成長」が妨げられたと考えられている。Gustaf Wingren, *Man and the Incarnation*, 50-63 参照。またアウグスティヌスの言う「原罪論」がないとすれば、「なぜアダムから生まれた者たちが、再び罪を犯したのか」と問われるであろう。これについてエイレナイオスは『証明』第17章で、次のように記している。「反逆の天使、これは人を不従順へと導き、罪人とし、人が園から追い出される原因となった天使〔と同一人物〕であるが、〔この天使〕はあの最初の悪で満足せず、この兄弟たちのあいだに第二の悪をもたらした。カインを自分の精神で満たし、弟殺しとしたのである。」また続く第18章では「邪悪がきわめて長く続き、広範囲に拡がって、人類全体を覆った。そしてついに、彼らのなかにはごくわずかな正義の種子しかないというような状態になってしまった。不法な結合が地上で行われていたからである。天使たちが自ら人の娘たちの子孫と交わり、人の娘たちは天使のために息子を産んだ。」エイレナイオス『証明』、214–215頁。これについて鳥巣義文は、次のように記している。「第17章と第18章では、人類史に神への不従順や邪悪が蔓延るようになったのは、園の人間を神への背きに導いた反逆の天使がその後も人々に悪をもたらしたからであると説明されている。その第二の悪はそそのかされたカインのアベル殺害であり、その後も反逆の天使は人の娘たちと交わり、彼女たちに神に憎まれるあらゆる悪を教えたと説かれる。」鳥巣義文「神の救済史的啓示―エイレナイオス『使徒的宣教の証明』を中心にして―」、96頁。このようにエイレナイオスはアダムの「堕罪」後も人間が罪を犯し続けたのは、反逆した天使たちの働きにほかならないことを説明している。またErnst Klebbaは、エイレナイオスにおいても原罪論を確認できるとの立場を取る。Ernst Klebba, *Die Anthropologie des hl. Irenaeus, eine dogmengeschichtliche Studie*, Munster i. W. 1894, 80-81.

（74）AH5. 16. 2.

（75）AH3. 23. 5.

（76）塩谷惇子「エイレナイオスにおける人間の創造」『清泉女子大学人文科学研究所紀要IX』（1987年）、47頁。

（77）エイレナイオスによれば人間の完全性（これは同時に創造主の偉大さを示す）は創造主のロボットであるよりも自由意志をもつ独立な存在者たることにある。すなわち自由意志は一切の自動的必然性に頼るような自己完成を目指すのではなく、様々な悪や誘惑に直面してなおも善を選択でき、次第に神のすがたを自己に実現してゆく。だから悪を善に転じつつ宇宙を統宰するために自由に対して寛容な神は、最初から完全な世界を創造してロボットを操る神よりも偉大な存在なのである。この自由における人間の自己実現という考えに基づいて原罪（神からの離反）もやさしさに満ちて解釈される。V・ロースキィ『キリスト教東方の神秘思想』宮本久雄訳（勁草書房、1986年）、9頁。

（78）大貫隆、『ロゴスとソフィア』、233―234頁。

（79）AH3. 20. 1.

（80）AH3. 20. 2.

（81）人間は、自らは神々ではなく、ただの被造物に過ぎず、神との「類似性」も、神からの賜物であることを知る必要があった。Denis Minns, *Irenaeus An Introduction*, 76.

（82）「生魂的」あるいは「動物的」と翻訳している animalis は、「霊的 spilitualis と対峙する。人間を考えるときの根本は、エイレナイオスにとって、何よりも“plasma”「形造られたもの」である。塩屋惇子、「エイレナイオスにおける人間の創造（その二）」、133頁。

（83）AH5. 1. 3.

（84）神の言が人間の地平に真理として現われ、人間を担ったのは、この人間の自己実現（神化）のためであった。すなわちロゴスは第一の人間が神に背いて失った人間神化の事業を、人間そのものを担い摂り（受肉）、これと共に十字架における神への帰順を通じてふたたび可能とした。だからキリストは第二のアダムであってその人間性に万人は摂取されている限り万人が父なる真理にいたる途は回復されたといえる。V・ロースキィ『キリスト教東方の神秘思想』、10頁。

（85）特に「再統合理論」はこの観点から語られてきたと考える。
（86）AH3. 19. 1.
（87）この commixtus という言葉は「混ぜ合わせ」とも訳される。
（88）AH3. 18. 1. 大貫隆は『異端反駁』第3巻18章1節について次のように言及している。「もちろん、『反駁』を精読すると明らかであるが、エイレナイオスが『神のかたち』も『神類似性』と共に堕罪によって喪失された、と考えているように読める箇所も存在する（特にⅢ・18・1）。この点で、彼の人間観がなお曖昧さを残していることは否定できず、この問題についての研究者の意見も大きく分かれている。」大貫隆『ロゴスとソフィア』、225頁。実際に『異端反駁』第5巻16章2節では、「類似性」のみが失われたと記述されている。また「神のかたち」と「神との類似性」について、園部不二夫は次のように説明している。「イレナェウスの一カ所が初めて両者を分けて考察したところから、イマゴは人間と動物と相違する理性的な人間性（humanum）そのものであるが、シミリチュードは神との根源的相似性、即ち原義（justitia originalis）であり、前者は堕罪によって失われないが、後者は失われたという後代のカトリック的二元的人間観が生じて来たのである。」『園部不二夫著作集第三巻』（キリスト新聞社、１９８０年）、94頁。この点に関して、鳥巣義文は次のように述べている。「エイレナイオスはその箇所で『神のかたちと類似性による存在』（secundum imaginem et similitudinem esse Dei）が失われたといっているのであり、これは言い換えれば、『かたち』と『類似性』の統合された人間のあるべき状態が喪失されたと言うことである。従って、この箇所をもって『かたち』と『類似性』の双方の喪失を考える必要はない。むしろ、『類似性』の喪失により、双方の統合状態が失われたと理解するのが適当であろう。」鳥巣義文『エイレナイオスの救済史神学』、116頁。
（89）AH5. 16. 2.
（90）AH4. 33. 4.
（91）AH3. 10. 2. また鳥巣義文はこれを「聖なる交換」と呼び、次のように説明する。「さて、エイレナイオスは著書のなかで、神のみことばは人間を自分のように完全なものにするために、人間と同じものになったと論じ、また、みことばが人の子となったのは、人間も神の子となるためであったとも説明している。これらの内容は、人類の神化が神のみことばの受肉の目標であることを表している。しかし、エイレナイオスは神化という救いの完成状態を受肉という御子の救いの営みからのみ導き出される帰結と理解しているわけではない。それというのも、そのような表現を用いながらも、エイレナイオスは人類の神化をみことばの受肉において完結してしまった救いの状態とは考えておらず、むしろ、神化を受肉以降も継続している神の救いの歴史の中で、聖霊の導きのもとにある人類の成長を待って、次第に完成して行くものとみなしているからである。」鳥巣義文『エイレナイオスの救済史神学』、110―111頁。

（92）『異端反駁』第5巻1章3節には、Non enim effugit aliquando Adam manus Dei と記されている。

（93）AH4. 20. 5.

（94）エフェソ1章14節、第二コリント1章22節を参照。

（95）鳥巣義文は、これについて次のように記している。「教会にある『霊』は『不滅性の手付』、すなわち、『保証』と言われているばかりでなく、『神への上昇のはしご』とさえ言われている。これが『神化』を表現するものでなければ一体何であろうか。エイレナイオスにとって、『不滅性の保証』である『霊』は、実に教会の中で、人間を神へと導くものなのである。しかも、『キリストとの交わり』とも言われているように、『霊』はいつも『子』と共に働きながらそうするのである。」鳥巣義文『エイレナイオスの救済史神学』、109頁。

（96）AH3. 24. 1.

（97）人間は洗礼時に「神の養子」とする聖霊を受けたと考えられる。『異端反駁』第3巻17章1節には、次のように記されている。「また主の霊が私の上にある。私に注油するために。その霊は主が『語るのはあなたたちではなく、あなたたちのうちで語る、あなたたちの父の霊である。』と言ったのである。また神へと生まれ変わらせる権限を弟子たちに与えたとき、『あなたたちは行って、すべての民族を弟子としなさい。父と子と聖霊の名において、彼らに洗礼を授けなさい。』と彼らに言った。しもべとはしために預言させるために、終わりの時に、彼らの上にこの〔霊〕を注ぐであろうと、預言者を通して約束したのである。そこで〔聖霊〕は人の子となった神の子にも降った。それは彼と共に人類のうちに住み、人々のうちに休み、神の形成物のうちに住むということに慣れさせるためであった。そのなかで父の意志を行い、そして彼らを古さから新しさへと新たにするのである。」

また続く『異端反駁』第3巻17章2節には、次のように記されており。「私たちの身体は、洗いによって、魂は霊によって不滅性にまで至る一致を受けたのである。」『異端反駁』第3巻17章3節においても「主に降った神の霊であって、知恵と悟りの霊、深淵と力の霊、知恵と敬虔の霊、神への畏れの霊である。これを〔主は〕教会に与えた。また擁護者を天から全地に遣わしたのである。」

これらの箇所を合わせて読むと、エイレナイオスが洗礼において、人間が神から聖霊を受けると語っていると考えることができる。また『証明』第7章には、「洗礼は、子を通して、聖霊の内に、父なる神への再生をわれわれにもたらすのである。なぜなら、神の霊を保持する人々が御言葉、すなわち子へと導かれ、子はこの人々を父の許へと連れていって引き合わせ、父は不朽性を授けるからである。それゆえ、霊によらないでは神の御言葉を見ることはできず、子によらないでは父に近づくことはできない。子は父の知識であり、子の知識は聖霊を仲介とするからである。しかし、子は、父が望むように、自分の望む人々に、役務に応じて霊を与える。それが父の心に適うことだからである。」と記されている。エイレナイオス『証明』、208頁。

これについて鳥巣義文は次のように記している。「父と子と聖霊の救いのわざは、父なる神の意志のもとに御子と聖霊が協働することによって営まれていることが要約されている。しかも、この救いの営みは父の御旨から出て、御子により聖霊の内に行われ、再び、聖霊から御子を経て父へと向かう救いの筋道を辿っているのである。これをもう少し視覚的に表現すれば、次のような救いの協働のラインが説かれている。①父の救いの御旨→御子が知り→聖霊を介して人々に示される。②聖霊を保持する人々→御子を知る→御子はその人々を父へ導く→父は不朽性を与える。」鳥巣義文「神の救済史的啓示」、94頁。

（98）AH3. 6. 1.

（99）『異端反駁』第4巻1章1節では、「子とする霊を受けた人々」(qui adoptionis Spiritum accipiunt) と記されている。

（100）AH3. 6. 1. また『証明』第5章には「父は『すべてのものを超えて』いるが、すべてのものが父によって造られたのは子を通してであったから、御言葉は『すべてのものと共にあり』、そして『アッバ、父よ』と叫び〔ガラ4：6〕、人を神と似たものへと形づくる霊は、『われわれ皆の内に』いる。」と記されている。エイレナイオス『証明』、207頁。これについて鳥巣義文は次のように記している。「神の『両手』の営みの特徴を述べれば、みことばである御子は主に『存在』を与え、聖霊は造られたものに『装い』を与える。本章のエイレナイオスの解説はあまり明快ではないが、このような御子と聖霊の役割分担は、

『霊が種々な「力」を配分し、形を造るのに対し、御言葉は「据える」、つまり物質に働きかけて、存在を与える』という箇所に確認できる。聖霊の与える装いとは、人間の場合は聖霊が与えるカリスマに基づくものであり、更に聖霊の内在によって人間は神を『アッバ、父よ』と呼ぶようになり、また御子イエスを『主』と公言することが可能となる。他方、御子は自らが据えたものに指針を与え、旧約、新約の時代を通して聖霊に鼓舞されて語られたこと、証言された出来事を統合し、遂には信仰者を父との交わりへと導く役目を担っているのである。」鳥巣義文「神の救済史的啓示」、93頁。
(101) 園部不二夫は「誤解してならないことは、人間の神の子化というのは、決して異教的な人間神化ではなく、パウロのいう『子とせられること』(huiothesia ローマ8・15、9・4その他)の意であり、救済(salus, soteria)の意であることである。」と説明している。『園部不二夫著作集第3巻』、94頁。本書で論じているように、エイレナイオスの思い描く「神化」の過程において、「子とされる」ことは含まれているが、それで神化が成し遂げられたことにはならない。あくまでも人間が完成に至るまで成長することと、「神を見ること」によって、神との「類似性」を回復し、不滅性を有するまでがエイレナイオスの言う「神化」であると筆者は考える。
(102) AH5. 8.1.
(103) AH4. 38.4.
(104) AH4. 20.5.
(105) この神への従順は、一時的な「不滅性」を保証したものであった。鳥巣義文は「人間は、条件付きではあっても聖霊による『類似性』つまり『不滅性』を与えられており、それによって死をまぬがれていたのであった。」と記している。鳥巣義文『エイレナイオスの救済史神学』、118頁。
(106) AH5.6.1.
(107) AH5. 6.1.
(108) John Behr, *Asceticism and Anthropology in Irenaeus and Clemnt*, 99. 参照。
(109) 鳥巣義文は「エイレナイオスの救済史神学において、人間の完成という神の創造のわざは、ただ単に『人類史の始まりとしての創造の段階』に留まらず、堕罪した人類の贖いと救いの成就という、いわば『その後の』神の救いの営みに全体的に重なる射程を持つものと見なされている。神は人類を『大人』に成長させようとして、その『両手』をもって絶えず彼らに同伴する。それは、人をより完全に神の似姿へと仕上げる営みとして歴史上に明らかにされる。神は限りない恵みを施し、人類はそれを享受する。従って、ちょうど『子供』であるかのような人類は神の言葉に学び『大人』へと成長しなければならない。」と記している。鳥巣義文『エイレナイオスの救済史神学』、29―30頁。

(110) AH5. 16. 2.

(111) AH3. 19. 1.

(112)『異端反駁』第5巻8章1節を参照。

(113) AH4. 20. 4.

(114) AH3. 17. 1.

(115)『異端反駁』第4巻38章1節には、次のように記されている。「そして、このゆえに、父の完全なパンは、まるで幼子に対するように、彼自身を私たちに乳として与えた。すなわち、人間として来たことであるが、彼の肉という、言わば乳房によって養育され、そして、このような授乳を通して、神の御言葉を食べ、また飲むことに慣れて、また、このようにして不滅性のパン、すなわち、父の聖霊を自分自身のうちに保つことができる〔ようになる〕ためである。」このことからも分かるように、神からの「不滅性」の回復のためには、まず幼児としての人間が成長し、「父の完全なパン」である「聖霊」を受け取ることができるようになる必要性があった。そのためにも、まず御子が「受肉」し、人間に現われ、人間が「自らが神のかたちに造られたこと」を思い出すことが必要不可欠な要素であった。

(116) Daniel A. Smith, *Irenaeus and the Baptism of Jesus*, Theological Studies, 1997, 629.

(117) 傍線は筆者の強調による。

(118) これについては鳥巣義文『エイレナイオスの救済史神学』第5章にある「慣れ親しみ――神と人類との交わりの歴史」197―246頁を参照。

(119)『異端反駁』4巻7章4節には、次のように記されている。「彼から生じたものと彼の両手、すなわち、御子と聖霊、御言葉と知恵とが、すべての点で父に仕えているからで、天使たちはすべて下に置かれ、仕えているのである。」(AH4.7.4 : ministrat enim ei ad omnia sua progenies et figuratio sua, hoc est Filius et Spiritus, Verbum et Sapientia, quibus serviunt et subjecti sunt omnes angeli.)

(120) 筆者はここに、エイレナイオスが「聖霊」の臨在の場の移行を考えていたのではないかと推察する。

(121)「神の両手」と「形成物」との関連については『異端反駁』の第4章以降に見出すことができるが、『異端反駁』第3巻21章10節には人間の創造について次のような記述がある。「神の手で、すなわち、神の御言葉によって形造られた。」AH3.21.10 : plasmatus est manu Dei, id est Verbo Dei. このように『異端反駁』第3巻においては、「神の両手」が人間を形造ったのではなく、片方の手である「御言葉」が、人間を形造ったとされている。

(122) Anthony Briggman, *Irenaeus of Lyons and the Theology of the Holy Spirit*, 114. またブリッグマンによれば、エイレナイオスは『異端反駁』第4巻においては主に唯一の神の働きを支える両手のモチーフを用いてと「肉」の救いを確保し、『異端反駁』第5巻においては、主に両手のモチーフを用いて、「肉」の救いの保証を記していると主張している。Anthony Briggman, *Irenaeus of Lyons and the Theology of the Holy Spirit*, 123.

(123) AH4. praef. 4: Homo est enim temperatio animae et carnis, qui secundum similitudinem Dei formatus est et per manus ejus plasmatus est, hoc est per Filium et Spiritum, quibus et dixit : Faciamus hominem.

(124) エイレナイオス『異端反駁Ⅳ』、6―7頁。

(125) エイレナイオス『異端反駁Ⅳ』、170頁。

(126) AH. 4. 20. 1.

(127) John Behr, *Irenaeus of Lyons Identifying Christianity* 152.

(128)『異端反駁』第5巻12章2節では、「命の息」と「聖霊」について、次のように言及している。「人間を心魂的にするのは生命の息で、これが1つ、他に人間を霊的に生かす生きた霊が存在する。」AH5. 12. 2: Aliud enim est afflatus vitae, qui et animalem efficit hominem, et aliud Spiritus vivificans, qui et spiritalem eum efficit.

(129) ベアーは He fashioned (πλάσσω) man with His own Hands としている。*On the Apostolic Preaching*, Translated & with an Introduction by John Behr, (New York: St. Vladimir's seminary Press, 1997), 46.

（130）Behr, Smith, Robinson, Mackenzie のいずれも' image of God と記している。に John Behr, *On the Apostolic Preaching*, 46. J.P. Smith, St. Irenaeus. *Proof of the Apostolic Preaching*, 54. J.A. Robinson, St Irenaeus, The Demonstration of the Apostolic Preaching, 80. Iain M. Mackenzie, *Irenaeus's Demonstration of the Apostolic Preaching a theological commentary and translation*, 4.

（131）エイレナイオス『証明』、211頁。

（132）塩屋惇子「エイレナイオスにおける人間の創造（その二）」『清泉女子大学人文科学研究所紀要』（1988年）、132頁。

（133）AH4. praef. 4: plasma Dei, quod quidem est caro.

（134）AH4. 41. 4: plasma, quod est carnis substantia.

（135）AH4. 31. 2: caro, hoc est plasma.

（136）AH1. 9. 3: caro est illa vetus...plasmatio a Deo.

（137）Godehard Joppich, *Salus Carnis: eine Untersuchung in der Theologie des hl. Irenaus von Lyon*, Munsterschwarzacher Studien, 1, Munsterschwarzach: Vier-Turme-Verlag, 1965, 31.

（138）傍線は筆者の強調による。

（139）「生魂的」あるいは「動物的」と翻訳している animalis は、「霊的 spilitualis と対峙する。人間を考えるときの根本は、エイレナイオスにとって、何よりも"plasma"「形造られたもの」である。塩屋惇子「エイレナイオスにおける人間の創造（その二）」、133頁。

（140）AH5. 1. 3.

（141）大貫隆『ロゴスとソフィア』、228頁。同じ主題が『証明』第32章にも記されている。「それでは、この最初の人間の実体はどこから来るのであろうか。神の意思と知恵とそして処女地からである。なぜなら聖書は、人が造られる前には「神は雨を降らさず、地を耕す人はいなかった」〔創2：5〕と言っているからである。そして、大地がまだ処女地だったときに、神はその地面から塵を取って人間、つまり人類の始まりを形づくったのであった。それで、主は、この人間を再統合しようとしたとき、〔アダム〕が肉〔なる人〕となった、その〔救済史の〕営み〔の経過〕を再現した。〔父なる〕神の意思と知恵によって処女から生まれたのである。それは〔主〕もアダムという肉なる人の写しとなるため、そして〔聖書の〕初めに書かれている通り、人が神の「似像および似たものと」〔創1：26〕される〔コロ3：10参照〕ためであった。」エイレナイオス『証明』、224頁。

(142)「この31章から34章まで、エイレナイオスは御子によるアダムの不従順の遣り直し、マリアによるエヴァの不従順の遣り直しなど、通常、アダム＝キリスト類型論と称されている神学的説明を展開している。」鳥巣義文「神の救済史的啓示」、98頁。

(143) Behr, *Irenaeus of Lyons Identifying Christianity*, p. 151.

(144) AH5. 5. 1.

(145) AH5. 6. 1.

(146) AH5. 6. 1.

(147) エイレナイオスが「完全な人間」を述べる際、背後にはグノーシス主義のヴァレンティノス派の考えに対する反駁がある。塩屋惇子はヴァレンティノス派の人間論を次のように説明している。「人間を3種類に分けるグノーシス主義者の一般的な考えは、聖書の中の人物と結びつけられている。カインのような『物質的人間』は悪魔と実体を共にしている。アベルのような『生魂的（ないし、理性的）、動物的人間』はユダヤ人の神ヤーヴェと同じ本質をもっている。父なる神と同じ本性を分かち合う人間はソフィア、叡智の国から来る『霊的人間』である。この3種類の人間はみな異なる3つの本性をもとにしており、地上にいる間は身体をもつことによって、動物とは区別され、人間であるが、地上を離れれば、身体から自由になり、それぞれ、物質（肉）、魂、霊に戻る。」塩屋惇子「エイレナイオスにおける人間の創造（その二）」、139頁。

(148) AH5. 28. 4.

(149) また『異端反駁』第4巻4章3節には「人間は理性的であって、この点で神に似ており、判断において自由なもの、自立的なものとして造られている。」と記されており、「神のかたち」には肉体と共に人間の「自由」や「自立性」が含まれていると考えることができる。AH4. 4. 3 : homo vero rationabilis, et secundum hoc similis Deo, liber in arbitrio factus et suae potestatis.

(150) AH5. 16. 2.

(151) エイレナイオス『証明』、211頁。また『証明』第22章には次のように記されている。「そして、『似像』とは神の子であり、人間は〔その神の子の〕似像に造られたのであった。そういうわけで、『終わりの時に』〔その神の子は〕似像〔である人間〕

が彼自身に似ていることを見せるために『現れた』〔1ペト1：20〕のであった。」エイレナイオス『証明』、217頁。

(152)『異端反駁』第5巻12章4節には次のように記されている。「霊の働きの実りは、肉の救いである。なぜなら、肉の成熟と不滅性の受容をもたらすこと以外に、見えない聖霊のどのような見える実りがあるだろうか。」

(153)『異端反駁』第5巻6章1節を参照。

(154) AH3. 17. 1.

(155) AH3. 17. 2.

第3章　エイレナイオスにおける聖霊の人間への臨在

この章では「エイレナイオスは、聖霊がどのように人間に臨在すると考えていたか」を取り扱う。代表的な先行研究に目を通すと、二通りの考えがあることに気がつく。一つは「聖霊は信者にのみ臨在する」という立場であり、もう一つは「聖霊は全人類に臨在する」という立場である。[1]

果たしてエイレナイオスは、上記の二つの立場のうち、どちらか一方の立場を取っていたのであろうか。この点を取り扱うにあたり、エイレナイオスが思い描いていた「救済史[2]」に基づき、時代を四つに区分し、各時代における聖霊の臨在のあり方を確認していきたい。その区分とは、第一に、創造、第二に、旧約の時代、第三に、御子の受肉、第四に、教会の時代である。[3]

『異端反駁』第3巻、第4巻、第5巻には、エイレナイオスの様々な神学理解を見て取ることができるが、決して体系的に構築されているわけではない。そのため、本章の目的である「聖霊の人間への臨在」を考察するために、各時代に関係する箇所を取り上げつつ、エイレナイオスの聖霊理解をできる限り簡潔に順序立て、エイレナイオスがどのように「人間への聖霊の臨在」を捉えていたかを構築したい。

1　創造における聖霊の臨在

人間の創造における聖霊の臨在について知るために、エイレナイオスが人間の創造について記している『異端反駁』第4巻序4節、第4巻20章1節、第5巻28章4節に目を向けたい。『異端反駁』第4巻序4節には、次のように記されている。

人間は魂と肉の結合であり、人間は神に似せて造られ、また、その両手によって、すなわち、御子と聖霊によって形なされた。〔父なる神は御子と聖霊に〕「人間を造ろう」と語ったのである。(4)

また『異端反駁』第4巻20章1節には、次のように記されている。

神は地の泥を取り、人を形造り、そして、彼の顔に生命の息を吹き込んだ。それゆえ、私たちを造ったのも、私たちを形造ったのも天使たちではなく、天使たちも、真の神以外の者も、万物の父から遠く離れた力も、神の似像を造ることはできないからである。また神は自らのもとで予め決定したものを造るのに、あたかもご自身の両手を持っていないかのように、これら（天使たち）を必要としたのでもない。神の側には常に御言葉と知恵、御子と聖霊（がおり）、（御言葉と知恵）によって、また、（御言葉と知恵）のうちに、また自発性を持って万物を造り、（御言葉と知恵）に向かって語り、「私たちのかたち（似像）に、また（私たちに）似せて（類似性）に人を造ろう」と言ったのであり、ご自身で創造されたものの存在と、造られたものと、世にある美しいものの型をご自身から取ったのである。[5]（傍線筆者）

そして『異端反駁』第5巻28章4節には、次のように記されている。

初めに、人間は、神の両手、すなわち、御子と聖霊によって造られ、すべての時において神のかたちと類似性に従って造られた。[6]（傍線筆者）

これらの箇所を読むと明らかなように、聖霊は「神の両手」の片方として、常に父なる神の側に存在し、また、絶えず御子と共に父なる神に仕えている。[7] 聖霊が父なる神に仕え、存在していると言うとき、それは人間の創造以前から父なる神と御子と共に存在していたことにほかならない。[8] その聖霊は、人間の創造において、父なる神から「私たちのかたち（似像）に、また類似性に人を造ろう」と語られ、人間の創造に関与し、また臨在していることが示されている。[9]

2　旧約の時代における聖霊の臨在

それでは、人間の創造において「神の両手」の片方として臨在していた聖霊は、旧約の時代においてはどのように臨在していたのであろうか。ここで『異端反駁』第5巻5章1節と第5巻28章4節に注目したい。

からだは神の善い御心《み》を持っている限りは、長寿を維持し続けたのであって、聖書読むなら、私たちの前に存在した者たちが、七百歳、八百歳、九百歳を越えた年齢であるのが分かるであろう。そして、彼らのからだは齢を重ね、神がそれらを生かそうと欲する限りは、生命に与ったのである。しかし、なぜ、それらの者たちについて話すか〔と言えば〕、実にエノクは神の御心に適ったので、からだのまま移されたが、義人たちが移されることを予め示していたのであり、エリヤもまた形造られた実体のまま引き上げられたが、霊的な者たちの上昇を預言していたのである。また、からだは彼らの上昇と移行において、彼らを妨げていない。なぜなら、初めに彼らを形造ったあの同じ両手によって、彼らは上昇と移行を受け取ったからである。神の両手は、アダムにおいて自らの形成物を整え、治め、担い、そして自分の望むところに運び、据えることに慣れ親しんでいたのである。(10)

また『異端反駁』第5巻28章4節には、次のように記されている。

初めに、人間は、神の両手、すなわち、御子と聖霊によって造られ、すべての時において神のかたちと類似性に従って造られた。(11)（傍線筆者）

『異端反駁』第5巻5章1節では、アダムを創造したときに、父なる神の側に臨在していた「神の両手」について再び言及されている。エイレナイオスによれば、旧約の時代のエノクやエリヤも、この「神の両手」によって

「上昇と移行」を受け取ったと解釈されている。さらに『異端反駁』第5巻28章4節には、人間の創造のときも旧約の時代においても人間に臨在し続けている「神の両手」である御子と聖霊は、人間が創造されたときから、完成に至るまで決して去ることがないことが記されている。

このように創造と旧約の時代において、聖霊は「神の両手」の片方として不断に人間を見守り、臨在していたと結論づけることができる。次節において、御子の受肉における聖霊の臨在を確認したい。

3　御子の受肉における聖霊の臨在――「御子の受肉」の意味と「聖霊の人間への臨在」の関連性――

ここでは「御子の受肉」がどのように「人間への聖霊の臨在」に影響を与えたかを明らかにする。そこで『異端反駁』第4巻38章1節に目を留めたい。

そして、このゆえに、父の完全なパンである彼は、まるで幼子に対するように、ご自身を私たちに乳として与えた。すなわち、その人間としての来臨であるが、彼の肉という、言わば乳房によって養育され、そして、このような授乳を通して、神の御言葉を食べ、また飲むことに慣れて、また、このようにして不滅性のパン、すなわち、父の聖霊を自分自身のうちに保つことができる〔ようになる〕ためである。[12]

エイレナイオスによれば、「人間はあたかも幼児のような状態として創造された」と語られる。[13] そのような状態として造られた人間は、自らの弱さのために、初めから聖霊を自らの内に保つことができなかった。[14] そればかりでなく、その「幼児性」のゆえに、容易に蛇に唆され騙されてしまったのである。[15] そのため、人間は御子が受肉し「肉を取り、人となった御言葉」である御子を「見ること」によって、自らが「神のかたち」に従って造られた存在であることを思い出す必要があるが『異端反駁』第5巻16章2節を読むことで、この点がより明確になる。

かつて、確かに人間は神のかたちに従って造られたものと言われていたが、示されてはいなかった。つまり、人間がそのかたちに従って造られた御言葉は、まだ不可視であった。このために、類似性を容易に喪失した。しかし、神の御言葉が肉となったとき、〔二つの〕いずれも確かなものにした。すなわち、彼のかたちであったものになることで、真のかたちを明らかにし、また人間を目に見える御言葉によって、目に見えない父に似たものとすることで、類似性をも強固にもと通りにしたのである。[16]

先ほど引用した『異端反駁』第4巻38章1節の箇所と、『異端反駁』第5巻16章2節の箇所を合わせ読むことによって、「御子の受肉」と「聖霊の人間への臨在」の関連性を理解することができる。すなわち、（1）人間は幼児の状態として創造されたので、聖霊を受け取るよりも先に、まず御子を知る必要があった。（2）蛇によって唆され堕罪した人間は、御子を「見ること」によって、自らが「神のかたち」として創造されたことを思い出す必要があった。

このように人間は「御子の受肉」、すなわち、御子を実際に「見ること」を通して、聖霊を受けることができるように整えられるのである。これら二つの点に加えて、人間が聖霊を受けることができるようになるために、もう一つ重大なことが残されている。それが御子の洗礼時に、聖霊が御子にも降ったことである。[17] この点を次節において取り扱うことにしたい。

4　御子の受肉における聖霊の臨在——御子の洗礼における聖霊の臨在——

なぜ、御子が洗礼を受けたか[18]についての考察に進む前に『異端反駁』第3巻20章2節にある一文に目を止めることから始めたい。

神の決定に従い、人間が神を捉えるのに慣れさせ、神を人間の内に住むことに慣れさせるため、人間の内に住んで人の子となった、神の御言葉である。[19]

この箇所にある「人間の内に住んで」というのは、ヨハネの福音書1章14節に記されている「言は肉となって、わたしたちの間に宿られた」という聖書からの引用であろう。さらに「人の子となった、神の御言葉」と記され「御子の受肉」について語られる。この箇所から、御子が受肉し、人間の内に住んだ目的は、「人間が神を捉えるのに慣れさせるため」と「神を人間のうちに住むことに慣れさせるため」であったことが分かる。つまり、受肉の出来事自体が、人間と神の相互が「慣れる」ためであった。

これを踏まえて、御子の洗礼における聖霊の臨在について記したい。興味深いことは、聖霊の臨在は、単に御子にのみ必要なことではなく、聖霊の側にも、御子に臨在しなければならない理由があることである。エイレナイオスは『異端反駁』第3巻17章1節で次のように語っている。[20]

彼らは真にそうであったことを語った。すなわちイザヤが「彼の上に留まって休む」と言ったあの神の霊が、鳩のように彼に降った。それは私たちがすでに述べた通りである。また「主の霊が私の上にある。私に注油するためである」〔と言っている。〕その霊は主が「語るのはあなたがたではなく、あなたがたのうちで語る、あなたたちの父の霊である」と言ったのである。また神のうちに再び生まれ変わらせる権限を弟子たちに与えたとき、「あなたたちは行って、すべての民族を弟子にしなさい。父と子と聖霊の名によって洗礼を授けなさい」と彼らに言った。しもべとはしためとに預言させるため、終わりの時に彼らの上にこの〔霊〕を注ぐであろうと、預言者を通して約束したのである。そこで〔聖霊〕は、人の子となった神の子にも降った。それは彼とともに、人類のうちに住み、人々のうちに休み、神の形成物のうちに住むということに慣れさせるためであった。そのなかで父の意志を行い、そして彼らを古さからキリストの新しさへと新たにするのである。[21]（傍線筆者）

この箇所で、エイレナイオスは、聖霊が「神の形成物」のうちに住むと表現している。その目的は、「肉体」を持つ人間のうちに住むことに慣れるためである。なぜなら、[22]聖霊は、人間の「肉と魂」と区別される存在だからである。

ここから前節で述べたことと合わせて、二つのことを確認することができる。一つ目は「あたかも幼児の状態」として造られた人間は、自らの弱さのために最初から聖霊を受けることができず、受肉した御子を「見ること」によって、聖霊を受ける可能性が開かれたことである。二つ目は、人間を構成する「肉体と魂」から区別される聖霊は「形成物」である人間の肉体に臨在することに慣れる必要があったことである。聖霊は、御言葉である「御子」が受肉し、ヨルダン川で洗礼を受けたときに降る。また聖霊も、人間の肉体の内に臨在するために、言わば「準備」をしたということである。

さらにエイレナイオスは「聖霊の人間への臨在」も、人が「洗礼」を受けた時に聖霊が与えられると考えている。『異端反駁』第5巻11章2節には、次のように記されている。

それでは私たちはいつ天に属しているかたちを取ったのであろうか。あなたたちが主の名を信じ、その霊を受けて、洗われたときと言えよう(23)。

以上のように、御子が「受肉」し、ヨルダン川において聖霊を受けたことにより、「御子の受肉」以後の人間も洗礼時において聖霊を受ける道が開かれたと考えることができる。言い換えれば、聖霊は受肉した御子のうちに住むことに慣れたことにより、その後、洗礼を受けた人間に内在することができるのである。

これらのことから「御子の受肉」は、「聖霊の人間への臨在」において「転換の契機」となったと言うことができる。

5　御子の受肉における聖霊の臨在

――『異端反駁』第4巻33章15節に見る「転換の契機」としての「終わりの時」――

エイレナイオスにおける「聖霊の人間への臨在」を考察するにあたり、決して見落としてはならない箇所として、『異端反駁』第4巻33章15節をあげることができる。

常に同じ神を知っており、今、私たちに現れたのだとしても、常に同じ神の御言葉が〔いたこと〕を識っており、終わりの時に、新たに私たちに注がれたとしても、常に同じ神の聖霊〔がおり〕、世の創造から終わりに至るまで、同じ人類がいることを識っているからである。(24)（傍線筆者）

これとよく似た記述を、『証明』第6章に見出すことができる。(25)

そして、次に述べることが、建物の土台であり、また生命の道を確立するものであるわれわれの信仰の素描である。父である神、創られず、把握されえず、不可視の方であり、すべてのものの創造者であるひとりの神、これがわれわれの信仰の、第一にして最も大切な箇条である。第二の箇条は、神の御言葉、神の子、われわれの主キリスト・イエスである。この方は預言の〔全体〕計画に従い、また父が配置したやり方によって、預言者たちによりあらかじめ示された。そしてこの方を通してありとあらゆるものが造られたのであった。この方はまた「時の終わりにあたって(26)」すべてのものを再統合するため、人々のなかで人間、つまり見えるもの、手で触れることのできるものとなった。それは死を滅ぼして生命を目に見えるかたちで顕し、神と人との交わりをもたらすためであった。第三の箇条は聖霊である。預言者が預言し、族長たちが神について教えられ、義人たちは義の小径に導かれたが、それらのことはみなこの聖霊を仲介としてなされたのであった。また、この聖霊は、人を神に向けて新たにしようとして、「時の終わりにあたり」新しいやり方で全地上に拡がる人類の上

に注がれている。[27]（傍線筆者）

『異端反駁』第4巻33章15節において、特に注目したいのは傍線を引いた「終わりの時に、新たに私たちに注がれたとしても、常に同じ神の聖霊〔がおり〕」という部分である。また『証明』第6章にも「時の終わりにあたって」また「時の終わりにあたり」との表現がある。このことから、可能性として「終わりの時」と呼ばれている時期を境に、聖霊が「新たに」人間に注がれるようになったと考えることができる。

それでは、エイレナイオスの指す「終わりの時」とは、具体的にいつの時であろうか。エイレナイオスは『異端反駁』の多くの箇所で、「終わりの時」を「御子の受肉」との関連で用いている。[28]このことから、聖霊の臨在は、「御子の受肉」の以前と以後において、臨在の仕方に違いがあると考えることができる。『異端反駁』第4巻33章15節でも『証明』第6章でも、「聖霊の新しい注ぎ」について言及されている。

この「聖霊の新しい注ぎ」がどのようなものであるかを知るために、『証明』第8章の中の短い記述に注目したい。そこには、次のように記されている。

「時の終わりにあたって」神は養子にする契約を開いて下さっているからである。[29]

この箇所から「終わりの時」以降の「新たな聖霊の注ぎ」として、「養子とする」ことが加えられたと理解できる。[30]この「養子とする」ことについて言及している二つの箇所『異端反駁』第3巻6章1節と『異端反駁』第3巻19章1節を取り上げたい。まず『異端反駁』第3巻6章1節には、次のように記されている。

また、神は神々の集いに立ち、その真中で神々への裁きを行う。ここで父と子と、そして養子とされた者たちについて言っている。これは教会であり、神の集いであって、これは神、すなわち、御子が自ら自分自身で集めたのである。[31]（中略）神々とはどんなものか？「私は言った。あなたたちは神々であり、また、皆、崇高なものの子らである。」〔すなわち〕養子にする恵み[32]を受けた人々に言っている〔のであって〕これによって私たちは「アバ、父よ」と呼ぶのである。[33]

次に『異端反駁』第3巻19章1節に目を向けたい。

御言葉は、その恵みの賜物のことを語った際、この人々に向かって言った。「私は言った。あなたたちは皆、神々であり、至高の者の子らである」と。養子とする賜物を受け入れず、神の御言葉の汚れのない出生という受肉を侮辱し、人間から神に向かっていくことを騙し取り、自分たちのために肉となった神の御言葉に感謝をしない態度を取る。このため、神の御言葉が人間となった。すなわち、神の子が、人の子となったのである。〔それは人間が〕神の御言葉と結合され、養子とされることを受けて、神の子となるためであった。私たちは、不滅性と不死性とひとつに結ばれるのでなければ、他の方法で不滅性と不死性を得ることはできなかったからである。[34]

これまでをまとめると、次のように述べることができる。すなわち、「終わりの時」と表現される「御子の受肉」

を境に「聖霊の人間への臨在」の仕方は大きく変化した。人間の創造と旧約の時代においては、聖霊は「神の両手」の片方として、人間の創造に関与し、また、旧約の時代を通しても、「神の両手」は創造された人間を不断に見守り「養って」いた。この「神の両手」としての聖霊の臨在は、『異端反駁』第5巻28章4節に記されていたように、人間から離れることはない。

ここで思い出す必要があるのは「神の両手」のもう片方は「御言葉」である「御子」ということである。人間の創造にあっても、また旧約の時代にあっても、「神の両手」としての「御子」と「聖霊」は、絶えず共に働いていた。片方の手としての「御言葉」である「御子」が受肉したことで、もう片方の手としての聖霊も、やはり「形成物」である「肉体」のうちに臨在するのである。つまり御子が肉体を取り、その肉体に聖霊が「内在」という仕方で、臨在するようになる。このように「御子の受肉」を境に、聖霊の臨在の仕方は、人間のうちに内在するという方法を取るようになる。(35)

6　教会の時代における聖霊の臨在

教会の時代における「聖霊の臨在」を論ずるのにあたり、まずエイレナイオスの教会の定義を確認する必要がある。そのために、ここで再び『異端反駁』第3巻6章1節に目を向ける。

また、神は神々の集いに立ち、その真中で神々への裁きを行う。ここで父と子と、そして養子とされた者たちについて言っている。これは教会であり、神の集いであって、これは神、すなわち、御子が自ら自分自身で集めたのである。[36]（中略）神々とはどんなものか？「私は言った。あなたたちは神々であり、また、皆、崇高なものの子らである。」〔すなわち〕養子にする恵みを受けた人々に言っている〔のであって〕これによって私たちは「アバ、父よ」と呼ぶのである。[37]（傍線筆者）

この箇所で注目すべきは、傍線を引いた「ここで父と子と、そして養子とされた者たちについて言っている。これは教会であり、神の集いであって、これは神、すなわち、御子が自ら自分自身で集めたのである」という部分である。

先述したように、御子が「受肉」し、ヨルダン川で聖霊が降ったことにより、人間も洗礼時に聖霊を受け「神の養子」となる。その結果、父なる神を「アバ、父よ」と呼ぶことができるに至る。[38]エイレナイオスは、「聖霊を自らのうちに与えられ『神の養子』とされた者たちの集い」が「教会」であるとしている。『異端反駁』第5巻8章1節を見ると、「アバ、父よ」と呼ぶことができる者たちは、すでに聖霊の一部を「保証」として受け取っている者たちであることが語られている。

今、私たちは完成と不滅性のために神の聖霊の部分を受け取っている。私たちは次第に神を捉え、担うことに慣れ親しんでいくのである。そして使徒は、これを保証と言っている。すなわち、神が私たちに約束された自身の栄誉の部分である。彼はエフェソへの手紙で言っている。「彼において、また、あなたがたも、真理の言葉、あなたの救いの福音、また信じて約束された聖霊で証印をされたのであり、これは私たちが相続する保証である。従って、もしこの保証が、私たちのうちに宿っているのであれば、既に、霊的なものであり、また死すべきものは、不死性によって呑み込まれているのである。――なぜなら、もしあなたたちのうちに神の霊が宿っているのであれば、あなたたちは肉にいるのではなく、霊のうちにいるのである。――と言っている。しかし、このことは肉を捨てることによるのではなく、霊と一致することでなされる。――つまり、肉を持たない者たちに書いたのではなく、神の霊を受け取った者たちにであり、この〔霊〕によって、「アバ、父よ」と呼ぶのである。――従って、もし今、保証を持っている私たちが、「アバ、父よ」と呼ぶのであれば、私たちがよみがえり、顔と顔を合わせて父を見るであろう時には、〔また〕すべての者たちが絶え間なく勝利の賛美を捧げ、死から彼らを起こし、永遠の生命を与えるであろう者はどれ程、神を讃えるであろうか？　もし、人を自らのうちに包んでいる保証が、すでに「アバ、父よ」と言わせているとすれば、神から人々に与えられるであろう霊の完全な恵みは何をなすであろうか？〔それは〕私たちを神に似たものとし、父の意志を完成するであろう。なぜなら、人間を神のかたちと類似性に従って造るであろうから。(39)（傍線筆者）

この箇所には、傍線を引いた部分である「神の霊を受け取った者たちにであり、この〔霊〕によって、『アバ、父よ』と呼ぶ」と「保証が、すでに『アバ、父よ』と言わせている」とあり、たとえ一部であったとしても、聖霊の「保証」を受けている者でなければ父なる神を「アバ、父よ」と呼ぶことができないことが理解できる。教会の時代における「人間への聖霊の臨在」は、人間へ「内在」する仕方で起こる。そうであるならば、聖霊を内在させることができるのは、「信者のみ」ということになる。この点について次節で、他の引用箇所と合わせてさらに確認をしたい。

7 教会の時代における「聖霊の人間への臨在」は「信者のみ」であるか

教会の時代における聖霊の人間への臨在は、信者に限られるのであろうか。『異端反駁』第3巻24章1節には、次のように記されている。

そして〔教会〕のなかには、キリストの交わりが、すなわち、不死性の保証[40]、私たちの信仰の確証、神への上昇のはしごである聖霊が委託されている[41]。神は使徒と預言者と教師たち、その他あらゆる働きを教会に置いたと言っている。教会に集わない者たちは、皆、〔聖霊に〕与るものではなく、悪い説と最悪の業によって自らを欺き、生命から〔遠ざけている〕のである。教会のあるところに、神の聖霊もあり、神の聖霊のあるところには、教会とすべての恵みがある。そして聖霊は真理である[42]。

加えて『異端反駁』第3巻24章1節のラテン語翻訳の誤訳について、ペトロ・ネメシェギの重要な指摘を紹介したい。

周知のように、エイレナイオスの『異端反駁論』のギリシア語原文の大部分は紛失し、古代に作られたラテン語訳しか保存されていないが、この書のすぐれた校訂版を最近出したルッソーの研究によって、右に引用したテキストにおいて、古代ラテン語訳の一つの重大な誤訳が訂正された。テキストの第二段落の初めに、ラテン語訳は、Hoc enim ecclesiae creditum est Dei munus と書いて、hoc という指示代名詞を munus という名詞を飾る語としてとり、「神のこのたまもの〔すなわち、信仰〕は教会に委ねられた」という意味に理解した。ギリシア語原文において、munus にあたる語は δωρεά という女性名詞であったと思われる。したがって、hoc にあたる指示代名詞も、女性語尾の αὐτη であったに違いないのである。ところで、前後関係からすると、この αὐτη は、ラテン語訳者が思ったとおりの主格 αὕτη ではなく、ἐκκλησίᾳ（教会）という語を飾る与格 αὐτῇ であると言わざるをえない。そして δωρεά（たまもの）という言葉は、聖書の言葉遣いどおり（ヨハネ4・10、使徒2・38）、聖霊を意味しているのである。したがって、この個所の正しい訳は、「教会にこそ、神のたまもの〔すなわち、聖霊〕が与えられた。ちょうど〔神によって〕形づくられた〔人祖の体に〕息が与えられたように」である。[43]

この指摘に従えば『異端反駁』第3巻24章1節でエイレナイオスが主張していることは、「教会にこそ、神のたまもの〔すなわち、聖霊〕が与えられた。ちょうど〔神によって〕形づくられた〔人祖の体に〕息が与えられたように」という内容となる。それゆえ「聖霊が全人類に」ではなく、あくまでも「信者たちが集う教会」に与えられたと理解できる。[44]

次いで『異端反駁』第3巻6章4節に記されているエイレナイオスの祈りに注目したい。

それゆえ、私もあなたの御名を呼びます。アブラハムの神、イサクの神、ヤコブとイスラエルの神よ、あなたは私たちの主イエス・キリストの父です。神よ、あなたはその豊かな憐れみによって、私たちがあなたを知るようにと、私たちに好意を寄せてくださいました。あなたは天と地を造り、万物を支配する方、唯一のまことの神であって、その上に他の神はありません。私たちの主イエス・キリストによって聖霊の賜物を与え、この書物を読むすべての者が、あなたが唯一の神であることを知り、あなたのうちに強められ、すべての異端的で、無神的で不敬虔な教えから遠ざかるようにしてください。[45]（傍線筆者）

この祈りにおいて、エイレナイオスは、グノーシス主義とマルキオン主義に反対する立場から、唯一の創造者である神を主張している。[46] エイレナイオスの聖霊理解において、この『異端反駁』第3巻6章4節を取り上げることの理由は、本文の一箇所の言葉にいくつかの写本の相違があるためである。その部分とは、傍線を引いた「私たちの主イエス・キリストによって聖霊の賜物を与え」である。ここで「賜物」と訳された言葉は、donationemであるが、違う写本では「支配を」を意味するdominationemが用いられている。確かに、エイレナイオスがどちらの言葉を用いたかという点は、重要であることに変わりはない。しかし、諸写本上の相違点である「賜物」(donationem)であっても、「支配を」(dominationem)であっても、エイレナイオスが述べようとしたことの意味に違いは生じない。エイレナイオスは『異端反駁』第3巻6章4節において「私たちの主イエス・キリストによって聖霊の賜物を与え、この書物を読むすべての者が、あなたが唯一の神であることを知り」と記した。つまり、この箇所におけるエイレナイオスの主張は、聖霊の「賜物」(donationem)であっても、「支配を」(dominationem)であっても、聖霊の働きを受けた者が、「唯一の神」であることを「知ること」に至るということである。換言すれば、聖霊の働きを受けなければ、「唯一の神」を「知ること」ができないため、「唯一の神」を知っている者は、聖霊の働きを受けた「信者」であると言える。

さらに『異端反駁』第5章18章2節を見ても、「信者のみ」が聖霊を受けることを理解することができる。

万物の上にあり、万物を通して、また万物のうちにある唯一の父なる神が指し示している。すなわち、御父は万物の上にあり、彼はキリストのかしらである。また万物を通して御言葉があり、これは教会のかしらである。[47]けれども、私たちすべてのうちには霊があり、それは生かす水である。これを主は、彼を正しく信じる者、彼を愛する者、また御父は唯一であり、万物の上にあり、また、私たちすべての者のうちにあることを知る者に与える。[48]

この箇所の最後にあるように、聖霊は、イエス・キリストを「正しく信じる者、彼を愛する者」に、また「御父は唯一であり、万物の上にあり、また、私たちすべての者のうちにあることを知る者」に与えられるのである。これまで、教会の時代における「聖霊の人間への臨在」を見てきたが、『異端反駁』第3巻6章1節、『異端反駁』第3巻6章4節、『異端反駁』第3巻24章1節、『異端反駁』第5章18章2節の四箇所から考えても、教会の時代における「聖霊の人間への臨在」は、「神を信じること」によって、「神の養子」とされた「信者のみ」に内在という新しい仕方で臨在すると結論づけることができる。

8　まとめ

この章では、エイレナイオスの「救済史」に基づき、四つの時代区分を用いて、各時代における「聖霊の人間への臨在」を『異端反駁』と『証明』からの引用し確認した。人間の創造において、聖霊は「神の両手」の片方として、御子と共に人間の創造に関与し臨在していた。また、旧約の時代においても「神の両手」である御子と聖霊は人間のもとから離れず臨在し、人間を見守っていた。ここから、創造と旧約の時代における「聖霊の人間への臨在」は、人間の側に「神の両手」として存在していたと考えることができる。この臨在の仕方が「終わりの時」とも表現される「御子の受肉」の時代に大きく変化した。[49]まず「幼児のような状態」として造られた人間は、自らの弱さのために、初めから聖霊を受けることができなかった。また、その「幼児性」のゆえに容易に蛇に唆された。その人間が「受肉」した御子を「見ること」によって自らが「神のかたち」として造られていたことを思い出す。このことにより、人間に聖霊を受ける可能性が開かれた。それに加えて、御子がヨルダン川で洗礼を受け、聖霊が降ったことにより、聖霊は「形成物」のうちに宿ることに慣れた。「御子の受肉」と「御子の洗礼」以後の人間も洗礼時に聖霊を受け、「神の養子」となり、父なる神を「アバ、父よ」と呼ぶことができるに至る「聖霊の新しい注ぎ」を受け、聖霊を自らのうちに宿らせるに至った。

この「神の養子」とされるのは、イエス・キリストを「正しく信じる者、彼を愛する者」、また「御父は唯一であり、万物の上にあり、また、私たちすべての者のうちにあることを知る者」である。つまり、教会の時代においては、聖霊は「信者のみ」に与えられることになる。

以上のことを念頭に置きつつ、先行研究における「聖霊は信者にのみ臨在する」と「聖霊は全人類に臨在する」という二つの立場を考えると、次のように結論づけることができる。聖霊は、人間創造から旧約の時代にかけては「全人類」の側に「神の両手」として臨在していた。それが「終わりの時」である「御子の受肉」に至って、「神の両手」の片方である御子が「肉」を取り、もう片方である聖霊もまた「形成物」のうちに「内在」するという仕方で、人間に臨在するようになり、続く教会の時代において、その御子を通して示された神を[50]「信じる者」つまり「信者」のうちに「宿る」ことになった。換言すれば、「神の両手」の片方である御子は「受肉」し、人間となったけれども、もう片方の手である聖霊は、御子と共におらず、「人間の外」で働いているということではない。

以上のことから、エイレナイオスが示す「聖霊の人間への臨在」は、人間の創造から旧約の時代にかけては「全人類に」であり、「御子の受肉」以後から教会の時代においては「信者のみ」ということが示されているのである。そして、教会の時代における聖霊の臨在は、むしろ「聖霊の人間への内在」と表現することの方が適切であろう。

《注》

（1）序論を参照のこと。

（2）Denis Minns, *Irenaeus an Introduction*, 69-95. を参照。また鳥巣義文は「エイレナイオスにとって『救済史』とは、包括的に創造から終末までの全救済史（universa dispositio Dei）のことを意味しており、その全過程をとおして『神の両手』である『子』と『霊』が救いの営みを実行しているのである。」と記している。鳥巣義文『エイレナイオスの救済史神学』、129頁。また次のようにも説明している。「連続的に展開する救済史全体を通して人類の救いのために働かれる神は、エイレナイオスにとって、歴史を通して明らかにされる父と子と聖霊の神であって、彼の神理解はいわゆる『救済史的三位一体論』として説明される神理解に属する。例えば『父がよしと見て命じ、子が奉仕して形造り、霊が養い育てる』と説明するエイレナイオスは、そこに、父と子と聖霊の神の各々の救いの営みの特徴を見ている。そして、彼は三位一体の神の内、御子と聖霊の両者を『神の両手』manus Dei と呼んでおり、この両者においても、また堕罪以降の人類の救いの歴史を通しても、共に働いていると理解している。」鳥巣義文『エイレナイオスの救済史神学』、158―159頁。

（3）エイレナイオスの救済史に関して、O・クルマンは次のように述べている。「第二世紀の神学者のうちで、グノーシス思想を攻撃した烈しさにおいて、救済史的な時間の線を創造から終末の新しき創造まで、ゆるぎない一貫性をもって徹底させた、かのエイレナイオスに及ぶものは、誰もいなかったということも偶然ではない。十九世紀の『救済史』学派の神学者たち、ベック（Joh. Tobias Beck）、ホーフマン（Joh. Chr. K. von Hofmann）、アウバーレン（Carl Aug. Auberlen）、マルティン・ケーラー

(Martin Kähler) にいたるまで、エイレナイオスのごとく明確にこの事を認識した神學者は、殆んど一人もいなかった。即ちキリスト教の宣教は救済史とその存否をともにするものであり、イエス・キリストの歴史的な救濟の業が、旧約よりキリストの再臨にいたる時間の線の中心をなすという認識である。」O・クルマン『キリストと時』前田護郎訳、(岩波現代叢書、1954年)、41頁。ここでO・クルマンは、エイレナイオスにおける救済史の時間の流れを「創造から終末の新しき創造」と記している。鳥巣義文は救済史を「旧約の時代」、「受肉の時」、「教会の時代」、「至福千年」の四段階としている。鳥巣義文『エイレナイオスの救済史神学』、201頁。またピエール・エヴィエーは研究論文においてエイレナイオスの救済史を四段階に区分している。すなわち「創造から受肉まで」「受肉」「キリスト教の時代」「神の直視とキリストの王国」である。Pierre Évieux, Théologie de l'accoutumance chez saint Irénée, in RSR 55(1967) 5-54.

また大貫隆は次のように記している。「さて、エイレナイオスに話を戻せば、彼も救済史（啓示史）を少なくとも四つの時期へ区分している。旧約聖書の族長と預言者たちの時代、受肉した方の時、使徒たちの時代、そして最後に教会の時である。そのいずれの時代（時）も固有の特質と機能を持っている。旧約の族長と預言者は「予告」し、受肉した神のことばが「啓示」と「成就」をもたらし、使徒たちは「伝承」し、最後に教会が「受け取り」、「信じて」、「述べ伝える」のである。」大貫隆『ロゴスとソフィア』、254頁。エイレナイオスは『異端反駁』第2巻30章9節で「アブラハムの神、イサクの神、ヤコブの神、生きている者の神。この神は、律法が告知し、預言者たちが布告し、キリストが啓示し、使徒たちが伝え、教会が私たちの主イエス・キリストの父と信じた〔神である〕。」と記している。

また『証明』第98章には、次のように記されている。「愛する者よ、以上が真理の宣教内容であり、われわれの救いのあり方であり、生命の道である。それは預言者たちが告げ、キリストが承認し、使徒たちが保管し、全世界の教会がその子らに伝えてきたものである。」エイレナイオス『証明』、265頁。その他、『異端反駁』第5巻序を参照。このようにエイレナイオスにおける救済史の区分は研究者によって異なっており、必ずしも一つの区分が定められているわけではない。そこで、筆者はエイレナイオスにおける救済史の区分を、先行研究を踏まえ、「創造」、「旧約の時代」、「御子の受肉」、「教会の時代」の四段階としたい。

（4）AH4. praef. 4.

（5）AH. 4. 20. 1.

（6）AH5. 28. 4：また『異端反駁』第4巻33章1節には「このような弟子は真に霊的であって、初めから神のあらゆる〔救いの〕営みのうちに人々とともにいて、将来のことを予め告げ知らせ、現在のことを見せ、過去のことを語る神の霊を受けているため、「すべての人々を裁き、自らは裁かれない。」と記されている。Terrance L. Tiessen, *Irenaeus on the Salvation of the Unevangelized*, 177.

（7）『異端反駁』第3巻8章3節には「彼〔神〕は造られざるものであり、初めがなく、終わりもないものである。欠けるところがなく、自己充足的であり、更に、他のすべてのものに存在するということを与えている。」と記されている。また『異端反駁』第4巻11章2節には「そして神は人間と異なっている。というのは、神は造り、人間は生じるのである。また造る方は常に同じであるが、生じるものは、初めと真中と増加を受けなければならない。また神は善いことを行い、そして人間は善いことをなされる。また神はすべてにおいて完全な方、自分自らと等しく、また同様であり、全体として光であり、また全体として知性、全体として本性であり、すべての善いものの泉であるが、人間は神に向かって進歩と増加を受ける。」と記されており、いずれの箇所も創造における父なる神の優位性を示している。また鳥巣義文は「実は、父なる神の両手を御子と聖霊とに同一視することによって、エイレナイオスは創造における御子の存在、いわゆる『御子の先在』を裏づけると同時に、『聖霊の臨在』も語っている。こうして、彼は神の創造のわざが、いわば『三位一体の位格的交わり』の内に遂行されたものであることを指摘していると言える。」と記している。鳥巣義文『エイレナイオスの救済史神学』、21頁。

（8）Terrance L. Tiessen, *Irenaeus on the Salvation of the Unevangelized* (The Scarecrow Press, 1993), 175. その他として聖霊が人間の創造以前から存在することを示す箇所として、『異端反駁』第4巻20章3節を挙げる。「さて、御言葉、すなわち、御子が常に父と共にいたということは、多くの箇所で指摘した。知恵、すなわち、聖霊も全てが形造られるよりも前に共にいたことは、ソロモンを通して言っている。」しかし、『異端反駁』第4巻20章3節の続く箇所では箴言8章22節の「主は彼の御業において、自分の道の初めに私を造った」(Dominus creavit me principium viarum suarum in opera) という言葉を引用している。ここで考えなければならないのは、エイレナイオスが「主は私を造った」(Dominus creavit me) という言葉をどのように捉えているかである。これに対して、一つ前の箇所である『異端反駁』第4巻20章2節には、「屠られ、自分の血で、私たちを贖った子羊以外には、すべてのものを御言葉によって造り、知恵によって秩序づけた神から『御言葉が肉となった』時に、すべてのものに対する力を受けて」という文がある。このように『異端反駁』第4巻20章2節と3節だけを読むと「エイレナイオスは御子だけが神に造られざる存在として考えており、聖霊については神によって造られた被造物であると考えていた」と捉えられかねない。しかしエイレナイオスは、そのような理解を持っていたのではない。Anthony Briggman, Irenaeus of Lyons and the Theology of the Holy Spirit, 130. 聖霊は創造以前から父なる神と御子と共に存在し、また父なる神と人格的な交わりのうちに臨在している。すなわち、三位一体の神として、父なる神と御子と共に永遠から存在し、また臨在しているのである。エイレナイオスは三位一体の神の働きを区別している。"Irenaeus distinguishes the modes of working of the three Persons—the Spirit operates (operante), the Son administers (administrante), and the Father approves (comprobante)—"Terrance L. Tiessen, Irenaeus on the Salvation of the Unevangelized, 175.

（9）『証明』第12章には「人は子供であって、自らの可能性が十分実現された状態にまで至るよう成長する必要があった。」と記されており、また『異端反駁』第4巻38章3節には「御父が良いと見て命じ、御子が奉仕をして実際に形造り、聖霊が実際に育て豊かにする。人間は前進し、完全性に達する。すなわち、生まれざる方に近い者となる。というのも、生まれざる方が完全であり、それは神である。」と記されている。このように聖霊は、人間の成長のために、不断に人間を見守り続け、創造された人間を「育てる」役割をも担っていることが示されている。エイレナイオス『証明』、211頁。

（10）AH5. 5. 1.

（11）AH5. 28. 4. また『異端反駁』第4巻33章1節には「このような弟子は真に霊的であって、初めから神のあらゆる〔救いの〕営みのうちに人々とともにいて、将来のことを予め告げ知らせ、現在のことを見せ、過去のことを語る神の霊を受けているため、「すべての人々を裁き、自らは裁かれない。」と記されている。Terrance L. Tiessen, Irenaeus on the Salvation of the Unevangelized, 177.

（12）AH4. 38. 1.

（13）『異端反駁』第4巻38章1節には、神が人間を幼児の状態として創造したことの理由が、次のように記されている。「ちょうど母親が幼児に完全な食物を与えることができても、〔幼児は〕まだ堅い食物を受け取ることができず、同様に、神自身も初めから人に完全さを与えることはできたが、人がそれを受け取ることができなかったのである。つまり幼児であった〔からである〕」神は人間を初めから完全なものとしては造らなかったが、人間が完全さに至るために「自由な意志」を与えていた。またアダムとエバには成長と発展を通して完全な神のかたちに至る可能性が造られた状態で備えられていた。Christopher T. Bounds, Competing Doctrines of Perfection, 406. James G. M. Purves, "The Spirit and the Imago Dei : Reviewing the Anthropology of Irenaeus of Lyons," 106.

（14）『異端反駁』第4巻38章1節には、次のように記されている。「そして、このゆえにパウロはコリント人に『私はあなたたちに乳を飲ませて、食物は与えなかった。まだ食物を得ることができなかったからである。』と言っている。すなわち、あなたたちは、主が人間となって来たことを学んだが、あなたたちの弱さのために、父の聖霊はまだ、あなたたちの上に休息してはいない。」

（15）『証明』には次のように記されている。「しかし、人は小さな者であって、その識別能力はまだ未発達であり、そのため欺く者によって誤った道に導かれるのもたやすかった。」エイレナイオス『証明』、212頁。また大貫隆は次のように説明している。「彼は悪魔（蛇）に打ち負かされて神のいましめを破り、その結果、神との類似性（similitude）を喪失し、死によって捕らえられてしまった。エイレナイオスはこの破壊とその帰結を、最初の人間アダム独りだけではなく、人類全体に関係づける。ただし、彼はそれを、やがてアウグスティヌスが展開することになるような原罪論によってではなく、すべての個々の人間がすでに最初の人間アダムの内に現実的に内包され、総括されている、という一種神秘的な観念に基づいて行うのである。」大貫隆『ロゴスとソフィア』、199頁。これに対し、Ernst Klebba は、エイレナイオスにおいても原罪論を確認できるとの立場を取る。Ernst Klebba, *Die Anthropologie des hl. Irenaeus, eine dogmengeschichtliche Studie*, 80-81. 脚注142を参照。

（16）AH5. 16. 2.

（17）御子に聖霊が降ったことに関して、議論すべき二つの点をあげることができる。一つは、聖霊はイエスの人性にのみ降ったのか。それとも人性と神性の両方であるかという点。もう一つは、イエスに注油された霊とは、聖霊であるのか、それとも非位格的霊もしくは、神の力のようなものであるかという点である。Briggman は、聖霊はイエスの人性にのみ降り、その注油された霊は、聖霊であると主張している。Anthony Briggman, "The Holy Spirit as the Unction of Christ in Irenaeus," *Journal of*

Theological Studies 61, Pt 1 (2010): 173-175. また Houssiau も注油された霊は、イエスの人性にのみとの立場を取っている。A. Houssiau, *La Christologie de Saint Irénée*, Universitas Catholica Lovaniensis Dissertationes, 3. I; Louvain: Publications Universitaires; Gembloux: J. Duculot, 1955, 166-186. .

これに対して、Orbe は非位格的霊もしくは、神の力がイエスに注油されたと主張している。A. Orbe, La unción del Verbo (Estudios Valentinianos, 3; Analecta Gregoriana, 113; Roma: Libreria editrice dell' Università Gregoriana, 1961), 541.

（18）多くの研究者たちが、イエスがヨルダンで聖霊を受けたことの目的を、「キリスト論的宣教」が成就するためであったと説明している。この点については A. Houssiau, *La Christologie de Saint Irénée*, pp.176-177. Kilian McDonnell, *The Baptism of Jesus in the Jordan* : The Trinitarian and Cosmic Order of Salvation (Collegeville, MN : Liturgical Press), 1996, 119-120. を参照。

（19）AH3.20.2 : Verbum Dei quod habitauit in homine et Filius hominis factus est, ut adsuesceret hominem percipere Deum et adsuesceret Deum habitate in homine secundum placitum Patris.

（20）『異端反駁』第3巻9章3節には次のように記されている。「その上、マタイは洗礼において、天が開け、そして、神の霊がまるで鳩のように降り、彼の上に来るのを見た。また、見よ、天からの声があって言った。「あなたは私の愛する子、私の心にかなうもの。」キリストがイエスの中へと降って来たのでもなければ、キリストとイエスが別なのでもない。すべての〔者の〕救い主であり、天と地の主である神の御言葉、先に示したようにイエスである者が、肉を取り、また父から霊〔を〕注油されて『イエス・キリストとなった』のである。」エイレナイオスの理解によれば、受肉した御言葉であるイエスは、注油されることにより「キリスト」となったということになる。この点に関して、Houssiau は、「イエスが『イエス・キリスト』となったことは、単に御言葉が肉体となったことを意味していると述べている。A. Houssiau, La Christologie de Saint Irénée, p.185. また McDonnell は、ヨルダンでイエスに聖霊が降り、注油されたことで「キリスト」と呼ばれるようになったと述べている。Kilian McDonnell, The Baptism of Jesus in the Jordan, 118.

（21）AH3. 17. 1.

（22）『異端反駁』第5巻6章1節には「父の両手によって、すなわち、御子と聖霊によって、人は神の類似性に従って成るけれども、人の一部ではない。また、魂と聖霊は、人の一部になることができるが、決して人ではない。しかし、完全な人とは、父の霊を受け取る魂と、神のかたちに従って造られた肉体とが混合し、結合した〔人である〕。（中略）もし、誰かが形成物である肉の実体を取り除き、そして、自らを純粋に全く霊だけのものとして理解するとしても、もはや、そのようなものは霊的な人間ではなく、むしろ、人間の霊、あるいは、神の霊〔である〕。しかし、魂と混合した聖霊が形成物に一致するとき、聖霊の流出のゆえに、人間は霊的なもの、また、完全なものとなる。そして、これこそが神のかたちと類似性に従って造られたものである。」

（23）AH5. 11. 2. この「人間は洗礼時に聖霊を受ける」というのは、エイレナイオスに特有なものではなく、原始キリスト教においては一般的な考えであった。R・ブルトマン『新約聖書神学Ⅰ』川端純四郎訳（新教出版社、1963年）、50—51頁、175—176頁を参照。

（24）AH4. 33. 15. Anthony Briggman, p. 155.

（25）ベアーも『証明』第6章と『異端反駁』第4巻33章15節に類似した記述があることを指摘している。St Irenaeus of Lyons, On the Apostolic Preaching, trans. John Behr, 104. さらに『証明』第22章でも次のように記されている。「そして、『似像』とは神の子であり、人間は〔その神の子の〕似像に造られたのであった。そういうわけで、『終わりの時に』〔その神の子は〕似像〔である人間〕が彼自身に似ていることを見せるために『現れた』〔Ⅰペト1：20〕のであった。」エイレナイオス『証明』、217頁。

（26）『証明』における「時の終わり」の他の参照箇所、及び、参照聖句については St. Irenaeus. *Proof of the Apostolic Preaching*, ACW 16 tr. & nt. J.P. Smith, New York: Newman Press, 1952, 142 を参照。

（27）エイレナイオス『証明』、207—208頁。

（28）「御子の受肉」を「終わりの時」との関連で記している箇所として『異端反駁』第3巻5章3節、『異端反駁』第3巻11章5節、『異端反駁』第3巻17章1節、『異端反駁』第4巻7章2節、『異端反駁』第4巻20章4節、『異端反駁』第4巻24章1節、『異端反駁』第4巻38章1節、『異端反駁』第4巻41章4節、『異端反駁』第5巻15章4節、『異端反駁』第5巻17章1節、『異端反駁』第5巻18章3節を参照。

　また、この点で注意しなければならないのは、エイレナイオスにおける「終わりの時」とは、「御子の受肉」のときに限定されるものではなく、御子による「十字架での贖罪」までも含まれているという点である。『異端反駁』第4巻10章2節には、

「また、初めから彼らを創造し、造った御言葉が、終わりの時に、私たちを買い戻し、生かす方であること」と記されている。

(29) エイレナイオス『証明』、209頁。

(30) Carl Mosser, "The Earliest Patristic Interpretations of Psalm 82: Jewish Antecedents and the Origin of Christian Deification," *Journal of Theological Studies*, 56 (2005): 44.

(31) AH3. 6. 1.

(32)『異端反駁』第4巻1章1節では、「子とする霊を受けた人々」(qui adoptionis Spiritum accipiunt) と記されている。

(33) AH3. 6. 1.

(34) AH3. 19. 1.

(35) エイレナイオスは『異端反駁』第3巻17章1節で、御子が洗礼時に聖霊を受けることについて述べる中で「神の形成物のうちに住む」と記している。ラテン語翻訳では habitare in plasmate Dei とあり、habitare の原形は habito で、「住む、居住する、宿る」ことを意味している。Rousseau は A. Rousseau/L. Doutreleau, *Irénée de Lyon: Contre les hérésies, Livre III* (SChr 211) ,331. において、habito にあたるギリシア語を οἰκεῖν としている。原形は οἰκέω であり、やはり「住む、居住する、宿る」ことを意味している。また『異端反駁』第3巻20章2節にも、次のように記されている。「神の決定に従い、人間が神を捉えるのに慣れさせ、神を人間の内に住むことに慣れさせるため、人間の内に住んで人の子となった、神の御言葉である。」

また『異端反駁』第5巻8章1節では「従って、もしこの保証が、私たちのうちに宿っているのであれば、既に、霊的なものであり、また死すべきものは、不死性によって呑み込まれているのである。」と記されている。この箇所でも、habitans が用いられている。エイレナイオスは、御子が洗礼を受けた時に、聖霊を「宿らせたこと」(habito) したことを『異端反駁』第3巻17章1節で記し『異端反駁』第3巻20章2節においては、聖霊が人間のうちに住むことに慣れさせるという点が記され、『異端反駁』第5巻8章1節では、実際に、聖霊が「保証」として人間のうちに「宿る」ことを記している。これらの箇所から明らかなことは、御子が洗礼を受けた以降、人間は聖霊を「宿らせる」habito (οἰκέω) ことが可能となった。聖霊のこの臨在の仕方を、「臨在」と区別し、これを「内在」と表現したい。

(36) AH3. 6. 1.

（37）AH3. 6. 1.

（38）エイレナイオスは洗礼を「神へと生まれ変わらせる洗礼」として捉えている。そのことを表しているいくつかの箇所を挙げたい。まず『証明』第3章には、「信仰がわれわれに勧告してくれることは、何よりもまず、われわれが受けた洗礼を想い起こすことである。その洗礼を、われわれは父なる神の名によって、また肉〔なる人〕となり、死に、そして復活した、神の子イエス・キリストの名によって、そして神の聖霊において、罪の赦しのために受けたのであった。また信仰は次のことも想い起こすように勧告する。この洗礼が永遠の生命の封印であり、神の内への生まれ変わりであるということ、すなわちこれによってわれわれはもはや死すべき人間の子供ではなく、時間を超越し、永遠の方である神の子供になるのだということ。」と記されている。エイレナイオス『証明』、206頁。また『証明』第7章には「洗礼は、子を通して、聖霊の内に、父なる神への再生をわれわれにもたらすのである。」と記されている。『異端反駁』第3巻17章1節「それは彼とともに、人類のうちに住み、人々のうちに休み、神の形成物のうちに住むということに慣れさせるためであった。そのなかで父の意志を行い、そして彼らを古さからキリストの新しさへと新たにするのである。」と記されている。これらの箇所では、洗礼が「神の内への生まれ変わり」、「父なる神への再生」、「古さからキリストの新しさへと新たにする」と表現されている。エイレナイオス『証明』、208頁。

（39）AH5. 8. 1.

（40）エフェソ1章14節、第二コリント1章22節を参照。

（41）鳥巣義文は、これについて次のように記している。「教会にある『霊』は『不滅性の手付』、すなわち、『保証』と言われているばかりでなく、『神への上昇のはしご』とさえ言われている。これが『神化』を表現するものでなければ一体何であろうか。エイレナイオスにとって、『不滅性の保証』である『霊』は、実に教会の中で、人間を神へと導くものなのである。しかも、『キリストとの交わり』とも言われているように、『霊』はいつも『子』と共に働きながらそうするのである。」鳥巣義文『エイレナイオスの救済史神学』、109頁。

（42）AH3. 24. 1 : et in eo deposita est communicatio Christi, id est Spiritus sanctus, arrha incorruptelae et confirmatio fidei nostrae et scala ascensionis ad Deum. In Ecclesia enim, inquit, posuit Deus apostolos, prophetas, doctores, et uniuersam reliquam operationem Spiritus, cuius non sunt participes omnes qui non coucurrunt ad Ecclesiam, sed semetipsos fraudant a uita per sententiam malam et operationem pessimam. Vbi enim Ecclesia, ibi et Spiritus Dei ; et ubi Spiritus Dei, illic Ecclesia et omnis gratia : Spiritus autem Veritas.

（43）ペトロ・ネメシェギ「教父時代のプネウマトロギアの代表的一例としてのエイレナイオスの聖霊論」『日本の神学（24）』（1985年、128—137頁）、135頁。

（44）Terrance L. *Tiessen, Irenaeus on the Salvation of the Unevangelized*, 184.

（45）AH3.6.4 : Et ego igitur inuoco te, Domine Deus Abraham et Deus Isaac et Deus Iacob et Israel, qui es Pater Domini nostri Iesu Christi, Deus qui per multitudinem misericordiae tuae bene sensisti in nobis ut te cognoscamus, qui fecisti caelum et terram et dominaris omnium, qui es solus et uerus Deus super quem alius Deus non est ; per Dominum nostrum Iesum Christum donationem quoque donans Spiritus sancti, da omni legenti hanc scripturam cognoscere te quia solus Deus es et confirmari in te et absistere ab omni haeretica et quae est sine Deo et impia sentential.

（46）Anthony Briggman, *Irenaeus of Lyons and the Theology of the Holy Spirit*, 46.

（47）教会のかしらとして御子がおり、教会のうちに聖霊が臨在している。このことからも、やはり「神の両手」である御子と聖霊は切り離されて働くのではなく、共に存在し、働いていると考えることができる。

（48）AH5. 18. 2.

（49）鳥巣義文は「神の教育と人間の成長」について記している中で「聖霊の導き」について述べ、次のような説明を記している。「さて、『霊』による教育ないし導きについて手短かに述べるのは容易なことではないが、大雑把に言うならば、『霊』は『子』の受肉以前には預言的な仕方で将来の救いの営みや『子』について表し、受肉以後には未だ弱く不完全な人間に『子とする恵み』並びに『不滅性の保証』として働きかけ、最終的には人間を『神との類似性』によって完成させるのである。」鳥巣義文『エイレナイオスの救済史神学』、100頁。また「慣れ親しみ」について記している中には、次のような記述がある。「御子の受肉によるアナケファライオーシスは、人類を古い罪の束縛から解放して新たな救済史を開始したのであるが、聖霊の降臨も人類を救済史上の新たな救いと『慣れ親しみ』の段階へと前進させたのである。エイレナイオスは別の箇所で、神のみことばの受肉以降の人類は、旧約の時代の人々よりもより大きな賜物を受け取っていると述べているが、それは、実は聖霊の降臨に外ならない。」鳥巣義文『エイレナイオスの救済史神学』、229頁。このように「神の教育と人間の成長」の観点からも、また「慣れ親しみ」の観点からも、やはり「御子の受肉」以前と以後に大きな違いがあることが示されている。

(50)『異端反駁』第4巻20章9節には、次のように記されている。「私の顔を見て、そして生きる者は決していない。人間が神を見ることが不可能であることと、また、終わりの時に、人間が神の知恵を通して『岩の高いところで』すなわち、〔御言葉〕の人間としての来臨によって、神を見るようになることの両方を示している。」

第4章　聖霊の内在による信者の刷新

この章では、エイレナイオスの聖霊神学の一側面として「聖霊が内在した人間は[1]、それ以前の生き方から、どのように変えられていくか」という点を取り扱う。それは「なぜ神は人間に聖霊を内在させたか」との問いの答えともなる。この問いに答えていくために、聖霊の内在が人間の生き方にどのような刷新を与えるかについて、次の二つの点に的を絞り、順に言及していきたい。（1）聖霊の内在は、人間の内側から「助言」を与えること。（2）聖霊の内在は「父の意志」を行わせ、「一致の確立」と「結実の確立[2]」を与えることである。

1　人間の内側から「助言」を与える聖霊の内在

1―1　『証明』第9章における聖霊の在在における七つの方法

エイレナイオスは聖霊の内在をどのように考えていたのであろうか。『証明』第9章には、聖霊の内在に関する興味深い記述がある。

それゆえ、神の霊はその内在〔の仕方〕において多様であり、預言者イザヤによって、御言葉である神の子が人として来たときに、その上に憩った七つの賜物として数え上げている。イザヤが「神の霊が彼の上に憩うであろう。その霊は、知恵と理解の霊、思慮と勇気〔の霊、知識〕と神を敬う霊、神を畏れる霊が彼を満たすであろう」〔イザ11：2—3〕と言っているからである。[3]

この箇所で、まず重要なことは、イザヤ書11章2節と3節の引用のなかに「神の霊が彼の上に憩うであろう」と記されていることにある。なぜなら、この「彼」とはもちろんイエスを指しているが、エイレナイオスは、聖霊の内在をあくまでも受肉した御子との関係で取り扱っているからである。[4]「神の両手」である御子と聖霊は別々に働くのではなく、絶えず共にあり、共に人間に臨在し、さらに御子が受肉し地上に来た時には、聖霊はその御子に内在することにより、やはり共に存在するのである。

『証明』第9章で、エイレナイオスは聖霊の内在には七つの仕方があると語る。それは①知恵、②理解の霊、③思慮、④勇気の霊、⑤知識、⑥神を敬う霊、⑦神を畏れる霊の七つである。この「①知恵」に関して短く述べるとすれば、知恵としての聖霊は「秩序づけ」や「調和をもたらす」働きを世界とそこに住む人間に与えたと言えよう。[5]筆者は、この箇所で「③思慮」と訳されている言葉に注目し、聖霊の内在における一つの働きを明らかにしたい。

1—2　七十人訳聖書と『異端反駁』におけるイザヤ書11章2節と3節のラテン語訳

まず引用されているイザヤ書11章2節と3節の七十人訳聖書を確認する。そこには καὶ ἀναπαύσεται ἐπ᾽ αὐτὸν πνεῦμα τοῦ Θεοῦ, πνεῦμα σοφίας καὶ συνέσεως, πνεῦμα βουλῆς καὶ ἰσχύος, πνεῦμα γνώσεως καὶ εὐσεβείας と記されている。この引用の中の βουλῆς（βουλή）は「助言」を意味する言葉にあたる。(6) 同じイザヤ書11章2節と3節を引用している『異端反駁』第3巻9章3節に記されているラテン語訳では、Spiritus sapientiae et intellectus, Spiritus consilii et uirtutis, Spiritus scientiae et pietatis, et implebit eum Spiritus timoris Dei. と記されている。このラテン語訳の引用の中で βουλῆς（βουλή）にあたる言葉は、consilii（consilium）と訳されており、この言葉もやはり「助言」を意味している。そのため、七十人訳聖書にある βουλή も、ラテン語訳にある consilium も、共に「助言」を意味していると捉えてよいであろう。

先ほどの『証明』第9章の引用に戻ると、「思慮」と訳されている言葉がこの「助言」にあたる。そこで、本書では「思慮の霊」ではなく、「助言の霊」と訳し、「助言を与える働き」をする聖霊が、人間に内在するという観点に絞って考察をすすめる。そのために（1）創造（2）旧約の時代（3）御子の受肉（4）教会の時代の四つの区分を設け、救済史の順番に従い、「助言を与える聖霊の内在」が、どのように人間に働きかけてきたかを明らかにしたい。

1―3　創造における「助言」の聖霊

創造において、神はどのように人間に「助言」を与えたのであろうか。『異端反駁』第4巻37章4節には、次のように記されている。

しかし、人間は初めから自由な判断をする者であった。それは〔人間が〕似せて造られた神が、自由な判断をするからである。善を保持することを、常に彼に助言し、（この善は）神に対する従順によって全うされるものである。[7]（傍線筆者）

この箇所から明らかなことは、神は人間が初めに造られたときから、常に助言を与えているということである。この神からの助言は、人間が「自由な判断をする者」すなわち「自立性」を持つ存在として造られたことと大きく関係している。つまり、神は人間に「自立性」を与え、自由な判断をすることができるように創造したが、創造後に人間と関わらないような神ではなく、むしろ、神に従順であることで「善」を保持し続けることができるように、常に「助言」を与えるのである。なぜ人間が「善」を保持する必要があるかと言えば、人間は神に従順であることが、人間の生命を保持する条件であったからである。[8]では、創造において、聖霊はどのように人間に接したかをも考えなければならない。『異端反駁』第４巻20章１節には次のように記されている。

神は地の泥を取り、人を形造り、そして、彼の顔に生命の息を吹き込んだ。それゆえ、私たちを造ったのも、私たちを形造ったのも天使たちではなく、天使たちも、真の神以外の者も、万物の父から遠く離れた力も、神の似像を造ることはできないからである。また神は自らのもとで予め決定したものを造るのに、あたかもご自身の両手を持っていないかのように、これら（天使たち）を必要としたのでもない。神の側には常に御言葉と知恵、御子と聖霊（がおり）、（御言葉と知恵）によって、また、（御言葉と知恵）のうちに、また自発性を持って万物を造り、（御言葉と知恵）に向かって語り、「私たちのかたち（似像）に、また（私たちに）似せて（類似性）に人を造ろう」と言ったのであり、ご自身で創造されたものの存在と、造られたものと、世にある美しいものの型をご自身から取ったのである。[9]（傍線筆者）

このように、聖霊は、父なる神の「両手」として御子と共に存在していた。その「神の両手」である御子と聖霊が人間を形造った。そのため、創造において、聖霊は人間の言わば「外側」に臨在し、助言を与えていたと考えることができる。その助言を与えられる人間とは、堕罪前の状態で考えるならば、「すべての人間」と表現してもよいであろう。

1―4　旧約の時代における「助言」の聖霊

続いて、旧約の時代における「助言」の聖霊の働きについて見たい。『異端反駁』第4巻37章2節を見ると、旧約の時代では、神は預言者を通して人間に助言を与えていたことが記されている。

そして、このゆえに、預言者たちは義を行い、善のために働くように人々を促した。私たちが多くのことで明らかにしたように、これが私たちのうちにあり、また、私たちは、多くの不注意のために忘れてしまい、また善い助言に欠けるようになっているからである。善い神は、預言者たちを通して、善い助言を与えようとして

いたのである。[10]（傍線筆者）

このように、旧約の時代では、預言者を通して神からの助言が与えられた。神が預言者を通して助言を与えたことは、預言者たちに聖霊が働くことで、人間が神と交わりを持つことに慣れるという側面もあった。[11]この神が人間に「慣れる」というテーマは、御子の受肉で再び語られる。ここで聖霊が預言者を通して働いたと述べると、一つの疑問が生じる。それは「果たして御子の受肉前の人々が聖霊を有していたか」という問いである。この点に関して、エイレナイオスの二つの重要な証言を挙げる。エイレナイオスは『証明』第6章と第56章で、次のように記している。[12]『証明』第6章には、次のように記されている。

第三の箇条は聖霊である。預言者が預言し、族長たちが神について教えられ、義人たちは義の小径に導かれたが、それらのことはみなこの聖霊を仲介としてなされたり」新しいやり方で全地上に拡がる人類の上に注がれている。[13]

また『証明』第56章には次のように記されている。

キリストが現れる前に死んだ人々、神を畏れ、義（の状態）で死に、自分たちの内に神の霊を有していたすべての人々、（つまり）族長たち、預言者たち、義人たちのような人々は、復活した〔キリスト〕による裁き〔の日〕に救いに達するという希望をもっていたからである。[14]

これらの箇所から考えることができるのは、堕罪後から御子の受肉前までの期間においても「聖霊を有する」人々がいたということである。しかし、「聖霊を有する」と言った場合、それは「聖霊の内在」ではなく、「聖霊の臨在」を受けていたと考えることが妥当であろう。後述するが、実際に聖霊が人間に内在するのは、御子の時代を待たなければならない。この「聖霊の臨在」は、族長たち、預言者たち、義人たちに「キリストの復活への希望」について預言を通して「助言」として与えていたとも考えることができる。[15]

1—5 御子の受肉における「助言」の聖霊

御子の受肉において、神はどのように人間に「助言」を与えたのであろうか。まず『証明』第55章の記述をみたい。

〔イザヤ〕は〔この男の子〕のことを「不思議な助言者」、しかも父の〔助言者〕と呼んでいる。どんなことであれ、すべてのことを父が成し遂げるのはいつもこの〔助言者〕とともに〔行うの〕だということを指摘しているのである。われわれのもっている「創世記」という標題の付いたモーセ〔五〕書の最初の書物に「そして、神は言った。さあ、われわれは自分たちの似像および似たものとして人を造ろう」〔創1：26〕とある通りである。ここにこの方をはっきりと見ることができる。父は、父の不思議な助言者として子に語りかけているのである。さて、〔子〕はわれわれの助言者でもある。「力ある神」でありながら、助言は与えるけれども、神として強制しない〔方であり〕、われわれが無知を捨て去って知識を受け、誤りから抜け出して真理の許に来るように、そして腐敗を除き去って不朽性を受けるようにと勧めている。〔イザヤはそのように〕言うのである。[16]

ここで、御子は誕生の前から常に神の「助言者」であり、また、誕生の後では人間にとっての「助言者」であることが指摘されている。御子が人間にとって「助言者」である点をより明確に掘り下げて考えていくために、御子の誕生についての記述を見たい。『異端反駁』第3巻21章4節には、聖霊が「処女から生まれたインマヌエルが信じる者たちのうちに住み着くこと」を告げ知らせていたことが記されている。

というのは、一つの同じ神の霊が、主が来ることがどのようなもので、どのような質のものであるかを預言者たちによって触れ回り、また善く預言されたことを長老たちによって善く解釈した〔のであるが〕、その一つの同じ神の霊が、また養子とする時の充満が来たこと、天の国が近づいたこと、処女から生まれたインマヌエルを信じる者たちのうちに住み着くことを、使徒たちによって告げ知らせたからである。[17]

このように、イエスは処女から生まれ、インマヌエルと呼ばれるが、預言者や使徒たちによって「処女から生まれたインマヌエルを信じる者たちのうちに住み着くこと」を告げ知らせる働きをしていた聖霊は、イエスの誕生においてどのような働きをしていたのであろうか。この点を確認するために、『証明』第59章を引用したい。

さて、同じイザヤはまた言っている。「そして、エッサイの根から一本の〔杖のようなまっすぐな〕若枝が出、その根から一つの花が〔咲き〕出るであろう。そして主の霊が彼の上に憩うであろう。〔それは〕知恵と理解の霊、助言と力の霊、知識と敬虔の霊〔である〕。主に対する畏敬の霊が彼を満たすであろう。彼は見かけで裁かず、耳にするところによって非難したりせず、身分の低い人々のために義なる裁きを行うであろう。彼は地に〔住む〕身分の低い人々に対し、憐れみの心をもっていることであろう。（中略）これによって〔イザヤ〕は、彼が生まれるのはダビデのアブラハムの子孫なる女性からだと言っている。エッサイはアブラハムの子孫であり、ダビデの父親である。キリストを身ごもった子孫、つまりあの処女はこのようにしてその「若枝〔および杖〕」となったのである。それゆえ、モーセもファラオの前で一本の杖をもってその不思議な業を行った。人類の〔うち〕、他の人々のあいだでも、杖は支配権のしるしなのである。そして「花」とは〔神の子〕の身体を指している。〔彼の身体〕は、すでに述べた通り、霊によって蕾をつけたからである。(18)（傍線筆者）

この箇所にも『証明』第9章と同じくイザヤ書11章2節と3節の引用が記されている。『証明』第59章が明らかにしていることは、イザヤ書が語る聖霊、すなわち「知恵と理解の霊、助言と力の霊、知識と敬虔の霊〔である〕。主に対する畏敬の霊が彼を満たすであろう」と記された聖霊が、処女に宿り、イエスの身体を形造ったということである。この点を踏まえた上で、イエスの洗礼時に降った聖霊に注目する必要がある。『異端反駁』第3巻9章3節には、イエスが洗礼時に聖霊を授けられたことが記されている。

先に示したように、イエスである者が肉を取り、また父から霊を注油されて「イエス・キリストとなった」のである。イザヤも言っているように。「エッサイの根から杖が出て、根から花が成長する。そして、その上に神の霊が休む。知恵と悟りの霊、助言と力の霊、知識と敬虔の霊、そして霊が彼を神の畏れで満たすであろう。(19)（傍線筆者）

この箇所にも同じく、イザヤ書11章2節からの引用がある。エイレナイオスは、洗礼時にイエスに降った聖霊においても、「助言」を与える働きがあることを示している。これは、イエス自身の誕生も「助言」の霊としての働きをなす聖霊によって、マリアの胎に身ごもったことを意味する。『異端反駁』第4巻37章3節をみると、「助言」の聖霊によって身籠り、「助言」の聖霊を洗礼時に受けたイエスが、確かに「助言を与える者」であったことが記されている。

そして、このゆえに主も「あなたたちの光が、人々の前で輝くように。あなたたちの善い行ないを見て、天におられるあなたたちの父を輝かせるためである」と言ったのである。また「あなたたちは、酩酊や不節制や世俗の心配で心を煩わせないように気をつけなさい」。そして「あなたたちは、腰に帯を締め、灯火をともしなさい。そして、あなたたちは、自分たちの主人が婚宴から戻り、戸を叩くなら、彼のために開けようと待っている人々のようにしていなさい。主人が帰って来たとき、そのようにしているのを見るしもべは幸いである。また言われた。「自分の主人の意志を知りながら、行わなかったしもべは、多く鞭で打たれるであろう。また「私に『主よ、主よ』と言いながら、あなたはなぜ行わないのか」と言っている。そしてまた「もし、しもべが彼の心の中で、私の主人は遅れると言い、仲間のしもべを殴ったり、大食をしたり、飲んだり、酔ったりし始めるなら、彼の主人は予期しない日に来て、彼を切り離し、また偽善者たちと同じ一員とみなすであろう」。

そして、このようなことはすべて人間の自由と自立性と、神が助言を与える方であることを明らかにしている。〔神は〕自分に服従するように、私たちに勧告し、不信から引き離そうとはするが、厳しく強制はしない〔方〕である。[20]（傍線筆者）

このように御子の受肉においては、「助言」の霊は御子のうちに降り、御子の口を通して人々に助言を与える働きをしたのである。

1―6　教会の時代における「助言」の聖霊

『異端反駁』第3巻17章3節に記されている人間に降った聖霊について、エイレナイオスは「この霊を〔主は〕教会に与え」と記している。『異端反駁』第3巻24章1節でも、教会に聖霊が与えられたことが記されている。

そして〔教会〕のなかには、キリストの交わりが、すなわち、不滅性の保証[21]、私たちの信仰の確証、神への上昇のはしごである聖霊が委託されている。神は使徒と預言者と教師たち、その他あらゆる働きを教会に置いたと言っている。教会に集わない者たちは、皆、〔聖霊に〕与るものではなく、悪い説と最悪の業によって自らを欺き、生命から〔遠ざけている〕のである。教会のあるところに、神の聖霊もあり、神の聖霊のあるところには、教会とすべての恵みがある。そして聖霊は真理である。[22]

ここで『異端反駁』第3巻6章1節を再び引用し、エイレナイオスが教会をどのように定義したかを確認したい。

また、神は神々の集いに立ち、その真中で神々への裁きを行う。ここで父と子と、そして養子とされた者たちについて言っている。これが教会であり、神の集いであって、これは神、すなわち、御子が自ら自分自身で集めたのである。[23]（中略）神々とはどんなものか？「私は言った。あなたたちは神々であり、また、皆、崇高なものの子らである。」〔すなわち〕養子にする恵み[24]を受けた人々に言っている〔のであって〕これによって私たちは「アバ、父よ」と呼ぶのである。[25]（傍線筆者）

この箇所に記されているとおり、エイレナイオスによれば、教会とは「養子とされた者たち」のことであると定義している。神は養子とした者たちに「弁護者」としての聖霊を内在させるのである。内在した聖霊が、実際にどのように働くかについて『異端反駁』第3巻17章1節には、次のように記されている。

また主の霊が私の上にある。私に注油するために。その霊は主が『語るのはあなたたちではなく、あなたたちのうちで語る、あなたたちの父の霊である。』と言ったのである。[26]

聖霊の内在を受け養子とされた者は、内側からの聖霊の働きにより語るべきことが与えられ、さらに父なる神を「アバ、父よ」と呼ぶようになる。

教会の時代では、御子に聖霊が内在したのと同様に[27]、洗礼時に人間に聖霊の内在が与えられるとエイレナイオスは主張する。『異端反駁』第5巻11章2節には、次のように記されている。

それでは私たちはいつ天に属しているかたちを取ったのであろうか。あなたたちが主の名を信じ、その霊を受けて、洗われたときと言えよう[28]。

『異端反駁』第3巻17章3節で、エイレナイオスは教会の時代に「弁護者」として内在する聖霊も、イザヤが記した「助言の聖霊」であることを明示している。

すなわち主に降った神の霊であって、「知恵と悟りの霊、助言と力の霊、認識と敬虔の霊、神への畏れの霊」である。この霊を〔主は〕教会に与え、弁護者を天から全地に遣わしたのであるが、主が語られるには、悪魔も稲妻のように投げ落とされている。それゆえ、私たちには神の露が必要である。それは私たちが焼き尽くされてしまわないため、また、実を結ばないままではなく、訴える者のいるところに弁護者もいてもらうためである[29]。

御子の受肉における「助言」の霊の内在を含めて、教会の時代における聖霊の働きをまとめると、エイレナイオスは(1)イエスが聖霊によって身ごもったというときの聖霊の内在をイザヤ11章2節と3節から取っている。(2)御子の洗礼時に降った聖霊もイザヤ11章2節と3節から取っている。(3)人間の洗礼時に降った聖霊もイザヤ11章

2節と3節から取っているとなる。つまり、ここには明確な一貫性があり、イエスの誕生からイエスへの聖霊の内在、人間への聖霊の内在は同じ聖霊であることをエイレナイオスは主張するのである。

1—7　まとめ

エイレナイオスは、人間に内在し「助言」を与える聖霊について、『証明』第9章でイザヤ書11章2節と3節から引用し「神の霊が彼の上に憩うであろう。その霊は、知恵と理解の霊、思慮と勇気［の霊、知識］と神を敬う霊、神を畏れる霊が彼を満たすであろう」と記している。興味深いことに、イエスが聖霊によって身ごもったというときの聖霊の内在も、また御子の洗礼時に降った聖霊も、そして人間の洗礼時に降った聖霊についても、エイレナイオスはすべてイザヤ11章2節と3節で示されたのと同じ聖霊が降ったことを強調している。ここには明確な一貫性があり、イエスの誕生からイエスへの聖霊の内在、人間への聖霊の内在は同じ聖霊であることをエイレナイオスは主張する。「不思議な助言者」であった御子が受肉し、また洗礼時に聖霊を受け、地上においても「助言」する者となった。このことの関連で述べるならば、御子の口を通して語られていた「助言」が、教会の時代では、聖霊を内在させた人間の口を通して語られ、人間を「善」へと導くのである。

2　聖霊の内在は「父の意志」を行わせ、「一致の確立」と「結実の確立」を与えること

ここでは、聖霊の内在は「父の意志」を行わせ、「分裂」、「不和」を引き起こす人々に「一致」を与えることに

ついて取り扱いたい。まず、パウロが元来の「古い」人間について記している『異端反駁』第3巻20章3節を見たい。

そして、このゆえにパウロは人間の弱さを解き明かして「私は自分の肉の中に善が住まないことを知っている」と言っている。私たちの救いという善が、私たちにではなく、神からであることを言おうとしているのである。[30]

(傍線筆者)

この箇所で述べられているように、元来の人間[31]は自らの肉の中に善を住まわせることができない。『異端反駁』第4巻38章2節には「肉的」な歩みをしている者たちの間に、「妬み」「不和」「不一致」があることが示されている。なぜなら、「あなたたちのうちに、妬み、不和、そして不一致があるなら、あなたたちは肉的であって、人間に従って歩んでいる」と言っている。すなわち、彼らの不完全さと振る舞いの弱さのために、父の聖霊は、まだ彼らと共にいなかった。[32]

このように「妬み、不和、そして不一致」があることの理由は、聖霊が人間と共にいなかったためであることが示されている。言い換えれば、聖霊が人間と共にいるとき、すなわち、聖霊が人間に内在したときには、人間に「一致」が与えられることになる。

2―1　神の形成物と聖霊の一致により、人間が行う父の意志とは何か

聖霊による「一致」を与えられた人間が、どのように生きるかを見るために『異端反駁』第3巻17章1節と2節に注目したい。まず『異端反駁』第3巻17章1節を取り上げ、この箇所に記されている「聖霊の内在が人間に『父の意志』を行わせる」とは一体どのようなことであるかを見たい。

彼らは真にそうであったことを語った。すなわちイザヤが「彼の上に留まって休む」と言ったあの神の霊が、鳩のように彼に降った。それは私たちがすでに述べた通りである。また「主の霊が私の上にある。私に注油するためである」〔と言っている。〕その霊は主が「語るのはあなたがたではなく、あなたがたのうちで語る、あなたたちの父の霊である」と言ったのである。また神のうちに再び生まれ変わらせる権限を弟子たちに与えたとき、「あなたたちは行って、すべての民族を弟子にしなさい。父と子と聖霊の名によって洗礼を授けなさい」と彼らに言った。しもべとはしためにも預言させるため、終わりの時に彼らの上にこの〔霊〕を注ぐであろうと、預言者を通して約束したのである。そこで〔聖霊〕は、人の子となった神の子にも降った。それは彼とともに、人類のうちに住み、人々のうちに休み、神の形成物のうちに住むということに慣れさせるためであった。そのなかで父の意志を行い、そして彼らを古さからキリストの新しさへと新たにするのである。[33]（傍線筆者）

このように聖霊が神の形成物と一致することによって、人間は聖霊を内在させ、「父の意志」を行うようにされる。この点について、ペトロ・ネメシェギは次のように記している。

聖霊は人間の中に住むのはもちろん、ダイナミックな現存としてである。聖霊は、「人々のうちに父のご意志を実現する」。この父の意志はもちろん、イエスが福音の中に教えてきた神のみ心にほかならない。人間の倫理生活は単なる人間的な努力の結果ではない。神にならう（エフェソ5・1）という倫理的な当為は、ただ神なる霊が人間のうちに住んで、人間に新しい可能性を与えるということによってのみ果たしうる。キリスト教の倫理は、キリストの息である聖霊に感化されて生きることにほかならない[34]。

人間と聖霊の一致は単なる教義的事柄ではなく「ダイナミックな現存として」捉えられること、また「キリストの息である聖霊に感化されて生きること」である。ペトロ・ネメシェギは、実際に聖霊が行う「父の意志」について「イエスが福音の中に教えてきた神のみ心」と説明している。確かに、人間が行うのは、「イエスが福音の中に教えてきた神のみ心」であるが、『異端反駁』第3巻17巻1節と2節の文脈において、何が「神のみ心」と示されているかをより明確にしたい。そのために「父の意志を行い」の後に記されている「彼ら」(eos)とは誰のことを指しているかを判断したい。この箇所は「あなたたちは行って、すべての民族を弟子としなさい。父と子と聖霊の名において、彼らに洗礼を授けなさい[35]」とあり、実際に「使徒たち」に「神へと生まれ変わらせる権限」が与えられたことが記されている。そのため、この「彼ら」とは使徒たちであるように考えられるかもしれない。さらに「しもべとはしためにに預言させるために、終わりの時に、彼らの上にこの〔霊〕を注ぐであろうと、預言者を通して約束したのである」と記されており、使徒たちに約束の聖霊が与えられることにも言及されている。

しかし、実際に「父の意志」を行う聖霊を受ける者を指す言葉として「人類のうちに住み」と記されている部分を見落としてはならない。続く『異端反駁』第3巻17章2節の冒頭でも、ダビデが「この霊が人類に与えられることを祈り求めた」と記されており、やはり聖霊が与えられることに関して「人類」に視点が注がれている。また『異端反駁』第3巻17章2節に「新しい契約を開く権限」とあり、これは『異端反駁』第3巻17章1節にある「神へと生まれ変わらせる権限」と同じことを意味すると考えられる。この権限とは、洗礼のことを指していると考えて間違いないであろう。つまり、弟子たちには、父なる神から「神へと生まれ変わらせる権限」と「新しい契約を開く権限」、すなわち「父と子と聖霊の名において、彼らに洗礼を授けなさい」と言われている通りに、「全人類」に洗礼を授ける使命が与えられている。そのため「父の意志」とは、神へと生まれ変わらせるために、「全人類」が聖霊を受けて、さらに洗礼を授けることにほかならない。

また『異端反駁』第5巻9章3節を読むと、聖霊を受けて「神の意志を行なうこと」は、神に従順な者として生きることであると理解することができる。

従って、神の霊なしには、肉は死んだものであり、生命を持っておらず、神の御国を受け継ぐことはできない。地にまかれる水のように、血は非理性的なものである。「彼は土的な者であり、彼らも土的な者たちである。」けれども、父の聖霊のあるところ、そこに生きている人間がおり、理性によって生かされる血は、復讐のために神によって守られる。聖霊の所有となった肉は、聖霊の性質を得て、神の御言葉に型取られたことで、自らのものを忘れてしまう。そして、このゆえに言う。「私たちは、土からのその者のかたちとなっているように、天にある方のかたちにもなる。」それでは、土的なものとは何か？形成物である。それでは、天的なものとは何か？　聖霊である。従って、言うのである。「天的な聖霊なしに、かつて私たちは肉の古さのうちに生き、神に不従順であったが、今や、聖霊を受けて、神に従順なものとして生命の新しさに歩んでいる。」従って、神の聖霊なしに、私たちは救われないのであるから、使徒は、信仰と敬虔な振る舞いによって、神の聖霊を保持するように、私たちを励ますのである。それは聖霊の参与を欠く者となり、天に御国を喪失することのないためである。そしてまた、大声で叫ぶのである。「肉と血だけでは、神の御国を受け継ぐことはできない」と。[36]

この箇所に「天的な聖霊なしに、かつて私たちは肉の古さのうちに生き、神に不従順であったが、今や、聖霊を受けて、神に従順なものとして生命の新しさに歩んでいる」とある。つまり、人間の神への従順さは、堕罪後の人間から自発的に生じてくることではなく、[37] 聖霊が人間のうちに内在することによって実現するものである。

2—2　『異端反駁』第3巻に見る「神への生まれ変わり」と『異端反駁』第5巻と『証明』に見る「子とされること」及び「神への従順」の関連性

『異端反駁』第3巻17章1節と『証明』第3章と第7章を合わせて読むと「洗礼」と「神へと生まれ変わらせること」の関係性は発展があることに気がつく。『証明』第3章には、次のように記されている。

この洗礼が永遠の生命の封印であり、神の内への生まれ変わりであるということ、すなわちこれによってわれわれはもはや死すべき人間の子供ではなく、時間を超越し、永遠の方である神の子供になるのだということ。[38]

（傍線筆者）

また『証明』第7章には、次のように記されている。

洗礼は、子を通して、聖霊の内に、父なる神への再生をわれわれにもたらすのである。なぜなら、神の霊を保持する人々が御言葉、すなわち子へと導かれ、子はこの人々を父の許へと連れていって引き合わせ、父は不朽性を授けるからである。それゆえ、霊によらないでは神の御言葉を見ることはできず、子によらないでは父に近づくことはできない。子は父の知識であり、子の知識は聖霊を仲介とするからである。しかし、子は、父が望むように、自分の望む人々に、役務に応じて霊を与える。それが父の心に適うことだからである。[39]（傍線筆者）

『異端反駁』第3巻の時点では、洗礼は「神のうちへと生まれ変わらせる」ことに繋げられているが『証明』に至ると、洗礼が神のうちへ生まれ変わらせることに繋がり、さらに「子とされる」ことまで発展していると考えられる。

また『異端反駁』第5巻8章1節を見ると、聖霊を内在させた人間は、「肉」にいるのではなく、「霊」のうちにある。そのあり方は、肉を捨てて聖霊を得るのではなく、肉と聖霊が一致することによって、[40]人間は霊のうちにある者とされる。つまり、「肉的」な存在から「霊的」な存在となる。[41]聖霊の一致を与えられた人間は、父なる神を「アバ、父よ」と呼ぶことができるようになることが[42]『異端反駁』第5巻8章1節にも示されている。

従って、もしこの保証が、私たちのうちに宿っているのであれば、既に、霊的なものであり、また死すべきものは、不死性によって呑み込まれているのである。――なぜなら、もしあなたたちのうちに神の霊が宿っているのであれば、あなたたちは肉にいるのではなく、霊のうちにいるのである。――と言っている。しかし、このことは肉を捨てることによるのではなく、霊と一致することでなされる。――つまり、肉を持たない者たちに書いたのではなく、神の霊を受け取った者たちにであり、この〔霊〕によって、「アバ、父よ」と呼ぶのである。[43]

このように、聖霊はまず人間の形成物である肉と一致をする。この一致が可能となったのは、御子が肉を取り、洗礼時に御子のうちに聖霊が宿ることに慣れたことによってもたらされた一致に基づいている。[44] 同様に、人間への聖霊の内在も洗礼時に起こるのである。実際に聖霊の内在を受けた人間は、「父の意志」を行う。すなわち、「神へと生まれ変わらせる」洗礼を人々に授けるのである。それにより人類は、古さからキリストの新しさへと新たにされるのである。

2―3 『異端反駁』第3巻17章2節における聖霊の内在が与える「一致」

『異端反駁』第3巻17章1節の内容は、神の形成物と聖霊の一致について、また、聖霊を与えられた人間の行為として、「父の意志」を行うというものであった。『異端反駁』第3巻17章2節は、そのような視点に比べて、より個々の人間同士の一致について示されている。

ブリッグマンは、この箇所に二つのテーマが記されているとする。一つは「一致の確立」(the establishment of unity)であり、もう一つは「結実の確立」(the establishment of productivity)である。[45]

『異端反駁』第3巻17章2節は、ペンテコステにおいて実際に聖霊を受けた弟子たちに何が起こったかということから始まる。さらに、弟子たちだけではなく「諸部族」と「私たち」とが聖霊を受ける者たちとなることを示しながら、いくつかの発展がある聖霊の働きが記されている。そこで、この箇所を四つの部分に分けて聖霊の内在を受けた人間について確認したい。区分の仕方として「一致」等の表現が用いられている段落ごとに区分し、その言葉の意味を明らかにしたい。特に(1)から(3)までは「一致の確立」について(4)は「結実の確立」について見たい。

(1)ダビデが「人を導いてくれる霊で私を支えてください」と言ったとき、彼はこの霊が人類に与えられることを祈り求めた。またルカも、主の昇天の後、ペンテコステにすべての民族を生命に導き入れて、彼らのために新しい契約を開く権限を持って、弟子たちの上に降ったと言っている。そこで、弟子たちは一致してすべての言語で神を賛美した。[46]（傍線筆者）

まず「この霊」とは、前節で取り扱ったように、「神のうちへ生まれ変わらせる」聖霊を意味する。ダビデが「人類」に与えられることを祈っていた聖霊は、ルカが証言するように、ペンテコステにおいて弟子たちの上に降った。この聖霊は、「すべての民族」を生命に導き入れるために、「新しい契約を開く権限」すなわち「神のうちへと生まれ変わらせる権限」を弟子たちに与えた。その結果として、「弟子たちは一致して」と記されている。また、「あなたたちは行って、すべての民族を弟子にしなさい。父と子と聖霊の名によって洗礼を授けなさい」とあるように、人類に洗礼を授けるために出て行く弟子たちの「一致」が取り上げられている。この「一致して」と訳しているラテン語は conspirantes であり、この言葉は「調和させる」とも訳すことができる。(47) このように聖霊の内在は、まず弟子たちに調和という一致をもたらすのである。

(2) そして霊は、分離させてしまった諸部族を一致させ、すべての民族の初穂を父に捧げた。このために、主は自ら弁護者を遣わすことを約束された。(48)（傍線筆者）

この部分には「分離させてしまった諸部族を一致させ」と記されている。ここでの「一致」はラテン語訳では unitas であり、この文脈においては「感情や意見、考え方の一致、統合」を意味すると考えられる。(49) 興味深いことに、主は自ら弁護者を遣わし、諸部族の意見をまとめ、一致させたように記されている。

(3) 事実、湿り気がなければ、渇いた小麦〔粉〕からは、ひとつのかたまりも、ひとつのパンもできないように、天から来る水なしには、私たちが多くの者でありながら、キリストにおいて一致することができなかったのである。また渇いた地が、水を吸い込まなければ実を結ばないように、以前には枯れ木であった私たちも、上からの豊かな雨なしには、生命の実を結ぶことは決してなかったであろう。そこで、私たちの身体は、〔洗礼の〕洗いによって、魂は霊によって、不滅性にまで至らせる一致を受けたのである。(50)（傍線筆者）

この部分には、「渇いた小麦〔粉〕」と「枯れ木」の二つの比喩が記され、それぞれ異なったことが示されている。まず「乾いた小麦〔粉〕」の比喩であるが、そこで使われている一致のラテン語は、unus である。これは「一つ」、

「同一」とすることが示されている。[51] では、何と「一つとする」のかと言えば、「私たちが多くの者でありながら、キリストにおいて」一つにすることである。[52] この一致は、「〔洗礼の〕洗い」によってもたらされる。ペトロ・ネメシェギは、次のように説明している。

人々を一致させること、また実を結ばせること、というような聖霊の二つの働きを、エイレナイオスは水の働きに譬えている。水が粉に加えられるとき、はじめて一つのパン生地、一つのパンになりうる。それと同様に、アダムの罪以来ばらばらになってしまった人類の姿は、天から降ってくる水である聖霊のおかげで、はじめてキリストにおいて一体となる。[53]

この部分から、エイレナイオスの洗礼の理解も知ることができる。彼の理解では、洗礼とは、単に聖霊が個々人に授けられるときだけではなく、個々の信者たちが洗礼によってキリストの一つのからだに結びあわされることを意味している。

次いで、「枯れ木」である。ブリッグマンはこの比喩を『異端反駁』第3巻17章3節と結びあわせて考えている。[54] この「枯れ木」の比喩こそが「結実の確立」に当たる部分である。『異端反駁』第3巻17章3節の最初の部分に注目したい。

神がイスラエルの民を外国人の支配から救うために選んだイスラエル人ギデオンは、賜物の恵みを予見したので、願いを変更した。彼はそこにだけ最初に露の置いた羊毛の上に、乾燥がなくなることを預言したのである。

すなわち、民の型であって、彼らが神からの聖霊を保持していない〔ということを〕。イザヤも「私はぶどう畑の上に雨を降らさない」と言っているように。[55]

この部分から分かるように「枯れ木」とは「聖霊を保持していない」状態のことを指している。その状態に留まる限り、生命の実を結ぶことは決してなかった。しかし、聖霊の内在があり、魂は霊によって、不滅性にまで至らせる一致を受けたのである。この魂が受けた一致は「信者たちが実を結ぶこと」にほかならない。つまり、聖霊の内在は、洗礼によって信者たちを一つのキリストのからだに結び合わせ、からだへの不滅性を与えるだけではなく、信者たちが「実を結ぶ」ように魂の内側から不滅性を与えるのである。

(4) だから、どちらも神の生命において役立つものであり、どちらも必要である。私たちの主は律法に背いたサマリヤ女性、ひとりの夫のもとに留まらず、多くの婚姻によって姦淫の罪をしたあの女を憐れんで、女に生ける水を示し約束された。こうして、彼女はもはや渇くことがなく、また多くの苦労をして得た水を飲む必要がなくなり、永遠の生命にほとばしる飲み物を自らの内に持つようになった。この飲み物は主が父から賜物として受けたものであり、〔主も〕これを自分に関与する人々に与えた。全地に聖霊を遣わしたのである。[56]（傍線筆者）

この最後の部分において示されていることは、聖霊の内在を受けた人間が、どのように「実を結ぶか」という具体的証拠である。それは、実際に天から来る水、生ける水を与えられた者が、どのように生きるかが示されていると言えよう。このサマリヤの女性は「多くの婚姻」(multis nuptiis) をしていたために、「ひとりの夫」(uno uiro)

のものに留まることができていなかった。また「多くの苦労をして得た水」しか得ることができなかった。これは、まさに「一致」がないような状態であり、エイレナイオスは言わば視聴覚教材のように実際の聖書の記述を取り、聖霊の内在が人々に「一致」をもたらすことを説明している。

サマリヤの女性は「生ける水」である聖霊が内在したことによって、決して渇くことがなく、さらに永遠の生命にまで導かれたことが示されている。この同じ聖霊について「〔主も〕これを自分に関与する人々に与えた。全地に聖霊を遣わしたのである」と語られていることからも、聖霊の内在は、人間に「永遠の生命」との一致も与えると考えられる。これこそまさに「結実の確立」と言うことができる。[57] このことは『異端反駁』第3巻17章2節にある「そこで、私たちの身体は、〔洗礼の〕洗いによって、魂は霊によって、不滅性にまで至らせる一致を受けたのである」と記されていることからも同様に理解できる。このサマリヤの女性の姿こそ、聖霊の内在を受けたすべての信者たちの姿にほかならないのである。

2—4　まとめ

エイレナイオスは、聖霊は教会に、すなわち、洗礼を受けた信者のみに内在すると考えたと結論づけた。[58]『異端反駁』第3巻17章1節には、聖霊が内在した人間は「父の意志」を行うように変えられることが記されている。「父の意志」とは、「神へと生まれ変わらせる権限」を持つキリストの弟子たちが、人類に洗礼を授けていくことにほかならない。人類は洗礼によって聖霊を授けられることにより、神へと生まれ変わり、父なる神を「アバ、父よ」と呼ぶ養子とされるのである。

また『異端反駁』第3章17章2節では、「神の養子」とされた個々人が、同じ聖霊に預かり、「一致」へと導かれることが明らかにされている。その一致は、弟子たちに「調和」をもたらし、「諸部族を統合」し「多でありながら一つ」のキリストのからだとする。さらに「一致」が与えられた人間は、同じ聖霊の内在によって「結実の確立」まで導かれる。サマリヤの女性の姿で示されたように、聖霊の内在を受けた人間は、決して渇くことのない「永遠の生命」すなわち「不滅性」を与えられる。

また、聖霊の内在を受けた人間は、それ以前とは違い「助言」を自らの内側から発するように変えられる。つまり、それまでは自分が神から受けていた「助言」を他者に向けて語るようにされる。また「分裂」、「不和」ではなく「一致の確立」と「結実の確立」に導かれる。この姿こそ、聖霊の内在を受けたすべての信者たちの刷新された姿にほかならないのである。

《注》

（1）本書では「聖霊の臨在」と「聖霊の内在」の言葉を区別している。臨在と記す場合、「聖霊が人間と共にいること」を意味する。それに対して、内在と記す場合「聖霊が宿ること」を意味している。

（2）Anthony Briggman, *Irenaeus of Lyons and the Theology of the Holy Spirit*, 78 を参照。

（3）エイレナイオス『証明』、210頁。

（4）Iain M. Mackenzie, *Irenaeus's Demonstration of the Apostolic Preaching a theological commentary and translation*, Ashgate Publishing Company, 2002, 97.

（5）『異端反駁』第4巻20章2節には、次のような一文がある。「屠られ、自分の血で、私たちを贖った子羊以外には、すべてのものを御言葉によって造り、知恵によって秩序づけた神から『御言葉が肉となった』時に、すべてのものに対する力を受けて」。また『異端反駁』第4巻20章3節には、次のように記されている。「そしてまた、『天を整えているとき、私は共にいた。また深淵の泉をしっかりと造ったとき、地の基を強く造ったとき、私は神のもとで調和させた。世界を完成させて楽しみ、人の子らを喜びとしたとき、私は楽しんでいた者であり、すべてのときにおいて、彼の御顔の前にあって、楽しんでいた。』」

（6）ベアーによる『証明』の翻訳でイザヤ書11章2節と3節の引用は、the Spirit of wisdom and of understanding, the Spirit of counsel and of might, <the Spirit of knowledge> and of piety, and the Spirit of the fear of God shall fill him. と翻訳されている。John Behr, On the Apostolic Preaching, 45. Smith は、the spirit of wisdom and of understanding, the spirit of counsel and of fortitude, <the spirit of knowledge> and of godliness; the spirit of the fear of God shall fill him と翻訳されている。J.P. Smith, St. Irenaeus. Proof of the Apostolic Preaching, 53. また Robinson と Mackenzie は、the Spirit of wisdom and of understanding, the Spirit of counsel and of might, <the Spirit of knowledge> and of godliness,; and the Spirit of the fear of God shall fill him と翻訳している。J.A. Robinson, St Irenaeus, The Demonstration of the Apostolic Preaching, 78. Iain M. Mackenzie, Irenaeus's Demonstration of the Apostolic Preaching a theological commentary and translation, 4.

（7）AH4. 37. 4.

（8）これについては『証明』第15章でも述べられている。「そして、神は人にある条件を課した。人が神の命令を守ったなら、そのとき、人は自分が置かれていた状態、つまり不死のままでいつまでもとどまることができる。しかし守らなかったなら、死すべきものとなり、自分の身体がとられた地の中に溶け去ってしまう。〔このような条件を課されたのであった〕〔創2：7、3：19参照〕。『園にあるすべての木からあなたは確かに食べてよい。しかし善と悪の知識の元になる木からだけは食べてはならない。食べる日にはあなたは確かに死ぬであろうから』〔創2：16―17参照〕。これがその命令であった。」エイレナイオス『証明』、213頁。

（9）AH. 4. 20. 1.

（10）AH4. 37. 2.

（11）『異端反駁』第4巻14章2節には、次のように記されている。「このように神は初めからその寛大さのゆえに人間を形造り、父祖たちを彼らの救いのために選び、無学な民に神に従うことを教えようとして、予め民を形成し、人間が地上で霊の担い手となり、神と交わりを持つことに慣れるよう、預言者たちも予め教育した。」

(12) Anthony Briggman, *Irenaeus of Lyons and the Theology of the Holy Spirit*, 163.

(13) エイレナイオス『証明』、208頁。

(14) エイレナイオス『証明』、240頁。

(15) Anthony Briggman, *Irenaeus of Lyons and the Theology of the Holy Spirit*, 181.

(16) エイレナイオス『証明』、240―241頁。

(17) AH3. 21. 4.

(18) エイレナイオス『証明』、243頁。

(19) AH3. 9. 3.

(20) AH4. 37. 3.

(21) エフェソ1章14節、第二コリント1章22節を参照。

(22) AH3. 24. 1.

(23) AH3. 6. 1.

(24)『異端反駁』第4巻1章1節では、「子とする霊を受けた人々」(qui adoptionis Spiritum accipiunt) と記されている。

(25) AH3. 6. 1.

(26) AH: 3. 17. 1 : Et iterum : Spiritus Domini super me, propter quod unxit me, iste Spiritus de quo ait Dominus : Non enim uos estis qui loquimini, sed Spiritus Patris uestri qui loquitur in uobis.

(27)『異端反駁』第3巻17章1節には、次のように記されている。「そこで〔聖霊〕は、人の子となった神の子にも降った。それは彼とともに、人類のうちに住み、人々のうちに休み、神の形成物のうちに住むということに慣れさせるためであった。」

(28) AH5. 11. 2.

(29) AH3. 17. 3.

（30）AH3. 20. 3.

（31）初めに人間が造られたとき、人間の肉体には魂のみが吹き込まれた。この段階では人間は未完成であり、不完全であったと言えよう。Johannes Quasten, *Patrology.* vol. I, 308-309.

（32）AH4. 38. 2.

（33）AH3. 17. 1.

（34）ペトロ・ネメシェギ「教父時代のプネウマトロギアの代表的一例としてのエイレナイオスの聖霊論」、132―133頁。

（35）『異端反駁』第3巻1章1節には、次のように記されている。「(使徒たちは）私たちの主が死者からよみがえり、そして聖霊が上に降ったときに、高みからの力をまとい、すべてについて満たされ、完全な知識を持ち、その後、神からの私たちにとって善いことを告げ知らせながら、また天的な平和を人々に告げながら、地の果てにまで出て行ったのである。彼らは皆が共に、そして、彼らの一人ひとりが、神の福音を持って（出て行ったのである)。」聖霊が降った者は、「力」と「満たし」と「完全な知識」が与えられることが記されている。ここで重要なことは、聖霊を受けた者が「一人ひとり」でありながら、同時に「共に」神の福音を伝えたことである。つまり、聖霊を受けた者たちが持っている福音は、一人ひとりが別の福音を持っているのではなく、同じ福音が与えられているということになる。言い換えれば、彼らは聖霊を受けたことで、同じ福音が与えられる「一致」を受けているということができるであろう。

（36）AH5. 9. 3.

（37）この観点から『異端反駁』第4巻37章1節を読むことをしたい。そこには、次のように記されている。「なぜなら神は、人間が初めから自分の魂を持つのと同じように、自立性を持つように、人間を自由なものに造った。それは神の意志を、彼〔神〕に強制されてではなく、自発的に行なわれたことを示すためである。」つまり、聖霊を受けたことによって「神への従順」を保持しつつ歩むことができるようになった人間は、最初に創造された状態のように「神の意志」を強制によって行なうのではなく「自主性」を持って「神に従順」であることができる。しかし、この「自主性」は創造時の「自立性」に基づくものであるよりも、聖霊の人間への働きであると考えることができる。

（38）エイレナイオス『証明』、206頁。

(39) エイレナイオス『証明』、208頁。Joseph P. Smith は「生まれ変わり」と「再生」のどちらも "rebirth" と記している。behr は "regeneration" とし、元のギリシア語は παλιγγενεσία であったと記している。J.P. Smith , St. Irenaeus. *Proof of the Apostolic Preaching*, 49, 51. John Behr, On the Apostolic Preaching, 44.

(40) 『異端反駁』4巻序4節には、次のように述べられている。「事実、人は魂と肉の結合であり、人は神の類似性に従って造られ、そして彼の両手によって、すなわち、子と霊によって形なされ、彼は彼らに「人を造ろう」と語った。」また『異端反駁』5巻9章1節には次のように記されている。「私たちが示したように、完全な人とは、肉、魂、そして霊の三つのものから成ることを理解していないからである。そのうちの一つは救いを形づくるものである。それは聖霊である。別のものは、救われ、そして、造られるものである。それは肉である。もう一つは、前の二つの間にある。それは魂である。」

さらにベアーは次のように説明している。「完全な、また完成した人は、肉体、魂、そして聖霊がキリストの到来で保たれたように、救われる。いずれの性質も個々に人と呼ぶことができる。しかし、肉体と魂は、人の『一部』と呼ばれ、聖霊はそのようではない。なぜなら聖霊は人ではなく、神であるからである。」John Behr, *Irenaeus of Lyons Identifying Christianity*, 158. また『異端反駁』第3巻22章1節には「私たちが地から取られた身体であり、神から霊を受ける魂であることは、すべての人が認めるであろう。」と記されている。これらのことから「肉と聖霊が一致する」というとき、そこには暗黙の了解として魂の存在もあり、聖霊を受け取っている部分は肉であるというよりも人間の構成部分としての魂であると言うことができるであろう。

(41) 『異端反駁』5巻6章1節において次のように語られている。「しかし、魂と混合した聖霊が形成物に一体となるとき、聖霊の流出のゆえに、人は霊的、そして、完全になるのである。そして、それが神のかたちと類似性に従って造られたものである。」ブリッグマンは、エイレナイオスは「霊的」と「完全」を同義語として用いていることを指摘している。Anthony Briggman, *Irenaeus of Lyons and the Theology of the Holy Spirit*, 175.

(42) マルコ福音書14章36節を参照。

(43) AH5. 8. 1.

(44) 『異端反駁』第3巻9章3節には次のように記されている。「その上、マタイは洗礼において、天が開け、そして、神の霊がまるで鳩のように降り、彼の上に来るのを見た。また、見よ、天からの声があって言った。「あなたは私の愛する子、私の心にかなうもの。」キリストがイエスの中へと降って来たのでもなければ、キリストとイエスが別なのでもない。すべての〔者の〕救い主であり、天と地の主である神の御言葉、先に示したようにイエスである者が、肉を取り、また父から霊〔を〕注油されて『イエス・キリストとなった』のである。」

(45) Anthony Briggman, *Irenaeus of Lyons and the Theology of the Holy Spirit*, 78.

(46) AH3. 17. 2.

(47) A Latin Dictionary, Founded on Andrews' Editon of Freund's Latin Dictionary, Revised, Enlarged, and in Great Part Rewritten by Charlton T. Lewis, and Charles Short, Oxford an the Clarendon Press, 436.

(48) AH3. 17. 2.

(49) A Latin Dictionary, 1932.

(50) AH3. 17. 2.

(51) A Latin Dictionary, 1933.

(52) また『異端反駁』第3巻19章3節は、この「一致」を異なった視点から考えている。「見出した人間を父に捧げ、委ね、自らのうちで人間の復活の初穂を行った。頭が死者からよみがえったように、身体の残り〔の部分〕、生命のうちにあるすべての人間も『結目と筋によって』ひとつとなり、神の増加のよって強められ、肢体の各々が身体のなかで固有な、また適切な位置を持ち、不従順ゆえの罰の期間が完了するときによみがえるためである。身体には多くの肢体があるため、父のところには住処も多いのである。」まず、この箇所にある「身体の残り」は教会を指していると理解して間違いはないであろう。そして「教会のあるところに、神の聖霊もあり、神の聖霊のあるところには、教会とすべての恵みがある。」この箇所の傍線を引いた「ひとつとなり」はcoalescoが使われている。この言葉には「ひとつとなる」ということに加えて「共に成長する」という意味が含まれている。そのため、聖霊の内在の働きは「教会に集うものたち」、すなわち「神の養子」とされた人々をひとつにし、さらに「共に成長される」働きをすると考えることができよう。

(53) ペトロ・ネメシェギ「教父時代のプネウマトロギアの代表的一例としてのエイレナイオスの聖霊論」、133頁。

（54）Anthony Briggman, *Irenaeus of Lyons and the Theology of the Holy Spirit*, .83-85.
（55）AH3. 17. 3.
（56）AH3. 17. 2.
（57）Anthony Briggman, *Irenaeus of Lyons and the Theology of the Holy Spirit*, 85.
（58）Terrance L. Tiessen, *Irenaeus on the Salvation of the Unevangelized*, 184.

第5章　人間を完成へと至らせる聖霊の働き

この章では、聖霊を与えられた人間が、最終的にどのように神化の完成に至るかについて記したい。そこで、最初に、人間の構成要素である肉、魂、霊について再度触れ、聖霊が与えられるまでの魂の働きがどのようなものであるかを見る。次いで、どのような者に洗礼が授けられるか、また、洗礼において聖霊を与えられた人間は、その後、どのように生きることが求められるかについて記したい。最後に、聖霊を与えられた人間が、最終的にどのように完成へと至るかを明らかにする。

1　人間の構成要素としての肉・魂・霊

はじめに、洗礼と聖霊の授与の関係性を明らかにし、どのように人間が聖霊を受け、霊的に生きる者となるかについて記したい。このことを見るために、再度、エイレナイオスの考える「人間の構成」を再確認することから始めたい。彼は、人間の構成を肉、魂、霊の三つからなると考えている。『異端反駁』第5巻9章1節を再び引用しよう。

私たちが示したように、完全な人とは、肉、魂、そして霊の3つのものからなることを理解していないからである。そして、そのうちの1つは救いを形づくるものである。それは聖霊である。別のものは、救われ、そして、造られるものである。それは肉である。もう1つは、前の2つの間にある。それは魂である。[1]

エイレナイオスは『異端反駁』第5巻6章1節において、テサロニケ人への手紙第一5章23節を引用し、彼の人間理解である「完全な人」の根拠としている。

そのためにこそ、使徒はテサロニケの手紙第一において自分自身をさらけ出しつつ、救いにあずかる、完全で霊的な人間のことをこう説明している。「平和の神があなたがたを聖別してくださるように。また、あなたがたが完全な者となり、あなたの霊と魂と身体が、主イエス・キリストが来られるときまで、責められるところのないものとして保たれていますように[2]」。

しかし、注意すべきことは、聖霊は、最初からすべての人間に与えられているのではないことにある。先ほどの『異端反駁』第5巻9章1節の箇所での「完全な人」とは、肉と魂からなる人間に「救いを形づくるもの」と語られた聖霊が、後に与えられた状態にほかならない。

1―1　人間の最初の状態

そこで、最初の状態としての人間はどのような存在として創造されたかについても再度確認したい。それを知るために『異端反駁』第5巻1章3節と『証明』第11章に目を向ける。そこには、神が土から人間を造り、それに息吹、すなわち魂を吹き込み、生きるものとしたことが記されている。

初めに私たちがアダムにおいて形造られたとき、神によって吹き込まれた生命の息が、先に形成されたものと一致して人間を生かし、理性的心魂(3)として現存させたこと、また終わりのときには、御父の御言葉と神の霊が、アダムの古い創造と実体を結ばせて、人間を生きた完全なものとし、完全な父を受け取り、私たちすべてが心魂《しんこん》的において死んだように、すべての者が霊的において生かされるのである(4)。

また『証明』第11章には、次のように記されている。

しかし人間の場合、神は土の最も純粋で細かいところを取って、ちょうどよい割合に自分自身の力を土とを混ぜ合わせ、自らの手で形づくった(5)。人間が形づくられ、地に置かれたのは、神の似像としてであったから、見える外観も神のようなものであるべきだと、神が人間の身体に自身の外形を与えたのであった。また人が生きるようになるため、「神はその顔に生命の息吹を吹き込んだ」〔創2：7〕。その結果、人間は身体においてばかりでなく、息吹に関しても神に似たものとなった(6)。

神の両手は人間を形造り肉体を造った。そこに神が生命の息吹を吹き込むことで、肉体に魂が与えられ、人間は心魂的に生きる者とされたのである。しかし、この時点では、まだ聖霊は与えられていない。なぜなら、創造された時点での人間は、あたかも幼児のような状態であるため、その状態では聖霊を受けることはできないからである。まず人間は、聖霊を受けることができるように成長する必要がある。

2　聖霊の授与と人間の成長の関係

それでは、人間は幼児のような状態から、どのように成長することを求められているか。聖霊を受けることができない人間の状態が記されている『異端反駁』第4巻38章2節を引用しよう。

そして、この故にパウロはコリント人に「私はあなたたちに乳を飲ませて、食物は与えなかった。まだ食物を得ることができなかったからである。」と言っている。即ち、「あなたたちは、主が人間となって来たことを学んだが、あなたたちの弱さのために、父の聖霊はまだ、あなたたちの上に休息してはいない。なぜなら、あなたたちのうちに、妬み、不和、そして不一致があるなら、あなたたちは肉的であって、人間に従って歩んでいる」と言っている。すなわち、彼らの不完全さと振る舞いの弱さのために、父の聖霊は、まだ彼らと共にいなかった。それ故、使徒は食物を与えることができた。使徒たちが手を置いた人々は誰でも、聖霊、すなわち、生命の食物を受けたのであるが、彼らの方で、神に向かう振る舞い[7]を持つには、感覚がまだ弱く、訓練されて

いないために、それを受けることができなかったのである。[8]（傍線筆者）

この箇所では、聖霊が休息していない、すなわち、与えられていない理由として「妬み、不和、そして不一致」があげられている。このような人は、「霊的」ではなく「肉的」と表現される。また肉的な人は「神に向かう振る舞い」が不完全であり、弱さがあることが示されている。つまり、聖霊を受けるためには「神に向かう振る舞い」を身につけるように訓練され、成長する必要がある。

この成長は、神が強制的に行うことではない。神は人間が成長していくために、神自身に似たものである人間に「自立性」を与えた。[9]人間は、あたかも幼児の状態のように創造されたわけであるが、神に与えられた自立性を用いて、徐々に「神に向かう振る舞い」すなわち「神を信じ、神の意志を行う」生き方を学び、成長することが求められるのである。

3　魂の二つの選択

人間に聖霊が与えられていない状態で「神を信じ、神の意志を行う」生き方を選び取ることは、魂の働きによる。それでは、アダムとエバが創造された時点での人間の魂はどのような状態であったか。『証明』第14章には、神が生命の息を吹き込んだことにより人間に与えられた魂は、本来の本性を保ち、悪に関わることは一切思いつくことも想像することもできなかったことが記されている。

アダムとエバ――これがその女性の名前なのである――は「裸であったが、恥ずかしいとは思わなかった」〔創2：25〕。彼らの考えは無邪気で子供のようだったからである。悪によって、快楽への欲望を通して、そして恥ずべき欲情によって魂の中に惹き起こされるたぐいのものを、彼らは思いつくことも想像することもできなかったのである。彼らはそのときには元来の統合された状態にあり、本来の本性を保っていた。彼らの形づくられた身体の中に吹き込まれたものは生命の霊だったからである[10]〔創2：7参照〕。

しかし、人間は堕罪の失敗により、本来の魂の状態を喪失したのである。『異端反駁』第5巻1章1節には、堕罪が人間に与えた影響について記されている。

背教が不当にも私たちを支配し、私たちは本性では全能の神のものであるが、私たちを本性に背かせ、弟子として自分自身に従わせた[11]。

このように、人間は本性としては神のものであるが、最初の人間であるアダムの背教により、本性に背く存在となった。その状態での人間の魂はどのように自らの道を選択するのか。具体的には「どのように神の意志を選択することが可能であるのか」や「悪だけを選択してしまうのか」などの疑問が生じる。『異端反駁』第5巻9章1節には、その疑問の答えともなる記述が記されている。それは、魂は「霊に従うか」、「肉に従うか」という二つの選択のどちらか一方を選ぶ状態へと変化したことが示されている。

その魂は、あるときには霊に従い、それに高められるが、しかし、あるときには肉に同意し、地上の欲求に堕落してしまうのである。[12]

つまり、堕罪後の魂は、完全に悪を選ぶような状態にまで至らないとしても、創造された状態のように悪に関わることも、また一切思いつくことも想像することもできないようではない。堕罪したことにより、魂は「あるときには肉に同意し、地上の欲求に堕落してしまう」状態へと変化した。だからこそ、なおのこと人間は絶えず神に与えられた自立性を用いて、「神に向かう振る舞い」である「神を信じ、神の意志を行う」生き方を学び、成長することが求められるのである。

同様のことが『異端反駁』第4巻41章2節にも記されている。この箇所でも人間は本性においては神の子らであるが、すべての者が神への従順と教えに従うことにおいて、神の子らとして「歩む」わけではないことが記されている。本性における神の子らとは「神を信じ、神の意志を行う者」と記されている。しかし、本性のあり方を見失い「神を信じることもなく、神の意志を行わない者は悪魔の子ら」と表現される。

それ故、言うなれば、本性に従えば、すなわち、創造に従えば、私たちは皆、神の子らである。私たちは皆、神によって造られたのであるから。けれども、従順と教えに従えば、すべての者が神の子らではなく、神を信じ、神の意志を行う者である。しかし、信じることもなく、神の意志を行うこともしない者たちは、悪魔の業を行っているので、悪魔の子ら、また使いである。[13]

堕罪後の聖霊を受ける前の人間、言い換えれば、洗礼を受ける前の人間には「神を信じ、神の意志を行う神の子ら」か「信じることもなく、神の意志を行うこともしない悪魔の子ら」の二つの道が絶えず示され、どちらかを選択をしなければならないことがわかる。また『異端反駁』第5巻12章2節には、次のように記されている。

しかし霊は人間を内側と外側から取り囲み、その後は絶えず留まり、人間を決して離れることがない。使徒は「しかし最初のものは霊のものではない」と言う。これは私たち人間のことを指して言っているのである。また「最初のものは心魂《しんこん》的であり、後で霊的なものがある」というのは、理に適っている。なぜなら人間は最初に造られねばならなかったからである。そして心魂を受け取り、同じように霊との交わりを与えられねばならなかったのである。それゆえに、主によって最初のアダムは心魂のある生きたものとなり、第二のアダムは命を与える霊となったのである。しかし心魂の生き物となった者は、誤ったものへ向きを変え、命を失ってしまった。同じように人間は、再び善いものに立ち返って、命を与える霊を受け取るとき、命を見出すであろう⑭。

聖霊が与えられていない肉と魂の存在としての人間は、肉と魂と聖霊からなる「完全な人」ではないため、神に向かう存在としては不完全である。また、堕罪により魂も最初の本性を失っている。そのため、あるときには「肉に同意し、地上の欲求に堕落してしまう」のである。この箇所で「しかし心魂の生き物となった者は、誤ったものへ向きを変え、命を失ってしまった」と記されているように、心魂的な存在である人間は、誤ったものへと進めば命を失う。反対に、心魂的な人間が「再び善いものに立ち返って、命を与える霊を受け取るとき」将来的に命を見出す。ここでも魂は、誤ったもの、善なるもののいずれにも進む可能性があることが示されている。心魂的な人間は、洗礼時に聖霊を受けることによって「神の意志を行う」道へと進むことを強固にされるのである。

4　洗礼を受けるにふさわしい者は誰か

聖霊は、イエスに降って以降教会に与えられ[15]、典礼（サクラメント）である洗礼を受けることにより、個々人に分け与えられる[16]。聖霊が洗礼によって与えられるのであれば、どのような人間が洗礼を受けるにふさわしいかを考える必要があろう。『異端反駁』第5巻9章2節には「神を畏れ、その御子の到来を信じ、信仰によって自らの心の中に神の霊を受け入れる者[17]」とある。

また聖霊が洗礼によって与えられるのであれば、洗礼を受けるにふさわしく成長した者に与えられるとも言い換えることができる[18]。『証明』第41章には、聖霊を受けた使徒たちの働きについて、次のように記されている。

人類に生命の道を示し、人々を偶像から、淫行から、そして利己的な誇りから立ち返らせ、人々の魂と身体を水と聖霊との洗礼によって浄め、信じる人々に、自分たちが主から受けた聖霊を分かち与えたのであった[19]。

使徒は、まず人々が、偶像、淫行、利己的な誇りから立ち返ることができるように働く。それに従った者に洗礼が授けられ、聖霊が分かち与えられたのである。つまり、使徒は罪から離れ生きる者に洗礼を授けるのである。そこで、エイレナイオスにおける罪理解がどのようなものかを知る必要がある。次にその点を取り扱いたい。

5　エイレナイオスにおける罪理解

エイレナイオスは、人間は洗礼時に聖霊を授かると理解した。ここでは、エイレナイオスは洗礼によって洗い流される「罪」をどのように考えていたかを明らかにしたい。なぜなら、この罪理解こそエイレナイオスにおける洗礼と聖霊の授与との関係性を正しく理解する鍵だからである。まず『証明』第3章で、洗礼は罪の赦しのために受けたことを記している箇所を確認したい。

信仰がわれわれに勧告してくれることは、何よりもまず、われわれが受けた洗礼を想い起こすことである。その洗礼を、われわれは父なる神の名によって、また肉〔なる人〕となり、死に、そして復活した、神の子イエス・キリストの名によって、そして神の聖霊において、罪の赦しのために受けたのであった。また信仰は次のことも想い起こすように勧告する。この洗礼が永遠の生命の封印であり、神の内への生まれ変わりであるということ、すなわちこれによってわれわれはもはや死すべき人間の子供ではなく、時間を超越し、永遠の方である神の子供になるのだということ。[20]（傍線筆者）

それでは、エイレナイオスの言う「罪の赦し」とはどのような内容を指しているか。このことについての重要な箇所として『異端反駁』第5巻11章2節の記述を挙げることができる。

それでは私たちはいつ天に属しているかたちを取ったのであろうか。あなたたちが主の名を信じ、その霊を受けて、洗われたときと言えよう。[21] しかし私たちが洗われたのは、身体の実体でもなければ、造られたものとしてのかたちでもなく、それまでの空しい生き方である。[22]（傍線筆者）

エイレナイオスは、アウグスティヌスが述べたような「原罪」が洗い流されたとは言わず、「それまでの空しい生き方」が流されたと記している。[23] また『証明』第2章には、罪について次のように記されている。

「彼は、罪人たちの道に立たなかった」〔詩1：1〕。「罪人たち」とは、神についての知識をもちながら、その戒めを守らない人々のこと、すなわち神を軽蔑する輩《ともがら》のことである。[24]

『証明』第2章の記述に示されている「空しい生き方」とは、「神についての知識を持ちながら、その戒めを守らない人々のこと、すなわち神を軽蔑する者」のことを指すことがわかる。「神を軽蔑する生き方」とは、心の内面の問題だけではなく実際の生き方に現れるものである。

それでは、具体的に空しい生き方とは、どのようなことを指しているか。『異端反駁』第5巻11章2節の直前の『異端反駁』第5巻11章1節には、ガラテヤ5章19節から21節と第一コリント6章9節から11節の引用をし、罪である空しい生き方が何であるかを記している。ガラテヤ5章19節から21節からの引用は次のように記されている。

彼はガラテヤへの手紙の中で、このように言っている。肉の行いは明らかである。それは姦淫《かんいん》、売春、猥褻《わいせつ》、贅沢、偶像礼拝、魔術、憎しみ、争い、嫉妬、激怒、競争、敵意、いら立ち、不和、分派、妬み、酩酊《めいてい》、遊興、これらに似たことです。あなたたちに以前も言ったことを、同じように前もって言うが、このようなことをする者は神の国を受け継ぐことはできません。(25)

第一コリント6章9節から11節からの引用は、次のように記されている。

使徒は同じことについて、さらに証言している。すなわち、コリントの人々に向かって。あなたたちは知らないのですか。不義な者は、神の国を受け継ぐことはできません。誤ってはなりません。淫らな者、偶像礼拝をする者、姦淫する者、男娼、男色をする者、泥棒、強欲な者、酒飲み、誹謗中傷《ひぼうちゅうしょう》する者、人の物を奪う者は、神の国を継ぐことはできません。(26)

さらに、神を知りながらも、軽蔑した空しい生き方をしている者に対する警告が『異端反駁』第5巻8章3節に記されている。

これはすべての異端者たち、また神からの告知を熟考せず正しい行いによって身をかざらない者たちを示している。主が「あなたたちは私に何を言いたいのか。私に『主よ、主よ』と言い、私があなたに言うことを行わないのか」と言ったのは、そのような者たちにであった。父と子を信じていると言いながら、どのような状況でも神の告知を熟考せず、正しい行いで身を飾ることもせず、すでに述べたように、豚や犬の生活を選び取り、汚れ、大食、その他の怠慢にとどまり、身を委ねている。それゆえ、彼らは自分たちの不信心、あるいは贅沢に埋没し、神の霊を得ることもしない。その他、様々な特徴は、彼らを生かす言葉も自ら投げ捨て、自らの理性なき肉欲の中を歩き回る者たちである。使徒は、そのような者たちを「肉の人間」あるいは「生まれたままの人間」と呼んでいる[27]。

この箇所で、エイレナイオスは、神に従わない人間のことを「『肉の人間』あるいは『生まれたままの人間』」と表現し、『異端反駁』第5巻6章2節では、肉すなわち身体の聖性と清さを保持することが、キリストの肢体につながることを語る。しかし、清さを保持し続けないならば、娼婦の肢体に変わるとも語っている。

しかし、私たちの身体、すなわち肉のことである。聖性と清さを保持し続けていれば、それはキリストの肢体であると彼は言ったのである。しかし、もし娼婦と抱擁をするなら、娼婦の肢体に変わるのである[28]。

また、エイレナイオスは神に従わないことは、単に肉欲のような肉体に関わることだけであるとは理解していない。『証明』第2章を見ると、魂においても神に従わないこともまた空しい生き方であることが理解できる。

人間は、身体と魂とから成り立つ生き物であるから、以上のことは両方の尽力によってなされなければならない。また、身体と魂の両方が躓きの原因となりうるので、［聖性にも］身体の聖性と魂の聖性とがある。身体の聖性とはあらゆる恥ずべきこと、あらゆる不義の業を慎む節制であり、魂の聖性とは、何も加えず何も省かないで、神への信仰を十全に保つことである。なぜなら、神に対する敬虔さは、身体の不潔によって汚されると暗くなり、衰えてしまうからであり、また魂に虚偽が入ってくると、この敬虔さは傷つけられ、汚れ、不完全なものとなってしまうからである。常に魂の中に真理があり、身体に清さがあるときには、敬虔さはその美しさと調和を保つ。身体を汚し、そして悪の業を行っているときには、言葉で真理を知ることに何の益があろうか。また、魂の中に真理がないなら、身体の聖性が何の役に立つであろうか。なぜなら、これら二つ〔魂に宿る真理と身体の節制〕は共にいることを喜びとし、人を神の前に置くことで同意し、そのために共に戦うのだからである。(29)（傍線筆者）

以上のことから、エイレナイオスにおける罪とは「それまでの空しい生き方」を指し、その生き方とは、肉欲に従って生きることのみならず、魂においても虚偽、すなわち、真理に従わない生き方を含んでいると理解できる。その「生き方」が、洗礼において洗い流されると語られていることは、洗礼授与者の「生き方」が変わることを意味する。つまり、エイレナイオスにおいて洗礼は単なる儀式ではない。むしろ、洗礼を受けることによって、実際に人間の生き方が変えられることを述べるのである。

6　人間を新しくする神の知識としての聖霊

人間は、聖霊が与えられることで、具体的にどのように生き方が変えられていくのであろうか。エイレナイオスによれば、それは単に心を入れ替えるようなことを意味しない。洗礼時に受けた聖霊が、その人間の現実の生き方を助けるのである。『異端反駁』第5巻12章3節は、次のように記されている。

私たちは、神に造られたものを脱ぐのではない。肉の欲望を脱いで、聖霊を受けるのである。(30)

続く『異端反駁』第5巻12章4節では、「新しい人を着ること」が記されている。前の文脈から考えるならば、「新しい人を着る」とは、まさに聖霊を受けることになる。「肉の欲望を脱いで、聖霊を受ける」とあることからも、聖霊を受けた者は新しく「生きる」者となるのである。『異端反駁』第5巻12章4節には、人間の「知識」が新たにされることが記されている。

> 新しい人間を着るのである。自分を造った方のかたちに従って、知識において新たにされるのである。「知識において新たにされる」と使徒が明らかにしていることは、ほかでもない。以前、無知であった人間、すなわち、神を知らない人間が、神を知る知識によって新たにされるということである。なぜなら、神を知る知識が人間を新たにするからである。そして使徒がここで「造り主のかたちに従って」と言うのは、はじめに神のかたちに従って造られたあの人間が、再統合されることを明らかにするためであった。(31)（傍線筆者）

つまり、聖霊を受けるとは「主の名を信じ」洗礼を受けた者たちが、「神の知識を受ける」と語られているのである。この「知識」はラテン語では agnitio が用いられていおり「認識」とも訳すことができる。魂においては、善か悪のいずれかを「選択」する際、善を選ぶための「知識」「認識」は与えられていなかった。

しかし、聖霊によって、神に対する認識が与えられることで、人間はそれまでの「空しい生き方」から離れ、神が望む道を「認識し」選ぶことができるように新たにされるのである。

7　善の基準である聖書における聖霊の働き

エイレナイオスは「聖書」と「使徒の伝承」こそ、「神への従順」を知る基準であると語る。[32] エイレナイオスは『異端反駁』第3巻の最初で、グノーシス主義の誤謬《ごびゅう》に対して反論する方法として「そして、この第三〔巻〕では聖書によって証明を述べたい」[33]と語り出している。[34] なぜなら、グノーシス主義者たちは「聖書」と「伝承」を認めないからである。[35] また、『異端反駁』第3巻2章1節でグノーシス主義者たちの聖書と伝承に対する考えを次のように述べている。

彼らは、聖書を非難されると、聖書そのものに非難を向けさせる。聖書は正しくなく、権威に由来せず、様々に言われており、伝承を知らない人々がそれから真理を見出すことは不可能だと〔言うのである〕。〔真理は〕文字によってではなく、生ける声によって伝えられた[36]〔と言っている〕。

これに対し、エイレナイオスは『異端反駁』第3巻1章1節で、聖書と伝承の必要性を次のように述べる。

私たちは、私たちの救いの営みを、他の人々によってではなく、彼らを[37]通して知った。福音は、彼らによって私たちに届いたのである。それから彼らは宣べ伝え、その後、私たちの信仰の基礎であり、柱[38]となるものとして、神の意志により、聖書で私たちに伝えたのである。[39]

エイレナイオスは、聖書を「私たちの信仰の基礎であり、柱となるもの」と位置づけるが、信仰の基礎としての聖書に、どのような権威を認めていたのであろうか。エイレナイオスの聖書観を知ることができる二つの箇所を見ていきたい。まず『異端反駁』第3巻21章4節には、次のように記されている。

というのは、一つの同じ神の霊が、主が来ることがどのようなもので、どのような質のものであるかを預言者たちによって触れ回り、また善く預言されたことを長老たちによって善く解釈した〔のであるが〕、その1つの同じ神の霊が、また養子とする時の充満が来たこと、天の国が近づいたこと、処女から生まれたインマヌエルを信じる者たちのうちに住み着くことを、使徒たちによって告げ知らせたからである。[40]

この箇所に記されている「長老たち」とは、旧約聖書をギリシア語に翻訳した七十人の長老たちを指している。[41] エイレナイオスは『異端反駁』第3巻21章2節で、七十人の長老が行った、いわゆる「七十人訳聖書」の翻訳における有名な伝説を取り上げ[42]、聖書が「神の呼吸」(霊感)によって翻訳されたことを主張している。[43]『異端反駁』第3巻21章4節を見ても、「一つの同じ神の霊」と繰り返し述べられており、旧約聖書の七十人訳聖書が聖霊の働きによって成し遂げられたことが強調されている。この聖霊は『証明』第6章に記されていたように、旧約の時代にあって、預言者や族長たちに働いたのと同じ聖霊であり[44]、また『異端反駁』第4巻33章15節で「常に同じ神の聖霊[45]〔がおり〕」と語られた聖霊である。この聖書への「一つ」の聖霊の働きは、旧約聖書の事柄に限定された話ではない。続けて、エイレナイオスが新約聖書、とりわけ福音書について記している[46]『異端反駁』第3巻11章8節に目を向けてみたい。

福音書は数において〔これより〕多くもなく、また少ない〔こと〕も決してない。なぜなら、私たちのいる世界の方向は四つであり、重要な風も四つであり、教会は全地上に広められており、福音と生命の霊が教会の柱であり、支えであるので、あらゆる方向から不死性を吹き込み、人々をよみがえらせる柱を四つ持つことは当然のことだからである。[47]すべてのものの創造者である御言葉、すなわち、ケルビムの上に座して、万物を保持している方が人々に明らかにされ、一つの霊に密接につなげられた四つの形の福音書を私たちに与えたことは、これらのことから明らかである。[48]

四つの福音書について語られているこの箇所でも、「一つの霊」によって福音書が結び付けられていることが記されている。このようにエイレナイオスは、旧約聖書の翻訳においても、また四つの福音書が人間に与えられたことのどちらも、聖霊の働きがあったことを『異端反駁』の読者に訴える。この聖霊は旧約の時代において、「預言者や族長に働いた聖霊」、「常に同じ聖霊」と証言された聖霊であるが、何よりも「神の両手」の片手として臨在していた聖霊であることを忘れてはならない。

8　エイレナイオスが示す善とは何か

人間は、洗礼によって聖霊を受け「それまでの空しい生き方」を洗われる。さらに知識（あるいは認識）において新たにされた者は、善を行うことへと進み、聖霊を保持し続けることができる。

それでは、エイレナイオスが考える善とは何かを確認したい。エイレナイオスは善を端的に「神への従順」と表現する。『証明』第34章には、次のように記されている。

そして、木を通して仕上げられた罪は、〔十字架の〕木の従順、つまり〔人の子の〕神への従順によって打ち砕かれたのであった。人の子が十字架に釘づけにされて悪の知識を滅ぼし、善の知識をもたらして〔人々に〕与えたからである。悪とは神への不従順であり、神への従順こそが善なのである。(49)

要するに「それまでの空しい生き方」から離れて行う「善」とは、神に従順に生きるということである。次に、神に従順に生きることの理解を深めるために、エイレナイオスが、どのようにアダムとエバによる不従順とキリストの従順について記したかを確認したい。

8—1　アダムとエバによる不従順による神との類似性の喪失

アダムとエバによる不従順について、『証明』第34章には「木を通して仕上げられた罪」と表現されている。つまり、彼らの不従順とは「善と悪の知識の元になる木からだけは食べてはならない。食べる日にはあなたは確かに死ぬであろうから」と与えられた命令を守らず、神に背いたことである。

エイレナイオスがアダムとエバの不従順について、どのように記しているかを『証明』から、いくつかの箇所を抜き出し確認したい。まず『証明』第17章には、次のように記されている。

しかし、反逆の天使、これは人を不従順へと導き、罪人とし、人が園から追い出される原因となった天使〔と同一人物〕であるが、〔この天使〕はあの最初の悪で満足せず、この兄弟たちのあいだに第二の悪をもたらした。(50)

エイレナイオスは「反逆の天使」が彼らを不従順に導いたことを挙げる。しかし『証明』第31章と第33章を見ると、エイレナイオスは神への不従順を、アダムあるいはエバのどちらかだけではなく、両者の不従順によることを記している。『証明』第31章には、アダムが不従順であったことが記されている。

またわれわれが皆、アダムという最初の形成〔物〕の巻き添えを食って、不従順により死に縛られていたので、その死の結び目は、われわれのために人となった方の従順によってほどかれるのでなければならなかった(51)〔ロマ5：12、5：19参照〕。

次いで『証明』第33章には、エバが不従順であったことが記されている。

人が撃たれて堕落し、死ぬようになったのは、一人の不従順な処女を通してであった。それと同様、人が生命〔そのものである神〕によって蘇らされ、生命を受けたのも、処女を通してであった。この処女は神の言葉に従順だったからである。主は失われた羊を探しに来たのであるが〔マタ15：24、ルカ19：10〕、そ〔の羊と〕は失われた人間であった〔1ペト2：15、イザ53：6参照〕。そして、〔主は目に見えるものとなったとき〕何か他の形づくられたものとはならず、形づくられた〔肉体としての人間〕の類似性をアダムから受け継いだそのその〔処女〕から〔受けて、アダムとの類似性を〕保持した。それは、死すべきものが不死性に呑み込まれるため、アダムがキリストの内に〔総括・再統合されなければならなかったからである〕。それは一人の処女がもう一人の処女を弁護者となり、一人の処女の不従順を処女としての従順によって滅ぼすためであった[52]。

このように、アダムとエバは神の命令を守らず不従順に陥った。その結果、彼らは不従順のゆえに神との類似性を喪失したのである。

8—2　アダムとエバが神との類似性を喪失した理由

なぜ、彼らの不従順によって神との類似性がいとも簡単に失われたかについて、ここで再び確認したい。『異端反駁』第5巻16章2節には、その理由が記されている。

かつて、事実、人は神のかたちに従って造られたと言われていたが、示されてはいなかった。人が神のかたちに従って造られた御言葉は、不可視であった。そのため、類似性も容易に失ってしまった。(53)

この箇所が示すように、神のかたちと類似性に従って造られた人間は、堕罪をした時点では、まだ神のかたちと類似性の完成である御言葉、すなわち、御子を見たことがなかった。その結果、彼らは容易に罪を犯し、その不従順のゆえに類似性を失ったのである。『異端反駁』第5巻16章2節には、次のように記されている。

かつて、確かに人間は神のかたちに従って造られたものと言われていたが、示されてはいなかった。つまり、人間がそのかたちに従って造られた御言葉は、まだ不可視であった。このために、類似性を容易に喪失した。しかし、神の御言葉が肉となったとき、〔二つの〕いずれも確かなものにした。すなわち、彼のかたちであったものになることで、真のかたちを明らかにし、また人間を目に見える御言葉によって、目に見えない父に似たものとすることで、類似性をも強固にもと通りにしたのである。(54)

また、『異端反駁』第3巻18章1節には、次のように記されている。

彼が受肉し、人間となったとき、彼は人間の長い歴史を自らのうちに再統合した。集約〔した形〕で、私たちに救いを与えたのである。それは、私たちがアダムにおいて失ったもの、すなわち、神のかたちと類似性に従って〔造られた〕ものであること、これをキリスト・イエスにおいて取り戻すためである。(55)

この箇所の引用の最後には「これをキリスト・イエスにおいて取り戻すため」と記されている。これが意味することは、キリストが受肉し、完全な神のかたちが可視化したことにより、人間は失った類似性の回復の可能性が開かれたということである。

それでは、人間に神との類似性が回復することと、聖霊を与えられた者が善を行うことは、どのような関係があるか。「かたち」と「類似性」に関する御子と聖霊それぞれの働きについて、鳥巣義文は次のように述べている。

それから、さらにエイレナイオスは、彼独自の神学的意味規定あるいは関係規定とでも呼ばれるべきものを「かたち」と「類似性」に施している。すなわち、人間創造の祈りにはたらいた「神の両手」の内、御子を「かたち」に結びつけ、聖霊を「類似性」に結びつけるという独自の関係規定である。例えば、エイレナイオスは、御子と「かたち」の関係について「神のかたちとは、御子のことである。人間はそのかたちに従って造られた」と名言しており、またこの「かたち」は、人間においては肉体、および理性、自由、自立性といった本性に見出されると述べている。そして、救済史をとおして人間における「かたち」を確立させるのは、御子の役割とされている。他方、聖霊と「類似性」の関係であるが、この「類似性」とは、それを受けた人間が霊的で完全なものになるための不可欠の要素、すなわち、肉体の救いを最終的に完成する神の本性としての「不滅性」ないしは「不死性」にほかならない。そして、エイレナイオスは救済史をとおして、人間にこの「類似性」を保証するのは聖霊の役割であると見なしている。(56)

つまり、御子の受肉により、人間は神との類似性の回復の可能性が開かれるわけであるが、その類似性を保証するのは、聖霊の働きである。洗礼によって聖霊を受けた人間は、保証として与えられた聖霊が、類似性を保つべく働くために、善を行うことによって聖霊を保持する必要がある。

8—3　キリストにおける神への従順と未来における類似性の完成

次いで、受肉したキリストの従順に目を向けたい。『異端反駁』第5巻16章3節には、キリストの従順について記されている。

> 主は、私が今まで語ったことだけではなく、ご自身の受難によっても父とご自身のことを明らかにした。かつて最初の人間の不従順は木によって起きた。主は死に至るまで、しかも十字架の死に至るまで従順であられた。すなわち、主はかつて木において行った不従順を木における従順によって癒したのである。もし、主が他の父を伝えていたのであれば、私たちが創造主に対して不従順を解消するために同じように来ることはなかっただろう。なぜなら、私たちは木によって神に従わず、その言葉も信じなかった。主は同じ木によって従順と神の言葉への同意をもたらされた。それゆえ主が明らかにされたのは、私たちが第一のアダムにおいて、神の戒めを守らなかったが、しかし第二のアダムにおいては、死に至るまで従順な者となることで和解させられたのである。なぜなら、私たちは他の神の負債者であったのではなく、私たちが最初に戒めを破った方に(57)（負債を負っていたからである）。（傍線筆者）

この箇所に「主はかつて木において行った不従順を木における従順によって癒した」との表現がある。同じような表現が『異端反駁』第5巻19章1節にあり、そこには「主は木において生じた不従順を、木における従順によって再統括された[58]」記されている。注目すべきは『異端反駁』第5巻16章3節では「癒した」と記されているが『異端反駁』第5巻19章1節では「再統括された」と記されていることである。エイレナイオスは、再統括を御子の誕生から受難に至る地上の救いの営み全体と結びつけている[59]。『異端反駁』第5巻18章3節には、そのことが明瞭に示されている。

そして、被造世界の中に貼り付けられ、神の言葉としてすべてのものを支配し、秩序づけている。そして、そのために目に見えずに来て、肉となり、そして、万物が自分自身のうちに再統括されるようにと木にかかったのである[60]。

つまり、キリストの受肉、誕生、受難をとおして人間は再統括された。この再統括は、キリストが神に従順に歩んだことにより成し遂げられたのであり、この従順には「死も内包されている」のである[61]。ここで、キリストの受肉と再統括の関係について、触れておきたい。

キリストの受肉について、大貫隆は次のように述べている。

受肉によって見えるものとなった神のかたちは、人間の神類似性をなお未来の完成へと向けて再び堅固にした、と言うべきであろう。[62]

ここで「未来の完成」とあるように、キリストが受肉し再統括がなされたことにより、人間は新たに再出発することができるのである。[63] この点に関して『証明』第32章をみたい。

それで、主は、この人間を再統合しようとしたとき、〔アダム〕が肉〔なる人〕となった、その〔救済史の〕営み〔の経過〕を再現した。〔父なる〕神の意思と知恵によって処女から生まれたのである。それは〔主〕もアダムという肉なる人の写しとなるため、そして〔聖書の〕初めに書かれている通り、人が神の「似像および似たものと」〔創1：26〕される〔コロ3：10参照〕ためであった。[64]

この箇所には「主は、この人間を再統合しようとしたとき」との記述がある。この部分を大貫隆は「主はこの人間（アダム）を今一度完成させるために」と翻訳している。[65] 御子は人間に「神のかたち」を知らせ、またアダムが堕罪によって喪失した神との「類似性」を取り戻させ、人間を「今一度完成させる」ために受肉したのである。さらに『異端反駁』第5巻21章1節をみると、再統括された人間は、命に向かって上昇していくことが記されている。

女がそこから造られたあの最初の人間をご自身の中に再統括されるためであった。そして人間が打ち負かされたことによって、私たちの子孫が死のうちに堕ちることになったのと同じように、再び人間が勝利者となるこ

とによって、命に向かって上昇していくのである。(66)

アダムが堕罪し、人間は死に陥った。同じように、キリストが再統括したことにより、人間は再び勝利者となり、命に上昇できるようになったのである。また「人間の神類似性をなお未来の完成へと向けて再び堅固にした」とあるように、神との類似性の完成は「未来への完成」であり、人間の復活後に完成に至ることが述べている。

8—4 キリストの従順を模倣と「聖霊の交わり」の関係性

人間が堕罪した理由は、あたかも幼児のような状態で造られたことと、受肉したキリストを見ることができなかったことであることは、すでに述べたとおりである。受肉した御子を見ることができなかったとは、言い換えれば、「キリストの従順」を模倣することができなかったということである。ハンス-ユーゲン・マルクスは、次のように記している。

キリストが命をささげたのは、十字架上の死に至るまでの従順と謙虚の模範を示すためである。実際に、乳児であったことに加えて、人祖が容易にだまされたもう一つの理由は、言がまだ受肉してなかったので、人間は自己の原型を目で見ることができず、それをどのように模倣したらよいかも分かっていなかった、ということである。(67)

しかし、御子の受肉後には人間はキリストの従順を模倣することへと進むのである。『異端反駁』第5巻1章1節には、次のように記されている。

私たちの師が、言葉として存在していた方が、人間になることがなかったなら、私たちは神のことを学ぶことができなかったであろう。なぜなら、父自身の言葉より他には、誰も父のことを私たちに語ることができなかったであろうからである。「誰が主の思いを知り、主の助言者となったことだろうか」。私たちは、私たちの師を見て、またその声を聞いて学んだのである。その他の方法では学べなかったであろう。彼の業に倣う者となり、その教えを行う者となって、彼との交わりを持つためであった。そして完全な方、またすべてが造られる以前から存在した方によって、成長させてもらうためである。私たちは唯一にして、善なる方によって最近造られたのである。その方は不滅性を賜物としてお与えになる方である。私たちは彼に似た者となるように造られたのである。事実、まだ存在していなかったときから、父の予知にしたがって存在するように予定されていたのである。しかし、予知されていたときに、被造物の始めとして造られたのは、言葉の働きのゆえであった。それは、すべてにおいて完全であり、力ある言葉、真の人間である。それはご自身の血によって、私たちを贖うために、奴隷の状態にある者のために贖いの代価としてご自身をささげられたのである。(68)（傍線筆者）

キリストが贖いの代価として自身を捧げたことにより、人間は、キリストを模倣し、さらに成長へと導かれるのである。『異端反駁』第5章12章3節を見ると、洗礼を受け聖霊を与えられたのは「罪の赦し」のためだけではなく、「キリストにおいて霊的な者」と生きるためでもあったことが記されている。

それは私たちがすべて心魂《しんこん》的な者として死ぬように、キリストにおいて霊的な者として生きるためであった。私たちは神に造られたものを脱ぐのではない。肉の欲望を脱いで、聖霊を受けるのである。(69)(傍線筆者)

それでは、霊的な者として生きるとは、どのようなことか。『異端反駁』第5章10章1節には、次のように記されている。

しかし、もし接ぎ木されたことを保ち、良いオリーブに変わるなら、まるで王の楽園に植えられたオリーブのように多くの実をならせるだろう。人間も同じである。もし信仰によってより良くなり、神の霊を受け、実をならせる者は、霊的な者となり、あたかも神の楽園に植えられたかのようになるであろう。しかし、もし霊を吐き出し、以前の生き方にとどまり、霊よりも肉に属することを欲するなら、その人こそ「肉と血は神の国を受け継ぐことができない」と言われていることがあてはまるのである。(70)(傍線筆者)

また『異端反駁』第5章11章2節には、次のように記されている。

私たちは滅びの肢体であり、堕落の業を行い歩んでいた。けれども、霊の業を行うならば、その肢体によって生かされるのである。(71)(傍線筆者)

キリストに接ぎ木された者が、どのような霊の業を行うべきであるかが『異端反駁』第5章11章1節に記されている。

他方で、彼（パウロ）は霊的な行いを列挙している。人間に命を与えるもの、すなわち、霊の接ぎ木のことである。彼はこう言っている。「霊の実は、愛、喜び、平和、忍耐、親切、善意、信仰、柔和、節制、抑制である。これらのものを禁じる戒めはない」。それゆえ、より善きものに達し、霊の実を結んだ者は、霊との交わりのゆえに、どのような場合も救われる。同じように、先に述べた肉の行いにとどまり続ける者は、神の霊を受けていないために、真に肉に属する者とみなされ、天の国を嗣ぐことができないであろう[72]。

まず人間は、霊的な行いである「愛、喜び、平和、忍耐、親切、善意、信仰、柔和、節制、抑制」をとおして「霊の実」を結ぶことが求められている。この霊の実を結んだ者には、「霊との交わり（Spiritus communionem）」が与えられる。それゆえに、人間は救われるのである。つまり、人間は霊的な行いをする必要がある。しかし、その行いそのものが人間を救うのではなく、あくまでも、人間を救うことができるのは霊の働きである。このことをエイレナイオスは「一体、何が救うものか。彼は言う。私たちの主イエス・キリストの御名と、私たちの神の霊である[73]」と端的に表現するのである。

つまり、人間は善を行うことによって聖霊を保持するのであるが、善の行いが人間を救うのではない。同様に、聖霊が一方的に人間を救うのでもない。あくまでも、霊的な行いをすることによって霊の実を結んだ者が「聖霊との交わり」に生きるようになり、救いにあずかるのである。

8―5　受肉したキリストの心魂

これまでアダムの不従順と、キリストの従順について見てきた。受肉した御子は、完全な神のかたちとして、神に従順に生きることをもう一度やり直したのである。キリストはアダムと同じく肉をとった。しかし、堕罪後のアダムとキリストの心魂には違いがある。『異端反駁』第5巻14章3節には、受肉したキリストの心魂の状態についての言及を見ることができる。

もし誰かがこれのゆえに、主の肉は私たちの肉とは別のものであったと言うとすれば、主は罪を犯したことがなく、その心魂には「偽りが見つからなかった」が、私たちは罪人と言うとすれば、それは正しいのである。(74)

(傍線筆者)

この箇所の「その心魂には『偽りが見つからなかった』」と記されている部分は、ペテロへの手紙第一2章22節からの引用であり、そこには「この方は、罪を犯したことがなく、その口には偽りがなかった」と記されている。ギリシア語原文でも同様に、ὃς ἁμαρτίαν οὐκ ἐποίησενοὐδὲ εὑρέθη δόλος ἐν τῷ στόματι αὐτοῦ と記されている。つまり、エイレナイオスが「心魂（anima）」と記している部分は、実際には「その口（τῷ στόματι）」であり、敢えて書き換えたと考えることができる。

なぜなら、エイレナイオスは別の箇所である『異端反駁』第4巻20章2節では、原文のギリシア語のとおりに

「その口に偽りがない」と引用しており、単に誤った記述を行なったとは考えにくいからである。

神の言葉であり、天で第一の者であったように「罪を犯したことがなく、その口に偽りがない」義の人間となり、地上でも第一の者となるため、また、死者から最初に生まれた者となり、地の下でも第一の者となるためであった(75)。

つまり、エイレナイオスには明確な理由があり「その心魂には『偽りが見つからなかった』」と記したと考えられる。ここで思い出したいことは、『証明』第14章に記されていたアダムとエバの堕罪前の魂の状態である。そこには「神が生命の息を吹き込んだことにより与えられた人間の魂は、本来の本性を保ち、悪に関わることは一切思いつくことも想像することもできなかった」と記されている。つまり、受肉したキリストの魂は、堕罪前の状態であったことが示されている。これは、はじめに造られた神のかたちと類似性に従い、神に従順であったことが示されているのである。

9　キリストの証人としての使徒による従順への勧め

キリストの従順により、人間は彼に倣い神への従順の歩みを始めていく。しかし、キリストは十字架で死に、復活し、その後、天に昇られた。それでは、それ以後の人間はどのように神への従順を行うことができるか。エイレナイオスは、使徒こそがキリストの証人であることを述べ、彼らが人々に従順を行うことについて教えると記している。『異端反駁』第3巻序には、キリストが使徒たちに「福音の権限」を与えたことが記されている。

実際、万物の主がその使徒たちに福音の権限を与えた。この人々によって、私たちは真理、すなわち神の子の教えを知ったのであり、またこの人々に主は言った。「あなたたちに聴く者は、私に聴き、あなたたちを拒む者は、私と私を遣わした方を拒むのである」[76]と。

それでは、実際に、使徒はどのように生きることが神への従順であると勧めるか。『証明』第41章には、次のように記されている。

〔イエス〕に教えられ、〔イエスが行った〕すべての善い業、その教え〔の証し人〕、そして受難と死と復活、および身体の復活の後、天に挙げられたこと、〔これらすべてのこと〕の証し人となったのは使徒たちであった。〔この使徒たち〕は、聖霊の力が〔下って〕後、〔イエス〕によって全世界に派遣され、異邦人〔の中から〕の召し出しを実現した。人類に生命の道を示し、人々を偶像から、淫行から、そして利己的な誇りから立ち帰らせ、人々の魂と身体を水と聖霊との洗礼によって浄め、信じる人々に、自分たちが主から受けた聖霊を分かち与えたのであった。[77]（傍線筆者）

また、『異端反駁』第5巻9章3節には次のように記されている。

従って、神の霊なしには、肉は死んだものであり、生命を持っておらず、神の御国を受け継ぐことはできない。地にまかれる水のように、血は非理性的なものである。「彼は土的な者であり、彼らも土的な者たちである。」けれども、父の聖霊のあるところ、そこに生きている人間がおり、理性によって生かされる血は、復讐のために神によって守られる。聖霊の所有となった肉は、聖霊の性質を得て、神の御言葉に型取られたことで、自らのものを忘れてしまう。そして、この故に言う。「私たちは、土からのその者のかたちとなっているように、天にある方のかたちにもなる。」それでは、土的なものとは何か？形成物である。それでは、天的なものとは何か？　聖霊である。従って、言うのである。「天的な聖霊なしに、かつて私たちは肉の古さのうちに生き、神に不従順であったが、今や、聖霊を受けて、神に従順なものとして生命の新しさに歩んでいる。[78]」従って、神の聖霊なしに、私たちは救われないのであるから、使徒は、信仰と敬虔な振る舞いによって、神の聖霊を保持するように、私たちを励ますのである。それは聖霊の参与を欠く者となり、天に御国を喪失することのないためである。そしてまた、大声で叫ぶのである。「肉と血だけでは、神の御国を受け継ぐことはできない[79]」と。（傍線筆者）

これらの箇所が示すように、使徒は「人々を偶像から、淫行から、そして利己的な誇り」から立ち返るように教え、さらに、彼らが「信仰と敬虔な振る舞い[80]」によって、聖霊を保持し、聖霊の交わりに生きるように励ますのである。

10　司牧者に与えられた「使徒からの継承」

エイレナイオスは、キリストが使徒へ「福音の権限」を与えたことを示す。それでは、使徒以後、その権限は誰かに継承されるかとの問いが生じる。エイレナイオスは司牧者にこそ、その権限が継承されたことを記している。この点を明らかにするために、『異端反駁』第3巻3章2節を取り上げたい。

しかし、この巻の中ですべての教会の継承を数え上げることは、あまりにも長いので、最大で最古、また、すべての人々に知られ、栄誉ある二人の使徒ペテロとパウロによってローマに創立され、また設立された教会を、また使徒たちからの伝承と、人々に告げ知らせた信仰が司教たちの継承によって、私たちにまで至っていることを示すことにする。(81)

キリストはまず使徒たちに「福音の権限」を与えた。この「福音の権限」が与えられたゆえに、使徒たちに聴く者は、キリストに聴くことと同様に扱われる。この「福音の権限」は使徒たちにだけ与えられて終わったものではない。『異端反駁』第3巻3章2節に記されていたように、「福音の権限」は、「司教たちの継承」によって受け継がれていくものである。つまり、司牧者（司教職の者）たちは、キリストが使徒たちに与えた「福音の権限」と、教会の中で受け継がれ保たれてきた「司教たちの継承」による権限が与えられた者たちである。さらに『異端反駁』第3巻3章3節には、次のように記されている。

このような順序と継承により、使徒たちからの教会の中の伝承と真理の使信とが、私たちにまで絶えず届いている。そして、このことは、一つの同じ生命を与える信仰が使徒たちから今に至るまで、教会の中で保持され、真理のうちに伝えられていることの完全な明示である。(82)

これらの箇所から明らかなように、司牧者たちは「使徒からの権限」に基づき、信者たちが善を行うことができるように、教え導いていくのである。

11　洗礼と善の行いの相互作用

洗礼を受けた者に聖霊が与えられ、その者は「善」を行うことによって聖霊を保持する。この「聖霊を保持する」ことと、洗礼の関係性は、それ以後も続いていく。『証明』第2章には、次のように記されている。

「彼は、罪人たちの道に立たなかった」〔詩1：1〕。「罪人たち」とは、神についての知識をもちながら、その戒めを守らない人々のこと、すなわち神を軽蔑する輩のことである。(83)

この箇所で、エイレナイオスは「罪人」の定義を「神についての知識をもちながら、その戒めを守らない人々のこと」と語る。それでは、人間はどのようにして神の戒めを守ることができるであろうか。その答えを、エイレナイオスは『証明』第3章で、次のように述べている。

それゆえ、そのようなことがわれわれの身に起こらないよう、われわれは厳密に、また道から逸れることなく、信仰の規範を守り、そして、神は主であるから、その神を信じ、恐れ、また神は父であるから、その神を愛し、このようにして神の戒めを実行しなければならない。さて、〔神の戒めの〕実行は信仰によって〔初めて〕可能となる。なぜなら、イザヤが言っているように「あなたがたは信じなければわからない」〔イザ7：9〕からである。[84]

ここでエイレナイオスは「〔神の戒めの〕実行は信仰によって〔初めて〕可能となる。」と記している。『証明』第3章は、次のように続く。

信仰がわれわれに勧告してくれることは、何よりもまず、われわれが受けた洗礼を想い起こすことである。その洗礼を、われわれは父なる神の名によって、また肉〔なる人〕となり、死に、そして復活した、神の子イエス・キリストの名によって、そして神の聖霊において、罪の赦しのために受けたのであった。また信仰は次のことも想い起こすように勧告する。この洗礼が永遠の生命の封印であり、神の内への生まれ変わりであるということ、すなわちこれによってわれわれはもはや死すべき人間の子供ではなく、時間を超越し、永遠の方である神の子供になるのだということ。[85]

神の戒めを守るように実行するのは、信仰によることであり、その信仰は信者に「洗礼」を思い起こさせる。つまり信者は、洗礼を「罪の赦しのために受けた」こと、また「永遠の方である神の子供になるのだということ」を思い起こすのである。信者は洗礼時に聖霊を受けて、その聖霊を保持するように「善」を行うことを求められる。「善」を行うことは、すなわち、神に従順に歩むことであり、また神の戒めを実行することにほかならない。『異端反駁』第4巻39章1節には、次のように記されている。

人間は善と悪の知識を受け取った。神に従うことは善であり、そして、神に信頼し、また、神の命令を守ること、これが人間の生命である。神に従わないことが悪であるように、これが死である。[86]

このように、信者は洗礼時に保証としての聖霊を受け、その聖霊を保持するべく「善」を行う。そして、実際に「善」を行い、神の戒めに従っていく。その過程において、信者は自分が受けた洗礼を想い起こし、神に従っていく思いを新たにする。ここに「洗礼」と「善の実行」の相互作用が起こるのである。

12　聖霊を保持するための聖霊自身の働き

エイレナイオスの聖霊理解において特筆すべきことは、聖霊自体が、聖霊を保持するために助言を与えることにある。『異端反駁』第5巻9章2節には、次のように記されている。

神を畏れ、その御子の到来を信じ、信仰によって自らの心の中に神の霊を受け入れる者は、聖く、霊的で、神のために生きている者と呼ばれるのは当然である。なぜなら彼らが持っている父の霊が、その人をきよめ、神のいのちに高めるからである。なぜなら肉は弱いが、霊は熱心であると主によって証言されているとおりだからである。すなわち、霊には何であれ、成し遂げようと熱望していることができるということである。[87]（傍線筆者）

この箇所には「神を畏れ、その御子の到来を信じ、信仰によって自らの心の中に神の霊を受け入れる者は、聖く、霊的で、神のために生きている者」と記されている。つまり、洗礼を受け、聖霊を与えられた者であると理解できる。

聖霊は、成長段階にある人間が神の意志を行うことを強制させるように働くのではない。人間は神の知識を与えられ、それに従い、神の意志を選びとっていくことが必要となる。その際に、聖霊は「熱心」によって、人間が成し遂げようと熱望していることを助けるのである。

また、『異端反駁』第5巻8章2節には、人間に与えられた聖霊が助言をし、その助言に従えば、霊の人間として完成に至るが、反対にその助言を無視するならば、肉の人間となることが記されている。

したがって、霊の保障を持ち、肉の欲望に従わず、自分自身の霊に服従させ、すべてのことにおいて理性に従って生活する者たちを、使徒が霊の人間と呼んでいることは当然である。なぜなら、神の霊が、彼らの中に住んでいるからである。身体を持たない霊が、霊の人間であることはできないであろう。しかし、私たちの実体、すなわち、魂と肉が1つとなったものが神の霊を受け取ることによって、霊の人間を完成するのである。けれども、霊の助言を捨て去り、肉の欲に仕え、非理性的な生活をする者は、自らの抑制のない欲のうちに真っ逆さまに身を投じるであろう。なぜなら、神からの霊の息をまったく持っておらず、豚や犬のように生きているからである。使徒が彼らを肉の人間と呼ぶのは当然である。なぜなら、彼らは肉のこと以外に何も考えてはいないからである。(88)（傍線筆者）

このように、聖霊は人間が神の意志を行うことを助けるが、同時に、人間の自立性も求められるのである。また、『異端反駁』第4巻37章4節では、神が人間に善を保持することを助言することが記されている。

しかし、人間は初めから自由な判断をする者であった。それは〔人間が〕似せて造られた神が、自由な判断をするからである。善を保持することを、常に彼に助言し、（この善は）神に対する従順によって全うされるものである。(89)

つまり、聖霊を与えられた人間は善である神の意志を行うことで聖霊を保持することができる。重要なことは、人間は聖霊を保持するために善を行うが、同様に、神は善を行うように聖霊を通して人間に働くという点である。

13　善を行うことについてのエイレナイオスの強調

司牧者であったエイレナイオスは神への服従としての善を行うことについて、どのように捉えていたであろうか。(90)エイレナイオスが善を行うことを強調していると考えることができる箇所として『異端反駁』第4巻20章4

節に目を向けたい。

すなわち、神に背いたすべての霊から、私たちを自由にし、私たちが毎日、「聖性と義のうちに〔神に〕仕える」ようにし、こうして人間が神の霊に包合され、父の栄光に進むようになるであろうことは、神の御言葉が、初めから予め告げていたことである。(91)

エイレナイオスは、ルカの福音書1章74節と75節を引用して「私たちが毎日、『聖性と義のうちに〔神に〕仕える』ようにし」と述べている。この部分のギリシア語をルソーは次のように改訂している。Καὶ διδοὺς λατρεύειν αὐτῷ ἐν ὁσιότητι καὶ δικαιοσύνῃ πάσας τὰς ἡμέρας ἡμῶν.(92) この部分をギリシア語聖書と比べてみる。そこには ἀφόβως ἐκ χειρὸς ἐχθρῶν ῥυσθέντας λατρεύειν αὐτῷ ἐν ὁσιότητι καὶ δικαιοσύνῃ ἐνώπιον αὐτοῦ πάσαις ταῖς ἡμέραις ἡμῶν. と記されている。この比較によって明らかになることは、エイレナイオスは厳密にルカの福音書から引用したのではなく、むしろ、ルカの福音書1章74節と75節を念頭に置きつつ、自らの言葉として「毎日、聖性と義のうちに神に仕える」ことを勧めていると考えられる。(93) さらに「毎日、聖性と義のうちに神に仕える」ことは「父の栄光に進むようになるであろう」とあるように、聖霊の働きにより神への従順を行うことは、父なる神を目指すのである。

また『異端反駁』第5巻序を見ると、エイレナイオスは彼の司牧において新たに教会に加わった者たちに信仰を堅持することを勧めることが記されている。

私は御言葉を語ることに仕える者である。私はあらゆる努力だけではなく、異端者たちが私たちに対してする反対の主張に反論する上で、あなたの助けになりたい。そして迷う者たちを連れ戻し、神の教会へ立ち返らせ、同時に新しい者たちの思いを堅くする。彼らが教会から受けた信仰をよく守り、揺るぎなく堅持するためである。それは彼らが偽りを教えて、真理から逸らせようと誘惑する者たちによって、道を逸らされることはあってはならないのである。(94)

この箇所の「新しい者」(neophytorum)を、大貫隆は「新たに洗礼を受けた者たち」と翻訳している。(95)つまり、エイレナイオスは、司牧者として御言葉を語ることにより、新たに洗礼を受けた者たちが教会から受けた信仰を堅持することを勧めたのである。

14　神との類似性を保持することは、最終的に人間に何をもたらすか

聖霊を受けた人間は、善を行うことで神との類似性を保持するわけであるが、このことが最終的に人間に何をもたらすかについて記したい。まず、『証明』第41章と第42章を確認したい。『証明』第41章には、次のように記されている。

〔その約束とは〕つまり、主を信じ、愛する人々には、聖性と義と忍耐への返答として、万物の神が死者のうちからの復活を通して永遠の生命を与えるだろう(96)〔という約束である〕。(傍線筆者)

また『証明』第42巻には、次のように記されている。

信じる人々が〔身体と魂を〕そのよう〔な状態〕に保つことができるのは、自分の内に聖霊が持続的にとどまっているときである。〔その聖霊〕は洗礼に際して〔父なる神〕から与えられ、真理と聖性と義と忍耐を実践することによって〔神〕を受け入れてきた人により保持される。身体が再び魂を受け、〔魂〕といっしょに聖霊の力によって蘇らされ、神の国に入れられるとき、信じる者に起こるのはこの霊〔による〕復活だからである。[97]（傍線筆者）

これらの箇所が示すように、神は信じる者を復活へと導き、永遠の生命を与える。さらに、復活をする者の条件として『証明』第41章では、「聖性と義と忍耐への返答」と記され、『証明』第42章では「真理と聖性と義と忍耐を実践すること」が示されている。

言い換えるならば、復活する者は「神への立ち振る舞い」を行う者であり、善を行なっていた者となる。『異端反駁』第5巻36章3節も、人間の復活について扱っている。

墓の中にいる死人たちが人の子の声を聞く日が来る。善を行った者は、復活して生命によみがえる。しかし、悪を行った者はよみがえり裁かれる。善を行った者が最初によみがえり、彼らは安息に入ると言われ、次に裁かれる者たちがよみがえるであろう。[98]

この箇所でも善を行うことによって、聖霊を保持し続けた者が復活することが示されている。要するに、エイレナイオスは、復活は「聖霊の力によって蘇らされる」ことを表しているのである。聖霊を保持する者とは、言い換えれば、肉体と魂としての人間ではなく、聖霊が与えられた「完全な人間」である。この点を踏まえて、『異端反駁』第5巻12章6節に目を向けたい。

なぜなら万物の造り主である神の言葉は、初めに人間を造った方である。彼らはご自身が造った者が悪意によって揺らぐのを見つけたとき、あらゆる仕方で、また肢体ごとに癒して、初めに造られたように、それはまた人間全体を健全で、完全な者に戻して復活のために完全な者として準備しておくためであった。[99]（傍線筆者）

これらの箇所を合わせて読むと、人間が神との類似性を保持し続けることは、最終的に「復活に備えさせる」ことへと繫がっていくのである。

15　創造の完成である神化

興味深いことに、エイレナイオスは、復活後の人間の歩みも「神への再生」の一過程であると記している。[100]エイレナイオスは、『証明』第7章で、神化の過程を示している。

洗礼は、子を通して、聖霊の内に、父なる神への再生をわれわれにもたらすのである。なぜなら、神の霊を保持する人々が御言葉、すなわち子へと導かれ、子はこの人々を父の許へと連れていって引き合わせ、父は不朽性を授けるからである。それゆえ、霊によらないでは神の御言葉を見ることはできず、子によらないでは父に近づくことはできない。子は父の知識であり、子の知識は聖霊を仲介とするからである。しかし、子は、父が望むように、自分の望む人々に、役務に応じて霊を与える。それが父の心に適うことだからである。[101]（傍線筆者）

この箇所が示すように、「神への再生」の過程に進むのは、すべての人間ではなく「神の霊を保持する人々」である。そのような人々が、聖霊によって御子へと導かれ、次いで、御子によって父へと引き合わせられるのである。それにより、人間は、人間創造の完成、すなわち、終末の完成状態に至るのである。これは終末における人間の完成は復活で終わるのではなく、さらに続きがあることを意味することでもある。

つまり、人間は復活の後に完成するのであるが、エイレナイオスは、人間の終末におけるその完成状態を二つの点で説明する。一つは、幼児のような状態として生まれた人間が成長し、その後「神のかたち」と「神との類似性」によって完成することである。もう一つは「神を見て」、「不滅性」を受けることである。[102]これら二つは、別々のことを指すのではなく、同じ神化の完成の状態を別の視点から描いたものである。[103]

まず、エイレナイオスは「神のかたち」と「神との類似性」によって、人間が完成に至ることについて、『異端反駁』第5巻8章1節で、次のように記している。

今、私たちは完成と不滅性のために神の聖霊の部分を受け取っている。私たちは次第に神を捉え、担うことに慣れ親しんでいくのである。そして使徒は、これを保証と言っている。すなわち、神が私たちに約束された自身の栄誉の部分である。彼はエフェソへの手紙で言っている。「彼において、また、あなたがたも、真理の言葉、あなたの救いの福音、また信じて約束された聖霊で証印をされたのであり、これは私たちが相続する保証である」。従って、もしこの保証が、私たちのうちに宿っているのであれば、既に、霊的なものであり、また死すべきものは、不死性によって呑み込まれているのである。――なぜなら、もしあなたたちのうちに神の霊が宿っているのであれば、あなたたちは肉にいるのではなく、霊のうちにいるのである。――と言っている。しかし、このことは肉を捨てることによるのではなく、霊と一致することでなされる。――つまり、肉を持たない者たちに書いたのではなく、神の霊を受け取った者たちにであり、この〔霊〕によって、「アバ、父よ」と呼ぶのである。――従って、もし今、保証を持っている私たちが、「アバ、父よ」と呼ぶのであれば、私たちがよみがえり、顔と顔を合わせて父を見るであろう時には、〔また〕すべての者たちが絶え間なく勝利の賛美を捧げ、死から彼らを起こし、永遠の生命を与えるであろう者はどれ程、神を讃えるであろうか？　もし、人を自らのうちに包んでいる保証が、すでに「アバ、父よ」と言わせているとすれば、神から人々に与えられるであろう霊の完全な恵みは何をなすであろうか？〔それは〕私たちを神に似たものとし、父の意志を完成するであろう。なぜなら、人間を神のかたちと類似性に従って造るであろうから。[104]（傍線筆者）

この箇所に明示されているように「保証」として与えられた聖霊により、人間は御子と同じように神を「アバ、父よ」と呼ぶことができるようになる。この箇所で、エイレナイオスは「神から人々に与えられるであろう霊の完全な恵みは何をなすであろうか」と問いかける。その答えとして「私たちを神に似たものとし、父の意志を完成するであろう。なぜなら、人間を神のかたちと類似性に従って造るであろう」と記されている。つまり、神の

「かたち」と「類似性」からなる人間の神化の完成は、聖霊の働きによることがここでも語られている。[105]

また『異端反駁』の最後の部分である第5巻36章3節でも、次のように締め括られている。

それはまた、父の意志を成し遂げたのは御子お一人であり、神の奥義が成し遂げられて行くのは、ただ一つの人類に対してである。これを天使たちも見たいと願っていることである。しかし、彼らには神の知恵を探求する力がない。それによってこそ、神によって形成された者は、御子のかたちに、また身体に完成されていくのである。神の子孫、最初に生まれた言葉が、被造物、すなわち、形成されたものの中に下り、それによって捉えられるためである。逆にまた、被造物が言葉を捉えるため、そして、天使たちの頭上を越えて上昇し、神のかたちと類似性に至るのである。[106]（傍線筆者）

この箇所の「それによってこそ」の「それ」とは、まさしく「神の知恵」を意味している。[107] エイレナイオスが、「神の知恵」を聖霊に置き換えることを踏まえて考えるならば、聖霊を与えられた者は「御子のかたちに、また身体に完成」する神化の完成に至るために進んでいくことが示されている。

この神化の完成が、いつ起こるかと言えば、それは御子の受肉の時点でも、人間の復活の時点でもない。エイレナイオスは「至福千年論」を語り、[108] そこで、復活をして、千年王国に入れられた義人も、さらに成長する必要があることを記している。[109] 至福千年について記されている『異端反駁』第5巻32章1節と『異端反駁』第5巻35章1節を併せ読むことで千年王国での人間の成長について、理解を深めることができる。まず、『異端反駁』第5巻32章1節には、次のように記されている。

ある人々とは、その考えが異端者らの話によって引き出されている。そして、彼らは、神の救いの経綸のことや、義人たちの復活の神秘と王国の奥義、すなわち、不滅性の始まりについても知らない。この王国をとおして、ふさわしいとされる者たちが、少しずつ神を捉えることに慣れるのである。［ただし］こうしたことについて、言っておかなければならないことがある。まず義人たちが、新しくされたこの世に、主が出現されるときに復活し、神が父祖たちに約束していた相続を受け取って、この世を治め、その後、さばきが行われることになっている。(110)（傍線筆者）

この箇所で「この王国をとおして、ふさわしいとされる者たちが、少しずつ神を捉えることに慣れる」と記されているが、これについて鳥巣義文は次のように説明する。

エイレナイオスは、この時期の王国を「不滅性の始まり」と呼ぶのであるが、われわれも以上のような神との親しい関係に到達した「慣れ親しみ」のこの段階を、神と人類との「慣れ親しみの最終段階」と見なすことができよう。それは人類の神化が完成するまさに直前の段階なのである。(111)

次いで、『異端反駁』第5巻35章1節には、次のように記されている。

すなわち、これらはすべて義人たちが復活することに関して語られているのであり、そのことに議論はないからである。その復活は、反キリストが到来した後、彼らの支配下におけるすべての民族が滅びた後に起きるのである。そのときに、義人たちは地を治め、主を見ることによって成長し、また主をとおして父なる神の栄光を捉えることに慣れるであろう。[112]（傍線筆者）

これらの箇所を併せ読み、理解できることは「義人は復活し、地を治める。彼らは地を治めている期間に『主をとおして父なる神の栄光を捉えることに慣れる』こと」とあるように、人間は至福千年に至って「慣れ親しみの最終段階」を迎える。先ほど引用した『異端反駁』第5巻36章3節には「神の子孫、最初に生まれた言葉が、被造物、すなわち、形成されたものの中に下り、それによって捉えられるためである。逆にまた、被造物が言葉を捉えるため、そして、天使たちの頭上を越えて上昇し、神のかたちと類似性に至るのである」と記されていた。つまり、御子の受肉の目的は、人間が神化することであったが[113]、最終的に、神化の完成に至るのは、「神のかたち」と「神の類似性」を完全に取り戻す至福千年の期間である。

次に、エイレナイオスは「神を見て」、「不滅性」を受けることについて、どのように記しているかを見たい。『異端反駁』第4巻20章5節には、次のように記されている。

神はすべてにおいて力があり、ある時は霊によって預言的に現われ、また子を通して養子として現われたが、天の国においては父として現れるであろう。霊は神の子に人間を整え、また子は父に導き、父は不滅性と永遠の生命を与えるのであるが、この生命は、神を見ることによって、それぞれの人間に生じるのである。[114]

また『異端反駁』第4巻20章6節と7節の記述を確認したい。『異端反駁』第4巻20章6節には、次のように記されている。

それゆえ、人々は神を見るであろう。それは、生きるためであり、見て不死となり、神にまで至るであろう。[115]

また『異端反駁』第4巻20章7節には、次のように記されている。

神の栄光は、人間が生きていることであり、人間の生命とは、神を見ることである。[116]

これらの箇所が示すように、最終的に人間に不滅性をもたらすのは、神を見ることを通してである。これは、人間は受肉した御子の「かたち」を「見て」、「類似性」を取り戻す可能性が開かれたことの最終的な完成である。[117] すなわち、神を見て、「類似性」が回復することで、不滅性が与えられるのである。

以上の点をまとめると、次のように言うことができる。完成において与えられる「類似性」こそ、神的な「不滅性」であることを考えれば、エイレナイオスの語る神を見ることによって「不滅性」が与えられることと、「かたち」と「類似性」による人間の神化の完成は、結局のところ人間の最終的な状態を別の視点から語っているにすぎないのである。[118]

16　まとめ

エイレナイオスは、肉と魂からなる人間に聖霊が与えられることによって「完全な人」となると語る。人間は造られた時点ではあたかも幼児のような状態であったため、聖霊は与えられておらず、成長の段階で「保証」としての聖霊を洗礼時に受けるのである。

聖霊を受けるまでの人間は、自らに与えられた自立性を用いて「神に向かう振る舞い」を身につけるように成長する必要があった。また、堕罪前の人間の魂は、悪に関わることは一切思いつくこと、想像することもできない状態であった。しかし、堕罪後の魂は「あるときは霊、あるときは肉」を選択するようになる。聖霊を受けた者は「神の意志を行う」道へと進むことを強固にされるのである。

聖霊が洗礼によって与えられることは、教会に聖霊が与えられており、それが個々人に配られることを意味する。つまり、聖霊は教会を離れては与えられない。

それでは、どのような者に洗礼が授けられるか。それは、御子の到来を信じ、信仰によって自らの心の中に神の霊を受け入れる者にである。また、エイレナイオスの「罪の赦し」はどのような意味であるか。その罪は「それまでの空しい生き方」であり、具体的には「肉の行い」を指すのである。また、エイレナイオスは、罪の問題を具体的に現れる行動に限定せず「魂における虚偽」「真理に従わない生き方」も罪であると示すのである。これらの罪を洗い流された者は、聖霊を授けられることによって「神の知識（認識）」を受け、神が望む道を選ぶことができるように新たにされるのである。

その後の人間は、与えられた聖霊を保持するために善を行う。エイレナイオスの語る善とは「神への従順」にほかならない。そこで聖書を善の基準とし、また、キリストの従順を模範として生きる。エイレナイオスは、堕罪により「神との類似性」が喪失したと語り、その理由を完全な「神のかたち」である御子を見たことがなかったからだと説明する。しかし、キリストが受肉したことで、人間は、御子を見て、自らが「神との類似性」を与えられる存在であることを思い出すのである。それはつまり、「神との類似性」を回復する可能性が与えられたことであるが、完全な回復は未来においてであり、それは人間の復活後に与えられるのである。

人間に洗礼によって聖霊が与えられたのは、「罪の赦し」のためだけではなく、「キリストにおいて霊的に生きるため」でもあった。そのために、人間は「霊の行い」をする。霊的な行いは「愛、喜び、平和、忍耐、親切、善意、信仰、柔和、節制、抑制」であり、それらを行うことで「霊の実」を結ぶ。この霊の実を結んだ者には、「霊との交わり（Spiritus communionem）」に生きるようになり、救われる。つまり、人間は霊的な行いをする必要がある。その行いそのものが人間を救うのではなく、あくまでも、人間を救うことができるのは霊の働きである。

これは、エイレナイオスの救済論を知る非常に重要な点である。なぜなら、救済を考える際、人間の行いを強調する傾向と、その反対に、神の一方的な救済を主張する傾向とに分かれる。エイレナイオスは「霊の行い」によって霊の実を結んだ者は「霊との交わり（Spiritus communionem）」に生き、聖霊は、そのような者を救いへと導くのである。

この「霊の行い」を支える二つのことがある。一つは、洗礼を思い起こし、神に従う思いを新たにする「洗礼と善の行いの相互作用」であり、もう一つは、聖霊自身が、聖霊を保持するために、人間に「助言」を与える働きをする。

将来、聖霊を保持し続けた者、すなわち、善を行い続けた者は復活する。この復活は「聖霊の力によって蘇らされる」ので、善によって聖霊を保持し続けた者があずかるのである。

それでは、復活により、人間は完成に至るかと言えばそうではない。人間は、復活の後も「神への再生」の過程を歩むのである。エイレナイオスは、人間の終末におけるその完成状態を二つの点で説明する。

一つは、幼児のような状態として生まれた人間が成長し、その後、「神のかたち」と「神との類似性」によって完成することである。もう一つは、「神を見て」、「不滅性」を受けることである。

人間は、聖霊の導きにより御子に出会い、その後、御子に導かれ、至福千年の期間に「神に慣れる」ことをとおして、「神のかたち」と「神との類似性」によって神化の完成に至る。

また、同じく至福千年の期間において、人間は受肉した御子の「かたち」を「見て」、「類似性」を取り戻す可能性が開かれたことの最終的な状態として神を見て、「類似性」が回復することで、不滅性が与えられるのである。

これら二つのことは別々のことを言い表しているのではなく、「かたち」と「類似性」による人間の神化の完成と、「神を見る」ことによって「不滅性」が与えられることとは、結局のところ人間の最終的な状態を別の視点から語っているにすぎないと結論づけることができるのである。

《注》
（1）AH5. 9. 1.
（2）AH: 5. 6. 1.
（3）「生魂的」あるいは「動物的」と翻訳している animalis は、「霊的」spilitualis と対峙する。人間を考えるときの根本は、エイレナイオスにとって、何よりも"plasma"「形造られたもの」である。塩屋惇子「エイレナイオスにおける人間の創造（その二）」、133頁。

（4）AH5. 1. 3.

（5）ベアーは He fashioned (πλάσσω) man with His own Hands としている。On the Apostolic Preaching, Translated & with an Introduction by John Behr, (New York: St. Vladimir's seminary Press, 1997), 46.

（6）エイレナイオス『証明』、211頁。

（7）小林稔は「神へ向っての訓練」と翻訳している。エイレナイオス『異端反駁Ⅳ』、156頁。。

（8）AH4. 38. 2.

（9）たとえば『異端反駁』第4巻37章1節には、次のように記されている。「なぜなら神は、人間が初めから自分の魂を持つのと同じように、自立性を持つように、人間を自由なものに造った。それは神の意志を、彼〔神〕に強制されてではなく、自発的に行なわれたことを示すためである。(AH4. 37. 1 : quia liberum eum Deus fecit, ab initio habentem suam potestatem sicut et suam animam, ad utendum sententia Dei voluntarie, et non coactum ab eo.)

（10）エイレナイオス『証明』、212頁。

（11）AH5. 1. 1.

（12）AH5. 9. 1.

（13）AH4. 41. 2.

（14）AH5. 12. 2.

（15）AH3. 17. 3, AH3. 24. 1.

（16）聖ヒッポリュトスの使徒伝承の「聖なる洗礼の授与」の項目には、洗礼を授ける者が「聖なる教会の中で、聖霊を信じますか。」と尋ねている記述がある。『聖ヒッポリュトスの使徒伝承B・ボットの批判版による初訳』（土屋吉正訳、オリエンス宗教研究所、１９８３年）、51頁。

（17）AH5. 9. 2.
（18）N・ブロックスは古代教会における洗礼志願者について、次のように述べている。「古代の教会は、拙速かつ頻繁には洗礼を施すことをせず、洗礼志願者に条件を課し、洗礼志願者は特に整えられた準備のための期間に、その条件を満たさねばならなかった。洗礼を真剣に望む者は、特別なクラスにグループ分けされ、洗礼志願者（カテキューメン『指導下にある人々』あるいは生徒）と呼ばれた。テクニカルタームとして、このギリシア語は、洗礼前のキリスト教の教育のために用いられた。したがって、まずキリスト教に興味をもつ人々は、教師によって、のちには聖職者によって、教会の教えと生活にわたって教示を受けた。われわれは西方では二世紀末までには、また東方ではもう少し後の時代に、洗礼志願者がいたことを知っている。洗礼志願者は、すでに義務を負うことを求められた。かれらは、教会の教え、倫理そして訓練に服し、どこかの教会に属し、共同体の生活とみ言葉の典礼の一部にさえも参与したと思われる。かれらは、この時までは、試験期間として観察下に置かれた。」N・ブロックス『古代教会史』（関川泰寛訳、教文館、１９９９年）、136頁。
（19）エイレナイオス『証明』、230頁。
（20）エイレナイオス『証明』、206頁。
（21）AH5. 11. 2. この「人間は洗礼時に聖霊を受ける」というのは、エイレナイオスに特有なものではなく、原始キリスト教においては一般的な考えであった。R・ブルトマン『新約聖書神学Ⅰ』川端純四郎訳（新教出版社、１９６３年）、50—51頁、175—176頁を参照。
（22）AH5. 11. 2.
（23）エイレナイオス『証明』、205頁。また、エイレナイオスは『証明』第15章と第16章で、堕罪について次のように記している。第15章「さて、人が自分は偉大なものだという考えをもち、自分に与えられた支配権と自由のゆえに、自分には主人がないかのように高ぶってしまい、自らの分を踏み越えて自分の創造主である神に逆らう罪に陥り、神に対して自惚れた傲慢な態度をとる〔、この〕ようなことにならないよう、神によって人には一つの法が与えられた。人が自分には万物の主という主人があることを知るためであった。そして、神は人にある条件を課した。人が神の命令を守ったなら、そのとき、人は自分が置かれていた状態、つまり不死のままでいつまでもとどまることができる。しかし守らなかったら、死すべきものとなり、自分の身体がとられた地の中に溶け去ってしまう〔。このような条件を課されたのであった〕〔創2：7、3：19参照〕。「園にあるすべての木からあなたは確かに食べてよい。しかし善と悪の知識の元になる木からだけは食べてはならない。食べる日にはあなたは確かに死ぬであろうから」〔創2：16―17参照〕。これがその命令であった」。第16章「人はこの命令を守らないで、神に背いた。天使に道を誤らせられたのである。この天使は人を妬むようになり、神が人に与えた多くの好意のゆえに羨望をもって人を見るようになり、神の命令に背くようにと人を説き〔創3：1―6、知2：24参照〕、こうして自らを破滅させ、また人を罪人としたのであった」。エイレナイオス『証明』、213頁。

（24）エイレナイオス『証明』、205頁。

（25）AH5. 11. 1.

（26）AH5. 11. 1.

（27）AH5. 8. 3.

（28）AH5.6.2. : sed corpus nostorum, hoc est caro, quando in sanctimonia perseverat et munditia, membra dixit esse Christi, quando autem complectitur meretricem, membra fieri meretricis.

（29）エイレナイオス『証明』、204―205頁。

（30）AH5.12.3: deponentes non plasma Dei, sed concupiscentias carnis, et assumentes Spiritum sanctum.

（31）AH5.12.4: Et induentes novum hominem, eum qui renovatur in agnitionem secundum imaginem ejus qui creavit eum. In eo ergo quod ait : Qui renovatur in agnitionem, demonstravit quoniam ipse ille qui <in> ignorantia erat ante homo, hoc est ignorans Deum, per eam quae in eum est agnitionem renovatur : agnitio enim Dei renovat hominem. Et in eo quod dicit : Secundum imaginem conditoris, recapitulationem manifestavit ejus hominis qui in initio secundum imaginem factus est Dei.

（32）エイレナイオスにおける聖書と伝承の関係性についてはいくつかの意見に分かれる。J・N・D・ケリーは、次のように述べている。「それでは、エイレナイオスは聖書を不文の伝統よりも下位に置いたのであろうか。一般的にこのような推論がなされてきたが、それはいくぶん誤った事実から発している。この推測が理にかなっているように見えるのは、次のような考察に基づいているからである。(a)グノーシスとは対照的に、聖書よりもむしろ伝統の方が、エイレナイオスの主張における最終的な判断の拠り所であったように見えること、そして(b)一見すると、エイレナイオスが真の聖書解釈を確立するために伝統に依存していたことなどである。しかし彼の『異端反駁』を注意深く分析するならば、グノーシスが主張する『隠された伝統』によってエイレナイオスは教会の公の伝統を強調するようになった一方で、彼が行った真の正統信仰の擁護は聖書に基づいているのである」。J・N・D・ケリー『初期キリスト教教理史〈上〉使徒教父からニカイア公会議まで』(津田謙治訳、一麦出版社、2010年)、52—53頁。またカンペンハウゼンは、次のように述べている。「教会の伝承は今や、もはや聖書と並ぶ独立した要因ではなく、聖書の証言を裏書きする時にだけ、聖書と同等と認められた。」カンペンハウゼン『古代キリスト教思想家ギリシア教父』、36頁。

(33) AH3. praef.

(34) エイレナイオスは『異端反駁』第3巻25章7節で、グノーシス主義者たちを反駁する理由を次のように述べている。「私たちとしては、彼らが自分たちの掘った罠に留まることをせず、そのような母から離れ、ビュトスから出て、空虚さから退き、闇を棄て、神の教会へと向きを変え、嫡出のものとして生まれ、彼らのうちにキリストが形造られ、彼らが唯一の真の神であり、万物の主にして、この宇宙の製作者である方を知ることを祈る。私たちが、彼らについてこれらのことを祈るのは、彼らを愛するからであるが、彼らが自らを愛していると思っている〔愛よりも〕有益である。私たちからの愛は、真正のものであるため、彼らがそれを受けさえすれば、彼らに救いを〔与えるからである〕。これは苦い薬と似ていて、傷の不適応で余分な肉を滅ぼす、彼らの傲慢と思い上がりを取り去るのである。それゆえ、私たちは全力を尽くして、彼らに手を差し伸べることに飽きることがないのである。」

(35) Eric Osborn, Irenaeus of Lyons, 172.

(36) AH3. 2. 1.

(37) 使徒たちのことを表している。

（38）『異端反駁』第3巻11章8節では、福音書について「人々をよみがえらせる柱」と記されている。

（39）AH3. 1. 1.

（40）AH3. 21. 4.

（41）大貫隆『ロゴスとソフィア』、164頁。

（42）『異端反駁』第3巻21章2節には、次のように記されている。「ローマ人がその支配を獲得する以前、まだマケドニア人がアジアを所有していた時、ラゴスの子プトレマイオスが、自分がアレクサンドリアに建てた図書館を、すべての人間の書物で、それが相応しいものを備えようとした。そして、聖書をギリシア語に翻訳したものが欲しいとエルサレムの人々に頼んだ。彼らは当時はまだマケドニア人に従っていたので、自分たちのもとで、聖書と両方の言葉を最もよく理解している長老たち七十人を〔プトレマイオスの〕望むことを行わせるためにプトレマイオスのために遣わした。けれども〔王〕は、彼らを試みてみたいと思い、また彼らが共謀して聖書の中にある真理を翻訳によって隠してしまわないか心配したため、彼らをお互いに分け、皆に同じ書を翻訳するように命じ、そしてすべての書についてこれを行った。ところが、彼らがプトレマイオスのもとで一つに集まり、各々が自分の翻訳を比較すると、神に栄光があり、聖書は真に神的なものであることが信じられた。皆が初めから終わりに至るまで、同じことを同じ句、言葉で朗読したからであって、結果、そこにいた異邦人たちも、聖書が神の呼吸によって翻訳されたことを知ったのである。神がこれを行ったことは驚くべきことではない。〔神は〕ネブカドネザルの時の民の捕囚の時に、聖書が失われ、70年の後でユダヤ人が自分の土地に下って行ったが、その後ペルシア王アルタクセルクセスの時代に、レビ部族の祭司エズラに霊感を〔与え〕、昔の預言者たちの言葉をすべて思い出させ、またモーセによって与えられた律法を民に取り戻させたのである。」

（43）Gustaf Wingren, Man and the Incarnation.70 を参照。また Montgomery Hitchcock, Irenaeus of Lugdunum : A study of his teaching, Cambridge : at he University Press, 1914, 192-194.

（44）『証明』第6章には、次のように記されている。「第三の箇条は聖霊である。預言者が預言し、族長たちが神について教えられ、義人たちは義の小径に導かれたが、それらのことはみなこの聖霊を仲介としてなされたのであった。また、この聖霊は、人を神に向けて新たにしようとして、「時の終わりにあたり」新しいやり方で全地上に拡がる人類の上に注がれている。」エイレナイオス『証明』、208頁。

（45）『異端反駁』第4巻33章15節には、次のように記されている。「常に同じ神を知っており、今、私たちに現れたのだとしても、常に同じ神の御言葉が〔いたこと〕を識っており、終わりの時に、新たに私たちに注がれたとしても、常に同じ神の聖霊〔がおり〕、世の創造から終わりに至るまで、同じ人類がいることを識っているからである。」

（46）「イレネウスは、キリスト教会の最初の意識的な聖書神学者（Schrifttheologe）であった。彼によって初めて四福音書正典が一連の使徒文書と共に、もっともそれは今日聖書に選定されているものすべてではないが、旧約聖書に並べられている。それらは旧約聖書と同様に、〈聖書〉として引用された。」カンペンハウゼン『古代キリスト教思想家ギリシア教父』、35頁。

（47）この点を大貫隆は次のように説明している。「この立場をエイレナイオスはまず自然論的に創造の秩序から根拠づける。――すなわち、全世界は『四つの領域』と主要な『四つの方角』から成っているように、この全世界に蒔かれて宣教の任を負う教会も、その基盤に『四本の支柱』を持たねばならない。」大貫隆『ロゴスとソフィア』、170頁。

（48）AH3. 11. 8.

（49）エイレナイオス『証明』、225頁。

（50）エイレナイオス『証明』、214頁。

（51）エイレナイオス『証明』、224頁。

（52）エイレナイオス『証明』、225頁。

（53）AH5. 16. 2.

（54）AH5. 16. 2.

（55）AH3. 18. 1. 鳥巣義文はこの箇所を取り上げ、次のように説明する。「堕罪の際に『かたち』と『類似性』の双方とも失われたと述べているとする見解もある。しかしながら、エイレナイオスはその箇所で『神のかたちと類似性による存在』(secundum imaginem et similitudinem esse Dei) が失われたといっているのであり、これは言い換えれば、『かたち』と『類似性』の統合された人間のあるべき状態が喪失されたと言うことである。従って、この箇所をもって『かたち』と『類似性』の双方の喪失を考える必要はない。むしろ、『類似性』の喪失により、双方の統合状態が失われたと理解するのが適当であろう」。鳥巣義文『エイレナイオスの救済史神学』、116頁。

(56) 鳥巣義文『エイレナイオスの救済史神学』、114―115頁。

(57) AH5. 16. 3.

(58) AH5. 19. 1.

(59) 鳥巣義文『エイレナイオスの救済史神学』、167頁。

(60) AH: 5. 18. 3.

(61) 鳥巣義文『エイレナイオスの救済史神学』、187頁。

(62) 大貫隆『ロゴスとソフィア』、217頁。

(63) John Lawson, The Biblical Theology of Saint Irenaeus,.143.

(64) エイレナイオス『証明』、224頁。

(65) 大貫隆『ロゴスとソフィア』、228頁。Behr は“rcapitulating this man”と訳し、Smith と Robinson、そして Mackenzie は共に“afresh this man”としている。John Behr, St Irenaeus of Lyons, On the Apostolic Preaching, 61. J.P. Smith, St. Irenaeus. Proof of the Apostolic Preaching, 68. Iain M. Mackenzie, Irenaeus's Demonstration of the Apostolic Preaching a theological commentary and translation, 11. J.A. Robinson, St Irenaeus, The Demonstration of the Apostolic Preaching, London: S.P.C.K., 1920. 99.

(66) AH5. 21. 1.

(67) ハンス ユーゲン・マルクス「悪魔の権限――アウグスティヌスの贖罪論の一側面――」(『南山神学(第29号)』、2006年、1―43頁)、6頁。

(68) AH: 5. 1. 1.

(69) AH: 5. 12. 3.

（70）AH: 5. 10. 1.

（71）AH: 5. 11. 2.

（72）AH: 5. 11. 1.

（73）AH: 5. 11. 1.

（74）AH5. 14. 3. : Si quis igitur secundum hoc alteram dicit Domini carnem a nostra carne, quoniam illa quidem non peccavit neque inventus est dolus in anima ejus, nos autem peccatores, recte dicit.

（75）AH4.20.2: ut, quemadmodum in caelis principatum habuit <quoniam> Verbum Dei, sic et in terra haberet principatum quoniam homo justus, qui peccatum non fecit neque inventus est dolus in ore ejus, principatum autem habeat eorum quae sunt sub terra, ipse primogenitus mortuorum factus.

（76）AH3. praef.

（77）エイレナイオス『証明』、230頁。

（78）Rousseau はローマ６章４節からの引用であるとしている。また Eric Osborn, Irenaeus of Lyons, 227 を参照。

（79）AH5. 9. 3.

（80）『異端反駁』第５巻６章２節には、「けれども、私たちの身体、すなわち肉のことである。聖性と清さを保持し続けていれば、それはキリストの肢体であると彼は言ったのである。しかし、もし娼婦と抱擁をするなら、娼婦の肢体に変わるのである」と記されており、聖霊を保持するためには身体の清さを保つことの必要性が語られている。

（81）AH3. 3. 2.

（82）AH3. 3. 3.

（83）エイレナイオス『証明』、205頁。

（84）エイレナイオス『証明』、205頁。

（85）エイレナイオス『証明』、206頁。

（86）AH4. 39. 1.

（87）AH5. 9. 2.

（88）AH5. 8. 2.

（89）AH4. 37. 4.

（90）「イレナエウスは、特定の問題と期待を持って、外部から教会に接近したのではなく、古代教会の中で成長し、その伝承に精通し、教会に仕えるために生きた人であった。彼は〈哲学者〉であろうとは欲せず、より古い教父たちの弟子、また純正な使徒的伝承の、聖霊に満たされた守護者であろうと欲した。確かに、われわれに残されている彼の著作は、教会内の読者に向けられたものばかりである」カンペンハウゼン『古代キリスト教思想家ギリシア教父』、28頁。「エイレナイオスは終始、教会内部の問題——単に狭義の神学（教義）のみならず、祭儀にも関わる問題を含めて——の解決にこそ自己の中心的な課題を見出し、それに心血を注いだ人物であったということができるであろう。」大貫隆『ロゴスとソフィア』、158頁。

（91）AH4. 20. 4 : hoc est ab universo transgressionis spiritu, et faciens nos servire sibi in sanctitate et justitia omnes dies nostros, uti complexus homo Spirium Dei in gloriam cedat Patris.

（92）Rousseau, A., Hemmerdinger, B., Doutreleau, L. and Mercier, C., Irénée de Lyon: Contre les hérésies, Livre IV, SC 100 (Paris: Cerf, 1965), 637.

（93）小林稔も「著者にはルカ一・七四～七五が自分のことばになっていたのであろう。」と脚注で述べている。『異端反駁IV』、217頁。

（94）AH5. praef : et in administratione sermonis positi sumus, et omni modo elaborantibus secundum nostram virtutem plurima tibi quidem in subsidium praestare adversus contradictiones haereticorum, errans autem retrahere et canvertere ad Ecclesiam Dei, neophytorum quoque sensum confirmare, ut stabilem custodiant fidem quam bene custoditam ab Ecclesia acceperunt, et nullo modo transvertantur ab his qui male docere eos et abducere a veritate conantur.

（95）エイレナイオス『異端反駁V』大貫隆訳（キリスト教教父著作集3／Ⅲ、教文館、２０１７年）、６頁。

(96) エイレナイオス『証明』、230頁。

(97) エイレナイオス『証明』、231頁。

(98) AH5. 36. 3. : et rursus dicens venlent dies in quibus mortui qui in monumentis sunt audient vocam filii hominis et resurgent qui bona fecerunt in resurrectionem vitae qui autem malum fecerunt in resurrectionem judicii primos resurgere dicens bona facientes qui vadunt in requiem deinde sic illos resurgere qui judicandi sunt. この部分はラテン語訳がなく、アルメニア訳だけが残されている。翻訳はIrénée de Lyon: Contre les hérésies, Livre V の欄外に記されたアルメニア語からのラテン語翻訳による。Rousseau, A., Hemmerdinger, B., Doutreleau, L. and Mercier, C., Irénée de Lyon: Contre les hérésies, Livre V, SC 152-3 (Paris: Cerf, 1969). 462.

(99) AH5. 12. 6.

(100) 『証明』第32章には、次のように記されている。「それでは、この最初の人間の実体はどこから来るのであろうか。神の意思と知恵とそして処女地からである。なぜなら聖書は、人が造られる前には「神は雨を降らさず、地を耕す人はいなかった」〔創2：5〕と言っているからである。そして、大地がまだ処女地だったときに、神はその地面から塵を取って人間、つまり人類の始まりを形づくったのであった。それで、主は、この人間を再統合しようとしたとき、〔アダム〕が肉〔なる人〕となった、その〔救済史の〕営み〔の経過〕を再現した。〔父なる〕神の意思と知恵によって処女から生まれたのである。それは〔主〕もアダムという肉なる人の写しとなるため、そして〔聖書の〕初めに書かれている通り、人が神の「似像および似たものと」〔創1：26〕される〔コロ3：10参照〕ためであった。」エイレナイオス『証明』、224頁。この「神への再生」は、キリストが受肉したことにより、神との類似性を再び得て、完成へと新たに神化へと進むのである。『異端反駁』第4巻38章4節には次のように記されている。「まず本性が現れ、後に死すべきものが不死性に、滅びるべきものが不滅性に勝利し、飲み込まれ、そして善と悪の知識を得て、神のかたちと類似性に従って人間となることになっていたのである」。

(101) エイレナイオス『証明』、208頁。「神への再生」ついて鳥巣義文は次のように記している。「父と子と聖霊の救いのわざは、父なる神の意志のもとに御子と聖霊が協働することによって営まれていることが要約されている。しかも、この救いの営みは父の御旨から出て、御子により聖霊の内に行われ、再び、聖霊から御子を経て父へと向かう救いの筋道を辿っているのである。これをもう少し視覚的に表現すれば、次のような救いの協働のラインが説かれている。①父の救いの御旨→御子が知り→聖霊を介して人々に示される。②聖霊を保持する人々→御子を知る→御子はその人々を父へ導く→父は不朽性を与える」。鳥巣義文「神の救済史的啓示」、94頁。
（102）鳥巣義文『エイレナイオスの救済史神学、126頁。
（103）鳥巣義文『エイレナイオスの救済史神学』、127頁。
（104）AH5. 8. 1.
（105）鳥巣義文『エイレナイオスの救済史神学』、236頁。
（106）AH5. 36. 3.
（107）大貫隆は「その知恵によってこそ、神によって形作られたものは御子と同じ形に、かつ同じ身体に完成されていくのである」と訳している。エイレナイオス『異端反駁V』、118頁。
（108）至福千年論については、鳥巣義文『エイレナイオスの救済史神学』、237―243頁を参照のこと。
（109）鳥巣義文は、救済史における聖霊の働きと人間の自立性について、次のように記している。「すなわち、救済史の初期において人類が幼い場合には神の力強い介入が語られるが、受肉を経た救済史の後半になると、聖霊の恵みを受けた人類は、多少は成長した者として、自立して神に慣れ親しんで行くのである」。鳥巣義文『エイレナイオスの救済史神学』、245頁。
（110）AH5. 32. 1.
（111）鳥巣義文『エイレナイオスの救済史神学』、240頁。
（112）AH5. 35. 1.
（113）鳥巣義文『エイレナイオスの救済史神学』、110頁。
（114）AH4. 20. 5.
（115）AH4. 20. 6.
（116）AH4. 20. 7.

(117) エイレナイオス『証明』、126—127頁。
(118) エイレナイオス『証明』、127頁。

結論

本書では、二世紀の教父エイレナイオスを考察対象に据え、彼の聖霊神学を論じてきた。結論では、まず、本研究において得られた三位一体なる神がどのように協働するかについてまとめたい。次いで、父なる神、御子、聖霊それぞれがどのような働きをするかについて記し、エイレナイオスの聖霊神学のまとめとしたい。

まず、三位一体なる神の協働と神化の関係についてまとめたい。父なる神は、人間を神の「かたち」と「類似性」に従って創造した（第一章）。しかし、人間は堕罪し[1]、聖霊によって与えられた「神との類似性」、すなわち「不滅性」を喪失した（第二章）[2]。その後、御子が受肉し、人間は御子を見ることで類似性の回復へと導かれた（第二章）[3]。さらに、教会の時代において、人間は神の養子とされ[4]、洗礼によって「不滅性の保証」である聖霊を受ける（第二章）[5]。この神化の過程は、御国に至り完成を迎える。人間は受肉した御子の「かたち」を見て、「類似性」を取り戻す可能性が開かれたが、至福千年の期間において、最終的に神を見て「類似性」が回復することで、不滅性が与えられるのである[6]（第二章）。つまり、御子を見ることで類似性が回復し、保証としての聖霊を受け、父なる神を見ることで神化の完成へ至る。このように、エイレナイオスは神化の過程のすべてに、三位一体なる神の働きがあることを示すのである。

次いで、父なる神、御子、聖霊それぞれがどのような働きをするかについてまとめたい。初めに、エイレナイオスが、父、御子、聖霊の働きを区別することができた理由を記したい。それは、彼がアンティオケイアのテオフィロスから「神の両手」のモチーフを得たことにある。エイレナイオスは、それに加えて『ソロモンの知恵』から「知恵」が「聖霊」であるという概念を得た。さらに、テオフォロスが『アウトリュコス』第1章7節に引いた詩編33篇6節と、『アウトリュコス』第2章10節において「万物の創造」のために引用した3つの箴言の箇所（箴言8章27節、29節、30節）を『異端反駁』4巻20章3節で引用し、「御父と永遠から共にいる知恵としての聖霊」という別の解釈をし、「知恵」を「聖霊」とする置き換えを行った[7]（第一章）。エイレナイオスは、置き換えの思想を持ったことで、御子と聖霊の働きを明確に区別することができたのである。

それでは、父なる神、御子、聖霊の働きについて順を追って確認したい。第一に、父なる神の働きについてまとめたい。エイレナイオスは、父なる神は、彼の「両手」である御子と聖霊によって、人間を創造したと語る。創造は父なる神によるものであり、他の何かの助けを必要とした訳ではないことが強調されており、「神の優位性」が保持されている[8]。

また、エイレナイオスは父なる神を「善き神」（bonus Deus）と表現する。神は人間を「自立性」を持つ者として創造し、人間は、神から与えられた「自立性」を用いて、神に服従する道を選ぶことが求められた[9]。人間は、その歩みにおいて、「二重の知覚」すなわち、何が「善」であり、何が「悪」であるかを学ぶようになる[10]。「善き神」は、この人間の成長において強制的に自らに従わせることをせず、むしろ、人間の成長を「寛大に」（magnanimitas）見守り[11]、「好意」（benegnitas）を持って善を与え[12]、人間が神に従うことができるよう「助言」（consilium）を与える存在なのである（第二章）。

第二に、御子の働きについてまとめたい。エイレナイオスは、肉と魂からなる人間に聖霊が与えられた状態の人間を「完全な人」と述べる[13]。人間は造られた時点では、あたかも「幼児」のような状態であるため、聖霊を受け取ることができない。人間が完全な神化へと至るためには、喪失した神との「類似性」を再び得なければならない。エイレナイオスは、御子の受肉こそ、人間に再び「類似性」を与える出来事と捉えている[14]。人間は、受肉した御子を「見ること」で、自らが神のかたちに従って造られた存在であることを思い出すのである[15]。なぜなら、幼児の状態であった人間は、御言葉である御子を見ることができなかったために、「類似性」を喪失したというのが、エイレナイオスの考える堕罪の理由であるからである[16]。

これに加えて、御子の受肉は、聖霊が人間に宿ることとの関係で重要となる。それは、御子が受肉し、ヨルダン川で聖霊が降ったことにより、「形成物」である「肉」のうちに聖霊が宿ることに慣れたことである[17]。この「肉」に聖霊が宿ることには、二つの側面がある。ひとつは、「人間が神を捉えるのに慣れる」ことであり、もうひとつは、「神（聖霊）が人間の内に住むことに慣れさせる」ことである。つまり、御子の受肉によって、まず人間の側も、また神の側も、それぞれの内に住むということに慣れるのである。受肉した御子に聖霊が降ったことにより、「肉体と魂」から成る人間も、洗礼時に聖霊を自らのうちに宿らせることが出来る道が開かれたのである[18]。

第三に、聖霊の働きについてまとめたい。聖霊は人間創造から旧約の時代にかけては「全人類」の側に「神の両手」として臨在していた[19]。それが「終わりの時」である「御子の受肉」が転機となり、「神の両手」の片方である御子が「肉」を取り、もう片方である聖霊は、御子の「肉」のうちに内在する[20]。御子の受肉以降、聖霊の臨在は、人間への内在という仕方に変わる[21]。続く教会の時代において、その御子を通して示された神を「信じる者」つまり「信者」のうちに「宿る」（内在）ことになった[22]（第三章）。

このように、聖霊の臨在は、創造、旧約の時代、御子の受肉、教会の時代で変化をする。しかし、聖霊はどの段階においても、絶えず人間を支えるのである。聖霊は、特に「助言」を与えることによって、人間の成長を支えるのである。

まず、創造と旧約の時代においては、人間創造の時に共に存在した「神の両手」の働き[23]、また預言者を通してという人間の外側からの聖霊の働きが主なるものであった[24]。その後、御子の受肉において重要な点がある。それは、イエスの受肉時と洗礼時に関連するエイレナイオスの記述には、どちらにも同様にイザヤ書11章2節からの引用があることである[25]。その引用には「助言の霊」との言及があり、イエスが「助言を与える者」であったことが示されている[26]。人々には御子の口を通して、「助言」が与えられた。教会の時代においても、人の洗礼時に与えられる聖霊はイザヤ書が伝えた「助言の聖霊」である[27]。つまり人々には、イエスに注がれたのと同じ聖霊を受けることで、御子の口を通して語られていた「助言」を、自らに内在した聖霊を通して、内側から助言が与えられるということが明らかになるのである（第四章）。

聖霊が信者のうちに内在するようになると、「父の意志」を行わせ、「分裂」、「不和」を引き起こす人々に「一致」を与えるのである[28]。パウロが語る「古い」人間は[29]、善を行うことができず、むしろ、「肉的」な歩みをしている者たちの間には、「妬み」、「不和」、「不一致」がある[30]。しかし、『異端反駁』第3巻17章2節では、聖霊を受けた者たちの一致が語られている。聖霊の内在は、弟子たちに調和の一致を与え、分離した諸部族を一致させ、洗礼によってキリストと一致させる（第四章）。

また、聖霊の内在を受けた者は「父の意志」を行う[31]。「父の意志」とは「神へと生まれ変わらせる権限」を持つキリストの弟子たちが、人類に洗礼を授けていくことにほかならない。また、聖霊を受けて「父の意志」を行うことは、神に従順なものとして生きることでもある。このことと『証明』第3章と『証明』第7章を合わせ読むと、洗礼は「神へと生まれ変わらせること」から「子とされること」まで発展していると考えられる。聖霊を受けた人間は、「肉」にいるのではなく「霊」のうちにある。そのあり方は、「肉」と「霊」が一致することにより[32]、人間は霊のうちにある者とされる。人間は「肉的」な存在から「霊的」な存在となり[33]、父なる神を「アバ、父よ」と呼ぶことができるようになる[34]。

また、洗礼によって人間に聖霊が与えられたのは、キリストを模倣するため（キリストにおいて霊的に生きるため）でもあった[35]。そのために、人間はキリストに接ぎ木され「霊の行い」をする[36]。具体的には「愛、喜び、平和、忍耐、親切、善意、信仰、柔和、節制、抑制」であり、それらを行うことで「霊の実」を結ぶ。この霊の実を結んだ者は、「霊との交わり（Spiritus communionem）」に生きるようになり、救いにあずかるのである[37]。つまり、人間は霊の行いをする必要があるが、「行い」そのものが人間を救う条件ではなく、あくまでも、人間を救うことができるのは聖霊の働きである。聖霊を与えられた人間は、聖霊を保持すべく善を行うが、聖霊もまた、人間が善を行うように「助言」するのである。将来、聖霊を保持し続けた者、すなわち、善を行い続けた者は、復活する。この復活は「聖霊の力によって蘇らされる」のであり、善を行い、聖霊を保持し続けた者があずかるのである（第五章）。

復活後も、人間は、復活の後も、「神への再生」の過程を歩むのである[38]。エイレナイオスは、至福千年の期間に「神に慣れる」ことをとおして[39]、「神のかたち」と「神との類似性」によって神化の完成に至ることを示すのである。

《注》

（1）AH4. 38. 1.
（2）AH5. 16. 2.
（3）AH3. 18. 1.
（4）AH3. 6. 1.
（5）AH5. 8. 1.
（6）AH4. 20. 5.
（7）AH4. 20. 1.
（8）AH4. 20. 1-4.
（9）AH4. 37. 1.
（10）AH4. 39. 1.
（11）AH4. 39. 1.
（12）AH4. 37. 1.
（13）AH5. 6. 1.
（14）AH3. 18. 1.
（15）AH5. 16. 2.
（16）AH5. 16. 2.
（17）AH3. 17. 1.
（18）AH3. 17. 2.
（19）AH4. 20 .1, AH5. 28 .4.

(20) AH4. 38. 1.
(21) AH4. 33. 15、『証明』第6章。
(22) AH3. 24. 1、AH3.6.4、AH5.18.2.
(23) AH4. 20. 1、AH4.37.4.
(24) AH4. 37. 2、『証明』第6章、『証明』第56章。
(25) AH3. 9.3 .
(26)『証明』第55章、『証明』第59章、AH4. 37. 3.
(27) AH3. 17. 3.
(28) AH3. 17. 1.
(29) AH3. 20. 3.
(30) AH4. 38. 2.
(31) AH3. 17. 1.
(32) AH5. 9. 1.
(33) AH5. 6. 1.
(34) AH5. 8. 1.
(35) AH5. 1. 1.
(36) AH5. 10. 1, AH5. 11. 2.
(37) AH5. 11. 1.
(38) AH5. 32. 1.
(39) AH5. 35. 1.

参考文献

1—1　テキスト

エイレナイオス

Rousseau, A. and Doutreleau, L. *Irénée de Lyon: Contre les hérésies, Livre I,* SC 263-4 (Paris: Cerf, 1979).

Rousseau, A. and Doutreleau, L. *Irénée de Lyon: Contre les hérésies, Livre II,* SC 293-4 (Paris: Cerf, 1982).

Rousseau, A. and Doutreleau, L. *Irénée de Lyon: Contre les hérésies, Livre III,* SC 210-11(Paris: Cerf, 1974).

Rousseau, A., Hemmerdinger, B., Doutreleau, L. and Mercier, C., *Irénée de Lyon: Contre les hérésies, Livre IV,* SC 100, 2 vols. (Paris: Cerf, 1965).

Rousseau, A., Hemmerdinger, B., Doutreleau, L. and Mercier, C., *Irénée de Lyon: Contre les hérésies, Livre V*, SC 152-3 (Paris: Cerf, 1969).

テオフィロス

Theopilus Antiochenus Episcopus, *Ad Autolycum, II,* 18 (Migne : PG 6).

マリウス・メルカトール

Marius Mercator, *Commonitorium Super Nomine Caelestii* (ACO Ⅰ/5, 65-70).

1—2　テキスト（英訳）

Saint Irenaeus of Lyons, *Against Heresies,* The complete English translation from the First Volume of The Ante Nicene Fathers, edited by Alexander Roberts, D.D.& James Donaldson, LL.D. and with occasional notes by A. Cleveland Coxe, D.D., Ex Fontibus Co, 2010.

St. Irenaeus of Lyons, *Against the Heresies Book I,* Dominic J. Unger and John J. Dillon (eds.), ACW., 55, New York, 1992.

St Irenaeus, The Demonstration of the Apostolic Preaching, tr. J.A. Robinson, London: S.P.C.K., 1920.
St Irenaeus of Lyons, *On the Apostolic Preaching,* tr. John Behr, New York: St. Vladimir's seminary Press, 1997.
Mackenzie, Iain M., *Irenaeus's Demonstration of the Apostolic Preaching a theological commentary and translation,* Ashgate Publishing Company, 2002.
St. Irenaeus. *Proof of the Apostolic Preaching,* ACW 16 tr. & nt. J.P. Smith, New York: Newman Press, 1952.

1―3　テキスト（邦語）

『異端反駁Ⅲ』小林稔訳、『キリスト教教父著作集３／Ⅰ』（教文館、１９９９年）。

『異端反駁Ⅳ』小林稔訳、『キリスト教教父著作集３／Ⅱ』（教文館、２０００年）。

『異端反駁Ⅴ』大貫隆訳、『キリスト教教父著作集３／Ⅲ』（教文館、２０１７年）。

『使徒たちの使信の説明』小林稔／小林玲子訳『中世思想原典集成１初期ギリシア教父』（平凡社、１９９５年）。

1―4　辞書

A Latin Dictionary, Founded on Andrews' Editon of Freund's Latin Dictionary, Revised, Enlarged, and in Great Part Rewritten by Charlton T. Lewis, and Charles Short, Oxford at the Clarendon Press, 1956.
R. Laird Harris, Editor, Gleason L. Archer, Jr., Associate Editor, Bruce K. Waltke, Associate Editor, *Theological Wordbook of the Old Testament Volume 2,* Moody Press,Chicago, 1981.
The New International Dictionary of New Testament Theology, Zondervan, 1967.
Theological Dictionary of the Old Testamant vol. Ⅲ , Edited by G. Johannes Botterweck and Helmer Ringgren, Translators: John T. Willis and Geoffrey W. Bromiley, David E. Green, 1975.

2—1　参考文献（欧文）

Behr, John, Irenaeus of Lyons Identifying Christianity, Oxford University Press, 2013.

Behr, John, Asceticism and Anthropology in Irenaeus and Clement, Oxford University Press, 2000

Blackwell, Ben C., Christosis : Pauline Soteriology in Light of Deification in Irenaeus and Cyril of Alexandria, Mohr Siebeck, 2011.

Briggman, Anthony, The Holy Spirit as the Unction of Christ in Irenaeus, Jarnal of Theological Studies, NS, Vol. 61, Pt 1, April 2010.

Briggman, Anthony, Irenaeus of Lyons and the Theology of the Holy Spirit, Oxford University Press, 2012.

Bounds, Christopher T., "Competing Doctrines of Perfection: The Primary Issue in Irenaeus' Refutation of Gnosticism", Studia Patristica XLV, 2010.

Carl, Mosser, "The Earliest Patraistic Interpretations of Psalm 82, Jewish Antecedents, and the Origin of Christian Deification", Journal of Theological Studies, 2005.

Clendenin, Daniel B., *Partakers of Divinity: The Orthodox doctrine of Theosis, V,* Journal of. Evangelical Theological Society 37, 1994.

Daniélou, J., A History of early Christian doctrine before the Council of Nicaea, vol.2: Gospel message and Hellenistic culture, London/Philadelphia 1973.

G.M. Purves, James, The Spirit and the Imago Dei : Reviewing the Anthropology of Irenaeus of Lyons, The Evangelical Quarterly 68, 1996.

Hitchcock, Montgomery, Irenaeus of Lugdunum, : A study of his teaching, Cambridge : at the University Press, 1914.

Houssiau, Albert, La Christologie de Saint Irénée, Universitas Catholica Lovaniensis Dissertationes, 3.; Louvain: Publications Universitaires; Gembloux: J. Duculot, 1955.

Joppich, Godehard, Salus Carnis: eine Untersuchung in der Theologie des hl. Irenaus von Lyon, Munsterschwarzacher Studien, 1, Munsterschwarzach:Vier-Turme-Verlag, 1965.

Klebba, Ernst , Die Anthropologie des hl. Irenaeus, eine dogmengeschichtliche Studie, Munster i. W. 1894.

Lashier, Jackson, Irenaeus on the Trinity, Supplement to Vigiliae Christianae Volume 127, Brill Leiden Boston, 2014.

Lawson, John, The Biblical Theology of Saint Irenaeus, London: Epworth Press, 1948.

McDonnell, Kilian, The Baptism of Jesus in the Jordan : The Trinitarian and Cosmic Order of Salvation (Collegeville, MN : Liturgical Press, 1996.

Minns, Denis, Irenaeus An Introduction, T&T clark, 2010.

Orbe, Antonio, La unción del Verbo (Estudios Valentinianos, 3; Analecta Gregoriana, 113; Roma: Libreria editrice dell' Università Gregoriana, 1961).

Osborn, Eric, Irenaeus of Lyons, Cambridge, 2001.

Phillip Schaff, The Ante-Nicene Fathers Volume 2, translation of The Rev. Alexander Roberts, D.D., and James Donaldson, LL.D., editors, 1988.

Purves, James G. M., "The Spirit and the Imago Dei : Reviewing the Anthropology of Irenaeus of Lyons", The Evangelical Quarterly 68, 1996.

Quasten, Johannes, *Patrology*. vol.I, Utrecht: Spectrum; Westminster, MD: Newman Press, 1950.

Robinson, J. Armitage, *Note on the Armenian Version of Irenaeus ADV. HAERESES IV, V,* Journal of Theological Studies 32, 1932.

Russell, Norman, The Doctrine of Deification in the Greek Patristic Tradition, Oxford, 2004.

Smith, Daniel A. , Irenaeus and the Baptism of Jesus, Theological Studies, 1997.

Tiessen, Terrance L., Irenaeus on the Salvation of the Unevangelized, The Scarecrow Press, 1993.

Wingren, Gustaf, Man and the Incarnation. A Study in the Biblical Theology of Irenaeus (translated by Ross Mackenzie), Wipf and Stock Publishers, 1959.

William J. Deane, The Book of Wisdom the Greek text, the Latin Vulgate and the Authorised English Version with an Introduction, Critical Apparatus and a Commentary, 1881.

2—2　参考文献（邦語）

荒井献・大貫隆・小林稔訳『ナグ・ハマディ文書Ⅰ救済神話』（岩波書店、１９９７年）。

荒井献［編］『使徒教父文書』（講談社文芸文庫、１９９８年）。

アンティオケアのテオフィロス『アウトリュコスに送る』今井和正訳、『中世思想原典集成１ 初期ギリシア教父』（平凡社、１９９５年）。

ウィルケン、Ｒ・ルイス『古代キリスト教思想の精神』（教文館、２０１４年）。

エウセビオス『教会史（上）』秦剛平訳、（講談社学術文庫、２０１０年）。

大貫隆『ロゴスとソフィア――ヨハネ福音書からグノーシスと初期教父への道』（教文館、２００１年）。

大貫隆『グノーシスの神話』（講談社学術文庫、２０１４年）。

大庭貴宣「アウグスティヌスのペラギウス主義反駁説教――説教294と348Aの翻訳と注解」『南山神学別冊（第27号）』、２０１２年、147―199頁。

大庭貴宣「エイレナイオスにおける『神の両手』の置き換えの思想――『御言葉と知恵』から『御子と聖霊』へ」『南山神学別冊（第29号）』、２０１４年、89―113頁。

大庭貴宣「エイレナイオスにおける『人間の成長』と『神化』」『南山神学別冊（第30号）』、２０１５年、23―77頁。

カンペンハウゼン『古代キリスト教思想家ギリシア教父』三小田敏雄訳（新教出版社、１９６３年）。

ケリー、Ｊ・Ｎ・Ｄ『初期キリスト教教理史〈上〉使徒教父からニカイア公会議まで』（津田謙治訳、一麦出版社、２０１０年）。

小高毅編『原典 古代キリスト教思想史――１初期キリスト教思想家』（教文館、１９９９年）。

ゴンザレス、フスト『キリスト教思想史Ⅰキリスト教の成立からカルケドン公会議まで』石田学訳（新教出版社、２０１０年）。

塩谷惇子「エイレナイオスにおける人間の創造」『清泉女子大学人文科学研究所紀要』、１９８７年、37―53頁。

塩屋惇子「エイレナイオスにおける人間の創造（その二）」『清泉女子大学人文科学研究所紀要』、１９８８年、123―140頁。

『聖ヒッポリュトスの使徒伝承 Ｂ・ボットの批判版による初訳』（土屋吉正訳、オリエンス宗教研究所、１９８３年）。

園部不二夫「イレナェウス研究」園部不二夫記念事業委員会編集『園部不二夫著作集第三巻初代教会史論考』（キリスト新聞

社、1980年)。

鳥巣義文「アナケファライオーシス——エイレナイオスの救済論における意味検討」『南山神学』第6号(1983年)、63—104頁。

鳥巣義文「神の救済史的啓示——エイレナイオス『使徒的宣教の証明』を中心にして」『南山神学』第23号(1999年)79—112頁。

鳥巣義文『エイレナイオスの救済史神学』(南山大学教材版、2004年)。

津田謙治『マルキオン思想の多元論的構造——プトレマイオスおよびヌメニオスの思想との比較において』(一麦出版社、2013年)。

ブルトマン、ルドルフ『新約聖書神学Ⅰ』川端純四郎訳(新教出版社、1963年)。

ブロックス・N『古代教会史』(関川泰寛訳、教文館、1999年)。

マクニール・J・T『キリスト教牧会の歴史』吉田信夫訳(日本基督教団出版局、1987年)。

マルクス・H・J「われらを悪より救い給え——東方神学から見直された原罪論(その2)」『アカデミア(第36号)』、(1982年)、1—29頁。

マルクス・ハンス ユーゲン「悪魔の権限——アウグスティヌスの贖罪論の一側面」(『南山神学(第29号)』、2006年、1—43頁)。

ネメシェギ、ペトロ「教父時代のプネウマトロギアの代表的一例としてのエイレナイオスの聖霊論」『日本の神学(24)』(1985年)、128—137頁。

ロースキィ・V『キリスト教東方の神秘思想』宮本久雄訳(勁草書房、1986年)。

あとがき

本書は、南山大学大学院人間文化研究科に学位申請論文として提出し、２０１７年2月に行われた口頭試問を経て学位論文として受理されたものに基づいている。審査にあたられた先生方に心より感謝を申し上げたい。

本書は、博士論文として提出したものに大幅な加筆・修正を行ない、序論、最終章、結論は書き下ろしたものである。当初は、口頭試問でも審査の先生方からご指摘いただいた「グノーシス主義との対決をより明確にし、『今日』の解釈学的地平におけるエイレナイオスの神学的貢献の可能性とその限界を鮮明にする」ことにも取り組みたいと考えていたが、時間的、また、その他の様々な制約により断念せざるをえなかった。この点は残された課題であり、今後の研究において取り組んでいきたい。

筆者がエイレナイオスを研究したいと考えたのは「使徒たちに由来する伝承」との言葉に出会い、それが意味することは何かに興味を抱いたことに始まる。修士課程ではアウグスティヌス（c. 354 - 430）を研究対象とし、ペラギウス論争の研究をした。その研究を終え、「果たしてアウグスティヌス以前の教父はどのような神学を持っていたのか」との疑問が湧いた時に、先の言葉に出会ったのである。「使徒たちに由来する伝承」とは、まさしく「使徒的継承」にほかならず、エイレナイオスはグノーシス主義に対して「使徒的継承」に基づく「真理の規準」を示したのである。この言葉の内容を知るべく、エイレナイオスを研究対象に選び、博士課程での研究を進めることになった。指導教授であった鳥巣義文先生には、研究の姿勢を教えていただいただけではなく、丁寧な論文指導もしていただいた。この場を借りて、あらためて感謝を申し上げたい。

また、筆者のことを息子のように思い、絶えず励ましを与え続けてくださった清水武夫先生（現在玉川上水キリスト教会牧師）、本書の出版のために祈り支えてくれた同労者であり友人であるキリスト聖書神学校の教師たちに感謝を申し上げたい。また、永岡崇さん（現在駒沢大学総合教育研究部講師）には原稿の段階で目を通していただいた。心から御礼を申し上げたい。

筆者の博士論文を目に留め、出版することを勧め、校正その他の作業を丁寧に行なってくださった株式会社ヨベルの安田正人さんには心より感謝の意を表したい。

最後に、いつの日か息子の宣史と娘の美史が本書を手に取り、父の研究を知る日がくることを祈りつつ、筆を置きたい。

２０２２年５月

大庭貴宣

大庭貴宣（おおば・たかのり）

1978 年東京生まれ。キリスト聖書神学校卒業。南山大学大学院人間文化研究科博士後期課程修了。博士（宗教思想）。現在、キリスト聖書神学校教授。南山大学非常勤講師、南山大学大学院非常勤講師。日本福音主義神学会中部部会理事。

エイレナイオスの聖霊神学

2 世紀に解き明かされた三位一体と神化

2022 年 8 月 3 日 初版発行

著　者 —— 大庭貴宣
発行者 —— 安田正人
発行所 —— 株式会社ヨベル　YOBEL, Inc.
〒 113-0033 東京都文京区本郷 4-1-1　菊花ビル 5F
TEL03-3818-4851　FAX03-3818-4858
e-mail : info@yobel. co. jp

装丁 —— ロゴスデザイン・長尾 優
印刷 —— 中央精版印刷株式会社

配給元—日本キリスト教書販売株式会社（日キ販）
〒 162 - 0814　東京都新宿区新小川町 9 -1
振替 00130-3-60976　Tel 03-3260-5670

大庭貴宣 ©2022　ISBN978-4-909871-65-7 C0016

使用聖書は、聖書 新共同訳（日本聖書協会発行）を使用しています。

わたしはヨーロッパ思想史を研究しているうちに、そこには人間の自己理解の軌跡がつねにあって、豊かな成果が宝の山のように、つまり宝庫として残されていることに気づいた。その結果、思想史と人間学を結びつけて、人間特有の学問としての人間学を探究しはじめた。……歴史はこの助走路である。……人間が自己自身を反省する「人間の自覚史」も同様に人間学を考察する上で不可欠であって、哲学・道徳・宗教・文芸において豊かな宝の山となっている。わたしは哲学のみならず、宗教や文芸の中から宝物を探し出したい。（本書より）

岡山大学名誉教授
金子晴勇　キリスト教思想史の諸時代［全7巻別巻2］

各巻 新書判・平均264頁 1320円

I　ヨーロッパ精神の源流［**重版出来！** 既刊］
II　アウグスティヌスの思想世界［既刊］
III　ヨーロッパ中世の思想家たち［既刊］
IV　エラスムスの教養世界［既刊］
V　ルターの思索［**新刊**］

VI　宗教改革と近代思想［第6回配本・**編集中**］
VII　現代思想との対決［第7回配本］
別巻1　アウグスティヌスの霊性思想［第8回配本］
別巻2　アウグスティヌス『三位一体論』の研究［第9回配本］

ISBN978-4-909871-27-5

ISBN978-4-909871-33-6

ISBN978-4-909871-34-3

ISBN978-4-909871-35-0

ISBN978-4-909871-36-7

反響！
全巻予約承り中

ドイツ敬虔主義著作集［全10巻］刊行準備中

シュペーナー『敬虔なる願望』（新訳）／『新しい人間』（未邦訳）／『再生』（未邦訳）／フランケ『回心の開始と継続』（未邦訳）／ベンゲル『神の現在』（未邦訳）／ティンツェンドルフ『福音的真理』（未邦訳）／エーティンガー『自伝』（未邦訳）、『聖なる哲学』（未邦訳）／テルステーゲン『真理の道』（未邦訳）／敬虔主義の研究